JN028440

司法書士試験
本試験問題＆解説
Newスタンダード本
令和3年単年度版

辰已法律研究所

＜目 次＞

■択一式について

<午前択一>

　出題数は35問で，その内訳は憲法3問，民法20問，刑法3問，商法9問でした。問題形式としては，組合せ問題が34問（昨年35問），単純正誤問題が1問（昨年0問），個数問題が0問（昨年0問），会話形式の問題が2問（昨年4問）でした。また，問題に使用されたページ数をみると，今年は計35頁（昨年37頁）でした。

憲法　今年は思想良心の自由・信教の自由，経済的自由，内閣に関する出題でした。昨年と同様，人権2問，統治1問の出題でした。とくに変わったテーマからの出題ということもなく，例年同様，基本的な判例の理解を中心に問う出題でしたので，正解するのは平易だったものと思われます。憲法全体の難易度は昨年よりやや下がったものと思われます。

民法　総則3問（昨年3問），物権4問（昨年4問），担保物権5問（昨年5問），債権4問（昨年4問），親族2問（昨年2問），相続2問（昨年2問）の出題でした。各分野についての出題数が昨年と同数でした。例年通り，基本的な条文及び判例知識を中心に問う出題でしたが，正確な知識がないと，なかなか思うように正解できないように出題されているため，正解するのは，それほど容易ではなかったように思います。民法全体の難易度は昨年よりやや上がったのではないかと思われます。

刑法　故意，強盗罪及び盗品等に関する罪についての出題でした。いずれも例年通り，基本的な判例の理解を中心に問う出題でしたので，正解するのは平易だったように思われます。刑法全体の難易度は昨年と同等かと思われます。

商法　設立，株式，新株予約権，機関，事業譲渡等，持分会社，公告，倉庫営業から出題されました。細かい知識を問う出題もあり，解きづらかったのではないかと思います。全体的な難易度は高かったのではないかと思われます。基本的な知識を問う記述を足掛かりにして，何とか正解に結び付けることができたかどうかが勝負の分かれ目になる出題でした。商法全体の難易度は昨年よりも上がったものと思われます。

<午後択一>

　出題数は35問で，内訳としては，民訴法5問，民保法1問，民執法1問，司書法1問，供託法3問，不登法16問，商登法8問でした。形式としては，組合せ問題が34問（昨年33問），単純正誤問題が1問（昨年2問），個数問題が0問（昨年0個），会話形式の問題が1問（昨年3問）でした。また，問題に使用されたページ数をみると，今年は計38頁（昨年36頁）でした。

民訴法　期日・期間をテーマに問う珍しい出題もありましたが，全体的に基本的な知識を問う出題でしたので，細かい知識に惑わされずに，何とか4問は正解したかったところです。民訴法全体の難易度は昨年とほぼ同等かと思われます。

民保法　民事保全に関する基本的な条文知識を問う出題でした。正解するのは平易だったものと思われます。難易度は昨年とほぼ同等かと思われます。

民執法　いずれも基本的な条文知識を問う出題であり，過去問でもよく問われている知識の出題でしたので，正解するのは平易だったものと思われます。とくにイの記述は過去問でよく問われているところですので，イの記述を軸にして確実に正解したかったところです。難易度は昨年よりも下がったものと思われます。

司書法　業務に関する知識を問う出題でした。過去問でよく問われるところでもあり，正解するのは平易だったものと思われます。とくにオの記述の正誤が容易だったものと思われますので，オの記述を軸にして確実に正解したかったところです。難易度は昨年とほぼ同等かと思われます。

供託法　管轄，弁済供託及び供託金の利息の払渡しに関する出題でした。過去問の知識をもとにして確実に正解したかったところです。供託法全体の難易度は昨年とほぼ同等かと思われます。

不登法　今年も問題文の長いものが多く，解くのに時間がかかったものと思われます。内容も聞いたことがないような出題が多く，なかなか思うように正解できなかったのではないかと思われます。過去問知識だけでは対応が難しい出題でした。不登法全体の難易度は昨年より上がったものと思われます。

商登法　全体的に素直な出題が多く，解きやすかったのではないかと思われます。全体的な難易度は昨年よりも明らかに下がったものと思われます。商登法で確実に点数を稼ぎたかったところです。

■記述式について

＜不動産登記＞

　内容的に平易だったものと思われますが，記載すべき分量が多く，時間内に書き切るのが困難だったものと思われます。無理に全部書こうとせずに，核となる部分をまず書き上げてから，残された時間でその他の部分をできるだけ書くというやり方がよかったのではないかと思います。また，文章問題もありましたが，配点も高くなかったものと思われますので，必要以上に時間をかけ過ぎずに素早く端的に処理したかったところです。難易度は昨年よりも上がったものと思われます。

＜商業登記＞

　平易な内容であり，分量もそれほどなかったので，合格者レベルの方であれば短時間で終えることができたのではないかと思われます。ただ，よくわかってないと，問題文の新株予約権の内容を全部書いてしまったり，登記することができない事項がすぐに判断できなかったりすると思います。そういう意味では良問だったのではないかと思います。難易度は昨年よりも下がったものと思われます。

以　上

正答率一覧（2021 年度）

●午前の部

問題番号	科目	テーマ	全体正答率	解答欄	上位10%正答率	その他正答率	正答率格差
1	憲法	思想・良心又は信教の自由	96%	No.1	100%	95%	5%
2		経済的自由	77%	No.2	92%	75%	17%
3		内　閣	89%	No.3	100%	87%	13%
4	民法	成年後見制度	86%	No.4	96%	85%	11%
5		錯　誤	74%	No.5	94%	71%	23%
6		消滅時効	86%	No.6	100%	84%	16%
7		物権的請求権等	92%	No.7	94%	92%	2%
8		物権変動	73%	No.8	90%	71%	19%
9		占有訴権	82%	No.9	100%	80%	20%
10		地上権又は地役権	88%	No.10	100%	86%	14%
11		先取特権	77%	No.11	98%	74%	24%
12		権利質	85%	No.12	100%	83%	17%
13		抵当権の効力	88%	No.13	100%	86%	14%
14		根抵当権	89%	No.14	100%	88%	12%
15		譲渡担保権	72%	No.15	98%	68%	30%
16		弁　済	78%	No.16	94%	76%	18%
17		相　殺	71%	No.17	83%	69%	14%
18		売　買	68%	No.18	94%	64%	29%
19		賃貸借	82%	No.19	100%	80%	20%
20		婚姻又は離婚	82%	No.20	96%	80%	16%
21		親　権	79%	No.21	94%	77%	16%
22		遺贈又は相続	79%	No.22	98%	77%	21%
23		遺言執行者	47%	No.23	63%	45%	17%
24	刑法	故　意	90%	No.24	98%	89%	9%
25		強盗罪	84%	No.25	100%	82%	18%
26		盗品等に関する罪	74%	No.26	92%	72%	20%
27	会社法	株式会社の設立	83%	No.27	100%	81%	19%
28		株式等売渡請求	44%	No.28	56%	42%	14%
29		新株予約権	67%	No.29	100%	63%	37%
30		会計参与設置会社	63%	No.30	85%	60%	25%
31		監査等委員会設置会社	42%	No.31	77%	37%	40%
32		株式会社の事業譲渡等	72%	No.32	94%	69%	25%
33		持分会社	67%	No.33	90%	64%	25%
34		会社の公告	52%	No.34	90%	47%	42%
35	商法	倉庫営業	78%	No.35	90%	76%	13%

※網掛け部分は，全体正答率 80％以上のものと，正答率格差 30％以上のものです。

- 5 -

●午後の部

問題番号	科目	テーマ	全体正答率	解答欄	上位10%正答率	その他正答率	正答率格差
1	民事訴訟法	訴訟能力又は法定代理	69%	No.1	94%	66%	28%
2		期日又は期間	56%	No.2	85%	52%	33%
3		訴訟行為の方式	59%	No.3	81%	56%	26%
4		書証	80%	No.4	96%	78%	18%
5		判決又は決定	86%	No.5	96%	85%	11%
6	民保法	民事保全	62%	No.6	90%	59%	31%
7	民執法	民事執行	79%	No.7	96%	77%	19%
8	司書法	業務	93%	No.8	100%	92%	8%
9	供託法	供託所の管轄	61%	No.9	92%	57%	35%
10		弁済供託	74%	No.10	98%	71%	27%
11		供託金の利息の払渡し	56%	No.11	79%	53%	26%
12	不動産登記法	登記の申請	44%	No.12	67%	41%	25%
13		登記の嘱託	62%	No.13	83%	59%	24%
14		職権による登記の抹消	42%	No.14	56%	40%	16%
15		登記申請できないもの	46%	No.15	65%	44%	21%
16		図面等の添付情報	64%	No.16	92%	61%	31%
17		登記識別情報の通知	80%	No.17	98%	78%	20%
18		所有権の移転の登記	69%	No.18	96%	65%	31%
19		相続又は遺贈による登記	62%	No.19	88%	59%	29%
20		所有権の登記の抹消	68%	No.20	92%	64%	27%
21		抵当権の設定の登記の抹消	56%	No.21	85%	52%	34%
22		根抵当権の元本確定の登記	76%	No.22	98%	73%	25%
23		敷地権付き区分建物の登記	40%	No.23	67%	36%	31%
24		配偶者居住権の登記	58%	No.24	73%	56%	17%
25		不正な登記の防止	70%	No.25	92%	67%	25%
26		登録免許税の計算	10%	No.26	6%	11%	−5%
27		登録免許税	53%	No.27	65%	52%	13%
28	商業登記法	設立の登記	50%	No.28	81%	46%	35%
29		役員等の変更の登記	62%	No.29	90%	58%	32%
30		募集株式の発行	45%	No.30	75%	41%	34%
31		吸収合併による変更の登記	49%	No.31	77%	45%	32%
32		株主リスト	33%	No.32	38%	33%	5%
33		持分会社の登記	54%	No.33	88%	49%	38%
34		一般財団法人の登記	41%	No.34	69%	37%	32%
35		登録免除税	42%	No.35	79%	37%	43%

※網掛け部分は，全体正答率80%以上のものと，正答率格差30%以上のものです。

401 件の出口調査データに基づく，肢別解答率掲載

● 肢 別 解 答 率 デ ー タ の 使 い 方 ●

　受験生がどの肢を選んだのかという客観的データを駆使すれば，より効率的に学習を進めることができます。
　以下，データの使用方法の一例をご紹介します。

①全体正答率が 80%以上の問題

　→受験生の大半が正解している，合格のためには絶対落としてはならない「必須正解問題」です。

②上位 10%受験生正答率と全体正答率の間で，30%以上の差がついている問題

　→上位者とそうでない者の間で差がついている，すなわち「合否を分ける問題」と言えます。

③全体正答率が 30%以下の問題

　多くの受験生が不正解のため，合否にはあまり影響のない「捨て問」と言えます。

④誤答問題の分析

　自分が間違ってしまった問題で，他の受験生がほとんどマークしていない肢を選んでしまった場合は，基礎的な知識が不十分である可能性があります。その分野は要注意ですので，もう一度復習したほうがよいでしょう。

令和3年度 試　験　問　題 （午前の部）

注　　意

(1)　別に配布した答案用紙の該当欄に，試験問題裏表紙の記入例に従って，受験地，受験番号及び氏名を必ず記入してください。答案用紙に受験地及び受験番号をマークするに当たっては，数字の位を間違えないようにしてください。

(2)　試験時間は，2時間です。

(3)　試験問題は，全て多肢択一式で，全部で35問あり，105点満点です。

(4)　解答は，答案用紙の解答欄の正解と思われるものの番号の枠内をマーク記入例に従い，濃く塗りつぶす方法でマークしてください。

(5)　解答欄へのマークは，各問につき1か所だけにしてください。二つ以上の箇所にマークがされている欄の解答は，無効とします。解答を訂正する場合には，プラスチック製消しゴムで完全に消してから，マークし直してください。答案用紙への記入に当たっては，**鉛筆**（B又はHB）を使用してください。該当欄の枠内をマークしていない解答及び**鉛筆**を使用していない解答は，無効とします。

(6)　答案用紙に受験地，受験番号及び氏名を記入しなかった場合は，採点されません（試験時間終了後，これらを記入することは，認められません。）。

(7)　答案用紙は，汚したり，折り曲げたりしないでください。また，書き損じをしても，補充しません。

(8)　試験問題のホチキスを外したり，試験問題のページを切り取る等の行為は，認められません。

(9)　試験時間中，不正行為があったときは，その答案は，無効なものとして扱われます。

(10)　試験問題に関する質問には，一切お答えいたしません。

(11)　試験問題は，試験時間終了後，持ち帰ることができます。

第1問　思想・良心の自由又は信教の自由に関する次のアからオまでの記述のうち，**判例の趣旨に照らし正しいもの**の組合せは，後記1から5までのうち，どれか。

　　ア　法令に違反して，著しく公共の福祉を害すると明らかに認められる行為をした宗教法人に対し，裁判所が解散を命ずることは，司法手続によって宗教法人を強制的に解散し，その法人格を失わしめ，信者の宗教上の行為を法的に制約するものとして，信教の自由を保障する憲法第20条第1項に違背する。

　　イ　公立学校において，学生の信仰を調査詮索し，宗教を序列化して別段の取扱いをすることは許されないが，学生が信仰を理由に剣道実技の履修を拒否する場合に，学校が，その理由の当否を判断するため，単なる怠学のための口実であるか，当事者の説明する宗教上の信条と履修拒否との合理的関連性が認められるかどうかを確認する程度の調査をすることは，公教育の宗教的中立性に反するとはいえない。

　　ウ　憲法第20条第3項の政教分離規定は，いわゆる制度的保障の規定であって，私人に対して信教の自由そのものを直接保障するものではないから，この規定に違反する国又はその機関の宗教的活動も，それが同条第1項前段に違反して私人の信教の自由を制限し，あるいは同条第2項に違反して私人に対し宗教上の行為等への参加を強制するなど，憲法が保障している信教の自由を直接侵害するに至らない限り，私人に対する関係で当然には違法と評価されるものではない。

　　エ　企業が，労働者の採否を決定するに当たり，労働者の思想，信条を調査し，労働者からこれに関連する事項についての申告を求めることは，労働者の思想，信条の自由を侵害する行為として直ちに違法となる。

　　オ　裁判所が，名誉毀損の加害者に対し，事態の真相を告白し陳謝の意を表明する内容の謝罪広告を新聞紙に掲載するよう命ずることは，加害者の意思決定の自由ないし良心の自由を不当に制限するものとして許されない。

（参考）

　憲法

　　　第20条　信教の自由は，何人に対してもこれを保障する。いかなる宗教団体も，国から特権を受け，又は政治上の権力を行使してはならない。

　　　2　何人も，宗教上の行為，祝典，儀式又は行事に参加することを強制されない。

　　　3　国及びその機関は，宗教教育その他いかなる宗教的活動もしてはならない。

　　1　アイ　　　　　2　アエ　　　　　3　イウ　　　　　4　ウオ　　　　　5　エオ

第2問 経済的自由に関する次のアからオまでの記述のうち，**判例の趣旨に照らし正しいもの**の組合せは，後記1から5までのうち，どれか。

ア 職業の許可制は，一般に，単なる職業活動の内容及び態様に対する規制を超えて，狭義における職業の選択の自由そのものに制約を課すもので，職業の自由に対する強力な制限であるから，それが社会政策ないしは経済政策上の積極的な目的のための措置ではなく，自由な職業活動が社会公共に対してもたらす弊害を防止するための消極的，警察的措置である場合に限って合憲となる。

イ 国が，積極的に，国民経済の健全な発達と国民生活の安定を期し，もって社会経済全体の均衡のとれた調和的発展を図る目的で，立法により，個人の経済活動に対し，一定の法的規制措置を講ずる場合には，裁判所は，立法府がその裁量権を逸脱し，当該措置が著しく不合理であることの明白である場合に限って，これを違憲とすることができる。

ウ 憲法第22条第2項の外国に移住する自由は，移住を目的として生活の本拠を恒久的に外国へ移転する自由を含むが，単に外国へ一時旅行する自由を含むものではない。

エ 私有財産が公共のために用いられた場合であっても，その補償について定めた法令の規定がないときは，直接憲法第29条第3項を根拠にして補償請求をすることはできない。

オ 憲法第29条第3項の補償を要する場合とは，特定の人に対し特別に財産上の犠牲を強いる場合をいい，公共の福祉のためにする一般的な制限である場合には，原則として補償を要しない。

（参考）

憲法

　第22条 何人も，公共の福祉に反しない限り，居住，移転及び職業選択の自由を有する。

　2 何人も，外国に移住し，又は国籍を離脱する自由を侵されない。

　第29条 財産権は，これを侵してはならない。

　2 財産権の内容は，公共の福祉に適合するやうに，法律でこれを定める。

　3 私有財産は，正当な補償の下に，これを公共のために用ひることができる。

1 アウ　　　　2 アエ　　　　3 イウ　　　　4 イオ　　　　5 エオ

第3問　次の対話は，内閣に関する教授と学生との対話である。教授の質問に対する次のアからオまでの学生の解答のうち，**判例の趣旨に照らし誤っているもの**の組合せは，後記1から5までのうち，どれか。

教授：　内閣は，行政権の行使について，どのような責任を負いますか。

学生：ア　内閣は，行政権の行使について，国会に対し連帯して責任を負います。

教授：　衆議院で内閣不信任決議案を可決した場合には，どのような効果が生じますか。

学生：イ　衆議院で内閣不信任決議案を可決された場合には，内閣は，直ちに総辞職をしなければなりません。

教授：　内閣総理大臣の指名については，憲法上どのように定められていますか。

学生：ウ　内閣総理大臣は，国会議員の中から，国会の議決で指名されますが，衆議院と参議院とが異なった指名の議決をした場合に，衆議院で出席議員の3分の2以上の多数で再び指名の議決がされたときは，衆議院の議決が国会の議決となります。

教授：　国務大臣の任命については，憲法上どのように定められていますか。

学生：エ　内閣総理大臣が国務大臣を任命しますが，国務大臣の過半数は，国会議員の中から選ばれなければなりません。

教授：　内閣総理大臣は，行政各部に対し指示を与える権限を有しますか。

学生：オ　内閣総理大臣は，閣議にかけて決定した方針が存在しない場合においても，内閣の明示の意思に反しない限り，行政各部に対し，その所掌事務について一定の方向で処理するよう指示を与える権限を有します。

1　アイ　　　　　2　アオ　　　　　3　イウ　　　　　4　ウエ　　　　　5　エオ

　　以下の試験問題については，国際物品売買契約に関する国際連合条約（ウィーン売買条約）の適用は考慮しないものとして，解答してください。

　　また，第4問から第23問までの試験問題については，商法の適用は考慮しないものとして，解答してください。

第4問　成年後見制度に関する次のアからオまでの記述のうち，**正しいもの**の組合せは，後記1から5までのうち，どれか。

　ア　家庭裁判所は，本人の請求によっても後見開始の審判をすることができる。

　イ　家庭裁判所は，職権で成年後見人を選任することはできない。

　ウ　家庭裁判所は，成年被後見人について精神上の障害により事理を弁識する能力を欠く常況にあるとはいえなくなったときは，職権で，後見開始の審判を取り消さなければならない。

　エ　家庭裁判所は，精神上の障害により事理を弁識する能力を欠く常況にある者について，保佐開始の審判をすることはできない。

　オ　家庭裁判所は，被保佐人の請求により，被保佐人が日用品の購入をする場合にはその保佐人の同意を得なければならない旨の審判をすることができる。

　1　アウ　　　　　　2　アエ　　　　　　3　イエ　　　　　　4　イオ　　　　　　5　ウオ

第5問　錯誤に関する次のアからオまでの記述のうち，**誤っているもの**の組合せは，後記1から5までのうち，どれか。

　　ア　AのBに対する意思表示が錯誤に基づくものであって，その錯誤が法律行為の目的及び取引上の社会通念に照らして重要なものであり，かつ，Aの重大な過失によるものであった場合には，Aは，BがAに錯誤があることを知り，又は重大な過失によって知らなかったときであっても，錯誤を理由としてその意思表示を取り消すことができない。

　　イ　AのBに対する意思表示が，法律行為の基礎とした事情についてのその認識が真実に反する錯誤によるものであり，それが法律行為の目的及び取引上の社会通念に照らして重要なものである場合には，Aは，その事情が法律行為の基礎とされていることが表示されていたときでなければ，錯誤を理由としてその意思表示を取り消すことができない。

　　ウ　AのBに対する意思表示がされ，その意思表示によって生じた法律関係について，Bの包括承継人ではないCが新たに法律上の利害関係を有するに至った後に，その意思表示がAの錯誤を理由に取り消された場合において，錯誤による意思表示であることをCが過失により知らなかったときは，Aは，Cに対し，その取消しを対抗することができる。

　　エ　AのBに対する無償行為が錯誤を理由に取り消された場合には，その行為に基づく債務の履行として給付を受けたBは，給付を受けた時にその行為が取り消すことができるものであることを知らなかったときは，その行為によって現に利益を受けている限度において，返還の義務を負う。

　　オ　AのBに対する意思表示を錯誤により取り消すことができる場合であっても，その意思表示によって生じた契約上の地位をAから承継したCは，錯誤を理由としてその意思表示を取り消すことができない。

　　1　アウ　　　　　　2　アオ　　　　　　3　イウ　　　　　4　イエ　　　　　　5　エオ

第6問 消滅時効に関する次のアからオまでの記述のうち，**正しいもの**の組合せは，後記1から5までのうち，どれか。

ア 不法行為に基づく損害賠償請求権は，不法行為の時から 20 年間行使しないときは，時効によって消滅する。

イ 債権は，債権者が権利を行使することができることを知った時から 10 年間行使しないときは，時効によって消滅する。

ウ 確定判決によって確定した権利であって，確定の時に弁済期の到来している債権については，10 年より短い時効期間の定めがあるものであっても，その時効期間は，10 年となる。

エ 人の生命又は身体を害する不法行為に基づく損害賠償請求権は，被害者又はその法定代理人が損害及び加害者を知った時から 3 年間行使しないときは，時効によって消滅する。

オ 債務者は，消滅時効完成前に時効の利益を放棄することができる。

1 アウ　　　　2 アオ　　　　3 イエ　　　　4 イオ　　　　5 ウエ

第7問　土地の所有権又は賃借権に基づく請求権に関する次のアからオまでの記述のうち，**判例の趣旨に照らし正しいもの**の組合せは，後記1から5までのうち，どれか。

ア　Aの所有する甲土地の上にAに無断で乙建物を築造したBが，乙建物につきB名義で所有権の保存の登記をした後に，乙建物をCに売却したが，その旨の登記をしていないときは，Aは，Bに対し，甲土地の所有権に基づき，乙建物を収去して甲土地を明け渡すことを求めることができない。

イ　Aの所有する甲土地をBが賃借して賃借権の設定の登記をした場合において，Cが自己の所有する乙動産をA及びBに無断で甲土地に置いているときは，Bは，Cに対し，甲土地の賃借権に基づき，乙動産の撤去を請求することができない。

ウ　Aの所有する甲土地を賃借しているBが，Cの所有する乙動産を賃借して甲土地に置いている場合において，その後，AB間の賃貸借契約が終了したが，Bが乙動産を甲土地に放置しているときは，Aは，Cに対し，甲土地の所有権に基づき，乙動産の撤去を請求することができる。

エ　Aがその所有する甲土地をBに賃貸して引き渡し，その後，AB間の賃貸借契約が終了したが，Bがその所有する乙動産を甲土地に放置している場合において，AがBに対し賃貸借契約の終了に基づき乙動産の撤去を請求することができるときは，Aは，Bに対し，甲土地の所有権に基づき，乙動産の撤去を請求することができない。

オ　Aの所有する甲土地にBがCから購入した乙自動車がAに無断で放置されている場合において，BC間の売買契約上，Bの代金残債務の担保として乙自動車の所有権はCに留保される旨及びBが期限の利益を喪失して残債務の弁済期が経過したときはCはBから乙自動車の引渡しを受け，これを売却してその代金を残債務の弁済に充てることができる旨の合意がされており，Bが期限の利益を喪失してその残債務の弁済期が経過したときは，Aは，Cに対し，甲土地の所有権に基づき，乙自動車の撤去を請求することができる。

1　アイ　　　　　2　アオ　　　　　3　イエ　　　　　4　ウエ　　　　　5　ウオ

第8問　物権変動に関する次のアからオまでの記述のうち，**判例の趣旨に照らし正しいもの**の組合せは，後記1から5までのうち，どれか。

ア　AがB所有の甲土地をBに無断でCに売却し，その後，AがBから甲土地を購入した場合には，Cは，Aから甲土地を購入した時点に遡って甲土地の所有権を取得する。

イ　Aが甲土地上の立木の所有権を留保して甲土地をBに売却し，その後，BがCに甲土地及びその上の立木を売却した場合には，Aは，Cに対し，立木の所有権の留保につき登記や明認方法を備えない限り，立木の所有権を主張することができない。

ウ　Aが，A所有の動産甲をBに売り渡し，Bの寄託によりこれを保管している場合において，BがCに動産甲を売却したときは，Cは，その引渡しを受けていなかったとしても，Aに対し，動産甲の所有権を主張することができる。

エ　Aが，B所有の甲土地につき，売買契約を締結していないのに，書類を偽造してAへの所有権の移転の登記をした上で，甲土地をCに売却してその旨の登記をした場合において，その後，BがDに甲土地を売却したときは，Dは，Cに対し，甲土地の所有権を主張することができない。

オ　Aが，倉庫に寄託中のA所有の動産甲を，約定日時までに代金を支払わないときは契約が失効する旨の解除条件付きでBに売却した場合には，Bは，売買契約が締結された時点で動産甲の所有権を当然に取得する。

1　アイ　　　　　　2　アオ　　　　　　3　イウ　　　　　　4　ウエ　　　　　　5　エオ

第9問　占有訴権に関する次のアからオまでの記述のうち，**判例の趣旨に照らし正しいもの**の組合せは，後記1から5までのうち，どれか。

ア　Aが占有する動産甲をBが盗み，その事情を知っているCがこれをBから買い受けた場合には，Aは，Cに対し，占有回収の訴えにより，動産甲の返還を請求することができる。

イ　Aがその占有する動産甲を公園で紛失し，Bがこれを拾得した場合には，Aは，Bに対し，占有回収の訴えにより，動産甲の返還を請求することができる。

ウ　Aがその所有する動産甲をBに賃貸したが，Bが賃貸借契約終了後も動産甲を返還しなかったため，AがBに無断で動産甲の占有を取り戻した場合には，Bは，Aに対し，占有回収の訴えにより，動産甲の返還を請求することができる。

エ　Aが占有する動産甲をBが盗んだが，Aが適法に動産甲の占有を取り戻した場合には，Aは，Bに対し，占有回収の訴えにより，占有侵害により生じた損害の賠償を請求することができない。

オ　法人Aの代表者BがAの業務として所持する動産甲をCが盗んだ場合には，Bが自己のためにも動産甲を所持していると認めるべき事情があるときであっても，Bは，個人としては，Cに対し，占有回収の訴えにより，動産甲の返還を請求することができない。

1　アウ　　　　　2　アエ　　　　　3　イエ　　　　　4　イオ　　　　　5　ウオ

第10問　地上権又は地役権に関する次のアからオまでの記述のうち，**判例の趣旨に照らし正し いもの**の組合せは，後記１から５までのうち，どれか。

ア　Aが，Bの所有する甲土地に，定期の地代を支払うことを約して竹木の所有を目的 とする地上権の設定を受けている場合には，不可抗力によって地代より少ない収益し か得られなかったときであっても，AはBに対し，地代の減額を請求することができ ない。

イ　AがBの所有する甲土地に建物を所有することを目的として地上権の設定を受け， その旨の登記がされている場合には，Cが甲土地の地下に区分地上権の設定を受ける ためには，Aの承諾を得なければならない。

ウ　Aが所有する甲土地を承役地とし，Bが所有する乙土地を要役地とする通行地役権 が設定されている場合において，Bが地役権の行使のために甲土地に通路を設置した ときは，Aは，その通路を使用することができない。

エ　Aが所有する甲土地を承役地とし，Bが所有する乙土地を要役地とする通行地役権 が設定され，その登記がされた後，Cが乙土地に地上権の設定を受けた場合には，C は，当該通行地役権を行使することができない。

オ　Aが所有する甲土地を承役地とし，Bが所有する乙土地を要役地とする通行地役権 が設定されたが，その登記がされない間にCが甲土地に抵当権の設定を受け，その旨 の登記がされた場合には，抵当権設定時に，Bが甲土地を継続的に通路として使用し ていることが客観的に明らかであり，Cがこれを認識していたとしても，抵当権の実 行により当該通行地役権は消滅する。

1　アイ　　　　　　2　アオ　　　　　　3　イエ　　　　　　4　ウエ　　　　　　5　ウオ

第11問　先取特権に関する次のアからオまでの記述のうち，**判例の趣旨に照らし正しいもの**の組合せは，後記1から5までのうち，どれか。

ア　不動産の賃貸人は，敷金を受け取っている場合には，その敷金で弁済を受けない債権の部分についてのみ，不動産賃貸の先取特権を有する。

イ　同一の不動産について不動産保存の先取特権と不動産工事の先取特権が互いに競合する場合には，その優先権の順位は，登記の前後による。

ウ　動産の売主は，その動産が転売され，その転売に係る売買代金請求権が他の債権者によって差し押さえられた場合には，当該売買代金請求権について動産売買先取特権に基づく物上代位権を行使することができない。

エ　不動産の賃借人がその不動産を転貸している場合には，賃貸人の先取特権は，賃借人がその転貸借契約に基づいて転借人から受けるべき金銭にも及ぶ。

オ　不動産売買の先取特権は，その効力を保存するために必要な登記がされていれば，その登記に先立って登記されている抵当権に優先する。

1　アイ　　　　　2　アエ　　　　　3　イウ　　　　　4　ウオ　　　　　5　エオ

第12問 権利質に関する次のアからオまでの記述のうち，**判例の趣旨に照らし正しいもの**の組合せは，後記1から5までのうち，どれか。

ア 質権の目的である金銭債権の弁済期が到来したときは，質権者は，被担保債権の弁済期の到来前であっても，質権の目的である金銭債権を直接取り立てることができる。

イ 権利質は，質権者自身に対する債権をその目的とすることができない。

ウ 債権の目的物が金銭でないときは，その債権を目的とする質権を有する質権者は，弁済として受けた物について質権を有する。

エ 当事者が譲渡を禁止する旨の意思表示をした債権を目的とする質権の設定は，その意思表示がされたことを質権者が知っていたときは，無効である。

オ AがBのためにCに対する債権を目的とする質権を設定し，Cに確定日付のある証書によってその通知をしたときは，Bは，その後にこの債権を差し押さえたAの他の債権者に対し，質権の設定を対抗することができる。

1 アイ　　　　 2 アエ　　　　 3 イウ　　　　 4 ウオ　　　　 5 エオ

第13問 抵当権の効力に関する次のアからオまでの記述のうち，**判例の趣旨に照らし正しいも**
の組合せは，後記1から5までのうち，どれか。

ア 抵当権の設定の登記後に締結された賃貸借により競売手続の開始前から抵当権の目
　的である建物の使用収益をする賃借人は，当該抵当権が実行されて当該建物が競落さ
　れた場合は，買受人に対し，当該建物を直ちに引き渡さなければならない。

イ 一般債権者が抵当不動産を差し押さえたときは，抵当権者は，第三者異議の訴えに
　より，その強制執行の不許を求めることができる。

ウ 建物の抵当権者による当該建物の賃料請求権に対する物上代位権の行使は，被担保
　債権について債務不履行がなくても，することができる。

エ 抵当権者は，先順位の抵当権がその被担保債権の弁済によって消滅した場合には，
　その先順位の抵当権設定登記の抹消登記手続を請求することができる。

オ Aのための抵当権の設定の登記がされた後に，抵当権の設定者Bが抵当不動産をC
　に賃貸し，その賃料債権をDに譲渡した場合には，当該債権譲渡について第三者対抗
　要件が具備された後においても，Aは自らその賃料債権を差し押さえて，物上代位権
　を行使することができる。

1 アイ 　　　　 2 アオ 　　　　 3 イウ 　　　　 4 ウエ 　　　　 5 エオ

第14問 根抵当権に関する次のアからオまでの記述のうち，**正しいもの**の組合せは，後記1から5までのうち，どれか。

ア 元本の確定前に，第三者がその時点における被担保債権の全部を債務者のために弁済したときは，その第三者は，弁済した債権について根抵当権を行使することができる。

イ 元本の確定前に債務者について相続が開始したときは，根抵当権の担保すべき元本は，当然に確定する。

ウ 元本の確定前に債務者について合併があった場合には，その債務者が根抵当権設定者であるときを除き，根抵当権設定者は，元本の確定を請求することができる。

エ 元本の確定後においては，根抵当権設定者は，その根抵当権の極度額を，現に存する債務の額と以後2年間に生ずべき利息その他の定期金及び債務の不履行による損害賠償の額とを加えた額に減額することを請求することができる。

オ 根抵当権が担保すべき元本の確定すべき期日の定めがない場合は，根抵当権設定者は，根抵当権の設定後いつでも，根抵当権者に対し，元本の確定を請求することができる。

1 アエ   2 アオ   3 イウ   4 イオ   5 ウエ

第15問　譲渡担保権に関する次のアからオまでの記述のうち，**判例の趣旨に照らし誤っている**
ものの組合せは，後記1から5までのうち，どれか。

ア　構成部分の変動する集合動産について，種類，所在場所及び量的範囲を指定するな
どの方法により目的物の範囲が特定される場合には，この集合動産を一個の集合物と
して譲渡担保権の目的とすることができる。

イ　土地の賃借人がその土地上に所有する建物を目的として設定した譲渡担保権の効力
は，土地の賃借権に及ばない。

ウ　将来発生すべき債権を目的として譲渡担保権が設定された場合において，譲渡担保
権の目的とされた債権が将来発生したときは，譲渡担保権者は，譲渡担保権設定者の
特段の行為を要することなく当然に，当該債権を担保の目的で取得することができ
る。

エ　所有する動産に譲渡担保権を設定した債務者は，被担保債権の弁済と引換えに譲渡
担保権の目的物を返還することを請求することができる。

オ　所有する不動産に譲渡担保権を設定した債務者が弁済期に債務の弁済をしなかった
場合において，債権者が目的不動産を確定的に自己の所有に帰属させるとの意思表示
をした上でその引渡しを求めたときは，債務者は，清算金の支払との同時履行を主張
することができる。

1　アエ　　　　　　2　アオ　　　　　　3　イウ　　　　　　4　イエ　　　　　　5　ウオ

第16問　次の対話は，弁済に関する教授と学生との対話である。教授の質問に対する次のアからオまでの学生の解答のうち，**正しいもの**の組合せは，後記1から5までのうち，どれか。

教授：　第三者による弁済について検討してみましょう。弁済をするについて正当な利益を有する第三者は，債権者の意思に反しても，弁済をすることはできますか。問題となっている債務が，その性質上第三者による弁済を許すものであり，当事者が第三者による弁済を禁止し，又は制限する旨の意思表示をしていないことを前提に考えてください。

学生：ア　弁済をするについて正当な利益を有する第三者は，債権者の意思に反しても，弁済をすることができます。

教授：　では，弁済の方法について考えてみましょう。債権者の預金又は貯金の口座に対する払込みによって弁済をすることが許されている場合に，その方法によって弁済の効力が生ずるのは，どの時点ですか。

学生：イ　債権者が払込みがあった口座から金銭の払戻しを現実に受けた時点です。

教授：　次に，代物弁済について考えてみましょう。代物弁済の契約が締結された場合には，代物弁済の契約で定められた給付が現実になくても，弁済と同一の効力は生じますか。

学生：ウ　代物弁済の契約が締結されれば，代物弁済の契約で定められた給付が現実になくても，弁済と同一の効力は生じます。

教授：　弁済の時間について考えてみましょう。弁済をし，又は弁済の請求をすることができる取引時間の定めがあると認められるのは，どのような場合ですか。

学生：エ　債権者と債務者の合意によって取引時間を定めた場合に限り，弁済をし，又は弁済の請求をすることができる取引時間の定めがあると認められます。合意がないのに，このような取引時間の定めがあると認められることはありません。

教授：　最後に，弁済の充当について検討しましょう。債務者が同一の債権者に対して同種の給付を目的とする数個の債務を負担する場合に，弁済として提供した給付が全ての債務を消滅させるのに足りないときは，弁済をする者は，その充当すべき債務を指定することができますか。いずれの債務も元本のみしか存在しないことと，弁済をする者と受領する者の間にその充当の順序に関する合意がないことを前提に考えてください。

学生：オ　弁済をする者は，給付の時に，その弁済を充当すべき債務を指定することができます。

1　アウ　　　　　2　アオ　　　　　3　イエ　　　　　4　イオ　　　　　5　ウエ

第17問　相殺に関する次のアからオまでの記述のうち，**判例の趣旨に照らし正しいもの**の組合せは，後記1から5までのうち，どれか。

ア　時効によって債権が消滅した場合において，その消滅時効期間が経過する以前にその債権の債務者が債権者に対する反対債権を有していたときは，その消滅時効期間が経過する以前に反対債権の弁済期が現実に到来していたかどうかにかかわらず，時効によって消滅した債権の債権者は，その債権を自働債権とし，その反対債権を受働債権として，相殺することができる。

イ　債務不履行に基づく損害賠償請求権を受働債権とする相殺は，その損害賠償請求権が人の生命又は身体の侵害によるものであっても，することができる。

ウ　債権が第三者に差し押さえられた場合において，被差押債権の債務者がその差押え前に被差押債権の債権者に対する反対債権を取得しており，その差押え後にその反対債権と被差押債権が相殺に適するようになったときは，その反対債権と被差押債権の弁済期の前後にかかわらず，被差押債権の債務者は，その反対債権による相殺をもって差押債権者に対抗することができる。

エ　相殺は，双方の債務の履行地が異なるときであっても，することができる。

オ　債権につき，弁済期が到来していれば，その債権の債務者が同時履行の抗弁権を有していても，その債権の債権者は，その債権を自働債権として，相殺をすることができる。

1　アイ　　　　　2　アエ　　　　3　イオ　　　　4　ウエ　　　　5　ウオ

第18問　売買に関する次のアからオまでの記述のうち，**判例の趣旨に照らし正しいもの**の組合せは，後記1から5までのうち，どれか。

ア　売買の目的物の引渡しについて期限があるときは，代金の支払についても同一の期限を付したものとみなされる。

イ　売主が種類，品質又は数量に関して契約の内容に適合しない目的物を買主に引き渡した場合において，売主が履行の追完を拒絶する意思を明確に表示したときは，買主は，その不適合の程度に応じて代金の減額を請求するために，履行の追完の催告をすることを要しない。

ウ　売主が売買の目的物の引渡しを遅滞しているときは，買主に対して現実に目的物の引渡しがされていなくとも，売買の目的物から生じた果実は買主に帰属する。

エ　売主が種類，品質又は数量に関して契約の内容に適合しない目的物を買主に引き渡した場合であっても，売主の責めに帰すべき事由がないときは，買主は，その不適合を理由として，当該売買契約の解除をすることができない。

オ　売主が種類又は品質に関して契約の内容に適合しない目的物を買主に引き渡した場合であっても，買主がその不適合を知った時から1年以内にその旨を売主に通知しなかったときは，売主がその引渡しの時にその不適合を知り，又は重大な過失によって知らなかったときを除き，買主は，その不適合を理由として，損害賠償の請求をすることができない。

1　アエ　　　　　　2　アオ　　　　　　3　イウ　　　　　　4　イオ　　　　　　5　ウエ

第19問 賃貸借に関する次のアからオまでの記述のうち，**誤っているもの**の組合せは，後記1から5までのうち，どれか。

ア　契約により動産の賃貸借の存続期間を100年と定めたとしても，その期間は，50年となる。

イ　不動産の譲渡人が賃貸人であるときは，その賃貸人たる地位は，賃借人の承諾を要しないで，譲渡人と譲受人との合意により，譲受人に移転させることができる。

ウ　賃貸人は，賃借人の責めに帰すべき事由によって修繕が必要となったときでも，賃貸物の使用及び収益に必要な修繕をする義務を負う。

エ　賃借人は，賃借物について賃貸人の負担に属する必要費を支出したときは，賃貸人に対して，直ちにその償還を請求することができる。

オ　賃借物の一部が滅失し，使用及び収益をすることができなくなった場合であっても，それが賃貸人の責めに帰すべき事由によるものでなければ，その賃料が減額されることはない。

1　アウ　　　　2　アエ　　　　3　イエ　　　　4　イオ　　　　5　ウオ

第20問　婚姻又は離婚に関する次のアからオまでの記述のうち，**正しいもの**の組合せは，後記
　　　1から5までのうち，どれか。

ア　それぞれ17歳である男女の届け出た婚姻届が受理された場合には，当該婚姻は，
　　取消しの請求がなくとも，当然に無効である。

イ　配偶者のある者が重ねて婚姻をした場合には，後婚の配偶者は，当該後婚である婚
　　姻の取消しを家庭裁判所に請求することができる。

ウ　成年被後見人が，成年後見人の同意を得ないで婚姻をした場合には，成年後見人
　　は，その同意がないことを理由として，当該婚姻の取消しを家庭裁判所に請求するこ
　　とができる。

エ　強迫による婚姻の取消しは，婚姻時に遡って，その効力を生ずる。

オ　未成年の子がある父母が当該子の親権者を定めないままに届け出た離婚届が受理さ
　　れた場合には，当該離婚は有効である。

　　1　アイ　　　　　2　アエ　　　　　3　イオ　　　　　4　ウエ　　　　　5　ウオ

第21問　親権に関する次のアからオまでの記述のうち，**判例の趣旨に照らし正しいもの**の組合せは，後記1から5までのうち，どれか。

ア　嫡出でない子を父が認知した場合には，その子に対する親権は，父母の間に婚姻関係がなくとも，父と母が共同して行う。

イ　親権を行う母が，第三者の債務の担保として，子を代理して，その子が所有する不動産に抵当権を設定する行為は，特別代理人の選任を要する利益相反行為に当たる。

ウ　父母が共同して親権を行う場合に，父母の一方が，他方の意思に反して，父母共同の名義で子に代わってした法律行為は，この事情を相手方が知っていたときは，効力を生じない。

エ　父又は母による親権の行使が困難であることにより子の利益を害する場合には，検察官は，家庭裁判所に対し，その父又は母について親権停止の審判を請求することができる。

オ　親権者による管理権の行使が不適当であることにより子の利益を害する場合に，家庭裁判所は，審判によって，その親権者について管理権のみを喪失させることはできない。

1　アイ　　　　　2　アオ　　　　　3　イエ　　　　　4　ウエ　　　　　5　ウオ

第22問 Aを被相続人，Aの子であるB及びCのみを相続人とする遺贈又は相続に関する次のアからオまでの記述のうち，**判例の趣旨に照らし正しいもの**の組合せは，後記1から5までのうち，どれか。

ア　B及びCは，遺産分割協議において，BがAの遺産である甲土地の所有権全部を取得することに合意したが，その後，Cが，第三者に対し，甲土地の2分の1の持分を売却した場合，Bは，当該第三者に対し，登記なくして甲土地の所有権全部の取得を対抗することができる。

イ　Aを被保険者とする生命保険契約において，保険金の受取人がBとされていた場合に，その後，Aのした遺言において保険金の受取人をBからCに変更することは，Cに対する遺贈に当たる。

ウ　Aを債権者とする普通預金債権について，B及びCは，Aの相続開始により，各相続分に応じて分割された同債権をそれぞれ取得することはなく，同債権は，遺産分割の対象となる。

エ　Aが相続開始の時に有した債務の債権者は，遺言による相続分の指定がされた場合であっても，その指定された相続分に応じた債務の承継を承認しない限り，B及びCに対し，その法定相続分に応じてその権利を行使することができる。

オ　Aの遺産である株式について，B及びCは，Aの相続開始により，2分の1ずつの割合で当該株式の持分を分割して取得することとなり，当該株式は，遺産分割の対象とはならない。

1　アウ　　　　　2　アオ　　　　　3　イエ　　　　　4　イオ　　　　　5　ウエ

第23問　遺言執行者に関する次のアからオまでの記述のうち，**判例の趣旨に照らし誤っている**ものの組合せは，後記1から5までのうち，どれか。

ア　特定の不動産を共同相続人以外の第三者に遺贈する旨の遺言がされた場合には，共同相続人らは，遺言執行者を被告として，遺言の無効を理由に，その不動産について共有持分権を有することの確認を求めることができる。

イ　遺産分割方法の指定として遺産に属する特定の不動産を共同相続人の1人に承継させる旨の遺言がされた場合には，遺言執行者は，単独で，当該遺言に基づいて被相続人から当該共同相続人の1人に対する所有権の移転の登記を申請することはできない。

ウ　特定の不動産の遺贈があった場合において，遺言執行者がいるにもかかわらず，遺贈の相手方でない相続人が当該不動産を第三者に売却し，かつ，当該第三者において遺言執行者がいることを知っていたときは，当該売却行為は無効となる。

エ　遺言執行者は，やむを得ない事由がある場合には，遺言者が遺言によって表示した意思に反しても，遺言執行者の責任で第三者にその任務を行わせることができる。

オ　遺言執行者が複数いる場合の各遺言執行者は，単独で，相続財産の保存に必要な行為をすることができる。

1　アイ　　　　　　2　アオ　　　　　　3　イエ　　　　　　4　ウエ　　　　　　5　ウオ

第24問 故意に関する次のアからオまでの記述のうち，**判例の趣旨に照らし正しいもの**の組合せは，後記1から5までのうち，どれか。

ア　Aは，Bを殺害する意図で，B及びその同居の家族が利用するポットであることを知りながら，これに毒物を投入したところ，B並びにその同居の家族であるC及びDがそのポットに入った湯を飲み，それぞれその毒物が原因で死亡した。この場合，Bの同居の家族がC及びDの2名であることをAが知らなかったとしても，Aには，B，C及びDに対する殺人罪の故意が認められる。

イ　Aは，Bとの間で，Cに対して暴行を加えて傷害を負わせる旨を共謀したが，殺意を有してはいなかったところ，実行行為を担当するBが，呼び出したCの言動に激高して突発的にCに対する殺意を抱き，持っていた警棒でその頭部を殴り付けてCを殺害した。この場合，Aには，殺人罪の故意が認められ，同罪の共同正犯が成立するが，Aに科される刑は，傷害致死罪の法定刑の範囲内に限定される。

ウ　Aは，覚醒剤を所持していたが，これについて，覚醒剤であるとは知らなかったものの，覚醒剤などの身体に有害で違法な薬物かもしれないが，それでも構わないと考えていた。この場合，Aには，覚醒剤所持罪の故意が認められる。

エ　Aは，住居侵入罪の構成要件に該当する行為について，当該行為が同罪の構成要件に該当するかを弁護士に尋ねたところ，当該弁護士が法律の解釈を誤って当該行為は同罪の構成要件には該当しない旨の回答をしたことから，同罪は成立しないと誤解して実際に当該行為に及んだ。この場合，Aには，住居侵入罪の故意は認められない。

オ　Aは，Bをクロロホルムにより失神させてから海中に転落させて溺死させようと考え，Bにクロロホルムを吸引させたところ，Bは，クロロホルム摂取に基づく呼吸停止により死亡した。この場合，Aには，殺人罪の故意は認められない。

1　アウ　　　　　2　アオ　　　　　3　イウ　　　　　4　イエ　　　　　5　エオ

第25問　強盗罪に関する次のアからオまでの記述のうち，**判例の趣旨に照らし正しいもの**の組合せは，後記1から5までのうち，どれか。

ア　Aは，Bに対して暴行・脅迫を加えて手提げバッグを強取しようと考え，まずは，Bの足下に置かれていた当該手提げバッグを手に取り，次いで，Bに対し，その反抗を抑圧するに足りる程度の暴行・脅迫を加え，Bの反抗を抑圧して当該手提げバッグの奪取を確保した。この場合，Aには，強盗罪ではなく，事後強盗罪が成立する。

イ　Aは，Bから麻薬購入資金として現金を預かっていたが，その返還を免れようと考え，Bに対し，その反抗を抑圧するに足りる程度の暴行・脅迫を加え，Bの反抗を抑圧し，その返還を免れた。この場合，Bは当該現金に関する法律上の請求権を有しなかったのであるから，Aには，強盗利得罪は成立しない。

ウ　Aは，Bから金銭を借りていたが，その支払を免れようと考え，Bに対し，その反抗を抑圧するに足りる程度の暴行・脅迫を加え，Bの反抗を抑圧し，事実上債務の弁済請求ができない状態に陥らせた。この場合，Aには，強盗利得罪は成立しない。

エ　窃盗の未遂犯であるAは，当該犯行を目撃してAを取り押さえようとしたBに対し，逮捕を免れる目的で，その反抗を抑圧するに足りる程度の暴行・脅迫を加え，Bの反抗を抑圧し，逮捕を免れた。この場合，Aには，事後強盗既遂罪ではなく，事後強盗未遂罪が成立する。

オ　Aは，怨恨からBを殺害したが，その直後に財物奪取の意思を生じて，Bの所持品を奪った。この場合，Aには，強盗殺人罪は成立しない。

1　アイ　　　　　2　アウ　　　　　3　イオ　　　　　4　ウエ　　　　　5　エオ

第26問　盗品等に関する罪に関する次のアからオまでの記述のうち，**判例の趣旨に照らし正し**いものの組合せは，後記1から5までのうち，どれか。

ア　Aは，B所有の腕時計を窃取したが，その後，犯行の発覚を恐れ，当該腕時計を自宅で保管していた。この場合において，Aには，窃盗罪に加えて盗品等保管罪が成立する。

イ　Aは，Bから，BがCから窃取した壺を被害者であるCに買い取らせることを持ちかけられ，当該壺が盗品であることを知りながら，これに応じ，Cと交渉の上，Cに当該壺を買い取らせた。この場合において，Aには，盗品等有償処分あっせん罪が成立する。

ウ　Aは，Bが窃取した宝石であることを知りながら，Bからこれを譲り受け，Cは，当該宝石がBが窃取した盗品であることを知りながら，Aから頼まれて，これを自動車で運搬した。この場合において，AとCとの間に婚姻関係があり，BとCとの間には刑法第257条第1項所定の関係がないときは，Cには，盗品等運搬罪が成立するが，その刑が免除される。

エ　公務員であるAは，その職務に関し，Bが窃取した自動車であることを知りながら，Bからこれを賄賂として無償で収受した。この場合において，Aには，収賄罪と盗品等無償譲受け罪が成立し，両罪は観念的競合の関係に立つ。

オ　Aは，Bから頼まれて盗品とは知らずに自動車を保管することとし，保管を始めて数か月間が経過した時点で，当該自動車はBが窃取した盗品であると知るに至ったが，Bによる窃盗の犯行の発覚を防ごうと考え，その後もBのためにその保管を継続した。この場合において，Aには，盗品等保管罪は成立しない。

(参考)

刑法

　　第256条　盗品その他財産に対する罪に当たる行為によって領得された物を無償で譲り受けた者は，3年以下の懲役に処する。

　　2　前項に規定する物を運搬し，保管し，若しくは有償で譲り受け，又はその有償の処分のあっせんをした者は，10年以下の懲役及び50万円以下の罰金に処する。

　　第257条　配偶者との間又は直系血族，同居の親族若しくはこれらの者の配偶者との間で前条の罪を犯した者は，その刑を免除する。

　　2　（略）

1　アウ　　　　　2　アオ　　　　　3　イウ　　　　　4　イエ　　　　　5　エオ

第 27 問から第 34 問までの試験問題については，問題文に明記されている場合を除き，定款に法令の規定と異なる別段の定めがないものとして，解答してください。

第27問　株式会社の設立に関する次のアからオまでの記述のうち，**判例の趣旨に照らし正しい**ものの組合せは，後記 1 から 5 までのうち，どれか。

ア　株式会社を設立する場合に，検査役の報酬は，発起人が作成する定款に記載しなければ，その効力を生じない。

イ　設立時募集株式の引受人は，創立総会においてその議決権を行使した後であっても，株式会社の成立前であれば，詐欺又は強迫を理由として設立時発行株式の引受けの取消しをすることができる。

ウ　株式会社を設立する場合において，発起人に対して剰余金の配当を優先して受けることができる優先株式の割当てがされるときは，発起人が受ける特別の利益として定款に記載しなければ，その効力を生じない。

エ　定款に記載しないで行われた財産引受けは，株式会社が成立の後にこれを追認した場合であっても，遡って有効とはならない。

オ　株式会社の設立を無効とする判決が確定したときは，将来に向かって設立の効力が失われ，その株式会社について清算が開始される。

1　アウ　　　　　2　アオ　　　　　3　イウ　　　　　4　イエ　　　　　5　エオ

第28問　株式等売渡請求に関する次のアからオまでの記述のうち，**誤っているもの**の組合せは，後記1から5までのうち，どれか。

ア　会社以外の法人や自然人であっても，特別支配株主として株式等売渡請求をすることができる。

イ　会社は，当該会社が発行済株式の全部を保有する株式会社が有するものと併せると，対象会社の総株主の議決権の10分の9以上を有することとなる場合には，特別支配株主として株式等売渡請求をすることができる。

ウ　対象会社は，株式等売渡請求に係る承認をした場合には，売渡株主に対し，当該承認をした旨等を通知しなければならないが，この通知は，公告をもってこれに代えることができる。

エ　売渡株主は，株式売渡請求が法令に違反する場合には，特別支配株主に対し，対象会社の株式のうち当該売渡株主が保有するものに限り，その取得をやめることを請求することができる。

オ　特別支配株主は，株式売渡請求と併せて新株予約権売渡請求をした場合において，新株予約権売渡請求のみを撤回することができる。

1　アイ　　　　　2　アオ　　　　　3　イウ　　　　　4　ウエ　　　　　5　エオ

第29問　新株予約権に関する次の1から5までの記述のうち，**正しいもの**は，どれか。

1　株式会社が自己の新株予約権を取得した場合には，当該新株予約権は，当該株式会社がこれを取得した時に，消滅する。

2　募集新株予約権の割当てを受けた申込者は，払込期日に当該募集新株予約権の新株予約権者となる。

3　譲渡制限新株予約権の新株予約権者が，その有する譲渡制限新株予約権を他人に譲り渡すことについて，その株式会社に対し，当該他人が当該譲渡制限新株予約権を取得することについて承認するか否かの決定をすることを請求する場合において，当該株式会社が当該承認をしない旨の決定をするときであっても，当該新株予約権者は，当該株式会社に対し，当該株式会社又は指定買取人が当該譲渡制限新株予約権を買い取ることを請求することはできない。

4　募集新株予約権の発行が法令若しくは定款に違反する場合又は著しく不公正な方法により行われる場合において，株主及び新株予約権者が不利益を受けるおそれがあるときは，株主及び新株予約権者は，株式会社に対し，当該募集新株予約権の発行の差止めを求める訴えを提起することができる。

5　新株予約権者が，株式会社の承諾を得て，募集新株予約権と引換えに払い込む金銭の払込みに代えて，払込金額に相当する金銭以外の財産を給付した場合には，当該株式会社は，当該財産の給付があった後，遅滞なく，当該財産の価額を調査させるため，裁判所に対し，検査役の選任の申立てをしなければならない。

第30問 会計参与設置会社に関する次のアからオまでの記述のうち，**誤っているもの**の組合せは，後記1から5までのうち，どれか。

ア　会計参与は，株主総会において，会計参与の解任について意見を述べることができる。

イ　指名委員会等設置会社の会計参与は，執行役と共同して，計算書類及びその附属明細書，臨時計算書類並びに連結計算書類を作成する。

ウ　監査役が二人以上ある監査役設置会社の取締役は，会計参与の報酬等に関する定款の定め又は株主総会の決議がない場合であっても，監査役の過半数の同意を得て，会計参与の報酬等を定めることができる。

エ　取締役会設置会社においては，取締役は，定時株主総会の招集の通知に際して，株主に対し，会計参与報告を提供しなければならない。

オ　会計参与は，法定の期間，当該会計参与が定めた場所に各事業年度に係る計算書類及びその附属明細書並びに会計参与報告を備え置かなければならない。

1　アウ　　　　　2　アオ　　　　　3　イエ　　　　　4　イオ　　　　　5　ウエ

第31問 監査等委員会設置会社に関する次のアからオまでの記述のうち，**誤っているもの**の組合せは，後記1から5までのうち，どれか。

ア 監査等委員は，監査等委員会により選定されていなくても，法令又は定款に違反する事実があると認めるときは，遅滞なく，その旨を取締役会に報告しなければならない。

イ 監査等委員は，監査等委員会により選定されていなくても，株主総会において，監査等委員である取締役以外の取締役の選任若しくは解任又は辞任について意見を述べることができる。

ウ 監査等委員は，監査等委員会により選定されていなくても，いつでも，取締役及び支配人その他の使用人に対し，その職務の執行に関する事項の報告を求め，又は当該監査等委員会設置会社の業務及び財産の状況の調査をすることができる。

エ 監査等委員は，監査等委員会により選定されていなくても，取締役が法令又は定款に違反する行為をするおそれがある場合において，当該行為によって当該監査等委員会設置会社に著しい損害が生ずるおそれがあるときは，当該取締役に対し，当該行為をやめることを請求することができる。

オ 監査等委員である取締役は，監査等委員会により選定されていなくても，株主総会において，監査等委員である取締役の報酬等について意見を述べることができる。

1 アウ 2 アエ 3 イウ 4 イオ 5 エオ

第32問　株式会社の事業譲渡等に関する次のアからオまでの記述のうち，**誤っているもの**の組合せは，後記1から5までのうち，どれか。

ア　株式会社が事業の全部の譲渡をする場合において，株主総会において当該事業譲渡の承認と同時に会社の解散が決議されたときは，当該事業譲渡に反対した株主は，当該株式会社に対し，自己の有する株式を買い取ることを請求することができる。

イ　株式会社が事業の重要な一部の譲渡をする場合であっても，いわゆる簡易事業譲渡の要件を満たすときは，株主総会の決議による承認を受ける必要がない。

ウ　株式会社がその事業の全部を賃貸するとの契約を締結するときは，株主総会の決議によって，その承認を受けなければならない。

エ　株式会社が子会社Aに対して子会社Bの株式の一部を譲渡する場合には，当該譲渡により譲り渡す株式の帳簿価額が当該株式会社の総資産額として法務省令で定める方法により算定される額の5分の1を超え，当該譲渡の効力発生日において子会社Bの議決権の総数の過半数の議決権を有しないときであっても，株主総会の決議による承認を受ける必要はない。

オ　株式会社が他の法人の事業の全部の譲受けをする場合において，譲り受ける資産に当該株式会社の株式が含まれるときは，当該株式会社の取締役は，当該事業の全部の譲受けに係る契約の承認を受ける株主総会において，当該株式に関する事項を説明しなければならない。

1　アウ　　　　　2　アエ　　　　　3　イエ　　　　　4　イオ　　　　　5　ウオ

第33問 持分会社に関する次のアからオまでの記述のうち，**正しいもの**の組合せは，後記１から５までのうち，どれか。

ア　合同会社の社員は，労務をその出資の目的とすることができる。

イ　合資会社においては，有限責任社員を業務を執行する社員とすることができる。

ウ　合名会社は，社債を発行することはできない。

エ　合同会社においては，業務を執行する社員が自己のために合同会社と取引をしようとする場合に当該取引について当該社員以外の社員の過半数の承認を受けることを要しないとの定款の定めを設けることはできない。

オ　合同会社の業務を執行する社員がその職務を行うのに費用を要するときは，合同会社は，業務を執行する社員の請求により，その前払をしなければならない。

　　１　アウ　　　　　２　アオ　　　　　３　イエ　　　　　４　イオ　　　　　５　ウエ

第34問 会社の公告に関する次のアからオまでの記述のうち，**正しいもの**の組合せは，後記1から5までのうち，どれか。

ア 会社は，公告方法を電子公告とする場合には，定款で，電子公告を公告方法とする旨の定めのほか，電子公告に用いるウェブサイトのアドレスも定めなければならない。

イ 臨時株主総会における議決権の行使に関する基準日を定めた株式会社が電子公告により当該基準日に関する事項の公告をした場合において，電子公告調査を求めることを怠ったときは，当該公告は，その効力を生じない。

ウ 株式会社が資本金の額の減少をする場合には，当該株式会社は，その定款で電子公告を公告方法とする旨を定めているときであっても，官報による公告をしなければならない。

エ 定款で公告方法を時事に関する事項を掲載する日刊新聞紙に掲載する方法とする旨を定める会社は，事故その他やむを得ない事由によってこの方法による公告をすることができない場合の公告方法として，官報に掲載する方法又は電子公告のいずれかを定めることができる。

オ 会社は，公告方法として，時事に関する事項を掲載する日刊新聞紙に掲載する方法を定款で定める場合に，「Ａ新聞又はＢ新聞」と定めることはできない。

1 アイ　　　　2 アウ　　　　3 イエ　　　　4 ウオ　　　　5 エオ

第35問　倉庫営業に関する次のアからオまでの記述のうち，**正しいもの**の組合せは，後記１から５までのうち，どれか。

ア　寄託者又は倉荷証券の所持人は，倉庫営業者の営業時間内であれば，いつでも，寄託物の見本の提供を求めることができる。

イ　当事者が寄託物の保管期間を定めなかった場合には，倉庫営業者は，やむを得ない事由があるときであっても，寄託物の入庫の日から６か月を経過した後でなければ，その返還をすることができない。

ウ　倉庫営業者は，その営業の範囲内において寄託を受けた場合であっても，報酬を受けないときは，自己の財産に対するのと同一の注意をもって，寄託物を保管する義務を負うことになる。

エ　倉庫営業者が寄託物の損傷につき悪意でなかった場合には，寄託物の損傷についての倉庫営業者の責任に係る債権は，寄託物の出庫の日から１年間行使しないときに，時効によって消滅する。

オ　倉庫営業者は，寄託物の全部ではなく一部を出庫するにとどまる場合には，出庫の割合に応じた保管料の支払を請求することはできない。

1　アエ　　　　　2　アオ　　　　　3　イウ　　　　　4　イオ　　　　　5　ウエ

令和3年度 試 験 問 題（午後の部）

注　　　意

(1)　別に配布した答案用紙の該当欄に，試験問題裏表紙の記入例に従って，受験地，受験番号及び氏名を必ず記入してください。多肢択一式答案用紙に受験地及び受験番号をマークするに当たっては，数字の位を間違えないようにしてください。

(2)　試験時間は，3時間です。

(3)　試験問題は，多肢択一式問題（第1問から第35問まで）と記述式問題（第36問及び第37問）から成り，配点は，多肢択一式が105点満点，記述式が70点満点です。

(4)　**多肢択一式問題の解答**は，多肢択一式答案用紙の解答欄の正解と思われるものの番号の枠内をマーク記入例に従い，濃く塗りつぶす方法でマークしてください。解答欄へのマークは，各問につき1か所だけにしてください。二つ以上の箇所にマークがされている欄の解答は，無効とします。解答を訂正する場合には，プラスチック製消しゴムで完全に消してから，マークし直してください。答案用紙への記入に当たっては，**鉛筆**（B又はHB）を使用してください。該当欄の枠内をマークしていない解答及び**鉛筆**を使用していない解答は，無効とします。

(5)　**記述式問題の解答**は，所定の答案用紙に記入してください。答案用紙への記入に当たっては，黒インクの**万年筆**又は**ボールペン**（ただし，インクが消せるものを除きます。）を使用してください。所定の答案用紙以外の用紙に記入した解答及び上記万年筆又はボールペン以外の筆記具（鉛筆等）によって記入した解答は，その部分につき無効とします。答案用紙の受験地，受験番号及び氏名欄以外の箇所に，特定の氏名等を記入したものは，無効とします。

　　また，答案用紙の筆記可能線（答案用紙の外枠の二重線）を超えて筆記をした場合は，当該筆記可能線を越えた部分については，採点されません。

(6)　答案用紙に受験地，受験番号及び氏名を記入しなかった場合は，採点されません（試験時間終了後，これらを記入することは，認められません。）。

(7)　答案用紙は，汚したり，折り曲げたりしないでください。また，書き損じをしても，補充しません。

(8)　試験問題のホチキスを外したり，試験問題のページを切り取る等の行為は，認められません。

(9)　試験時間中，不正行為があったときは，その答案は，無効なものとして扱われます。

(10)　試験問題に関する質問には，一切お答えいたしません。

(11)　試験問題は，試験時間終了後，持ち帰ることができます。

第 1 問　民事訴訟における訴訟能力又は法定代理に関する次のアからオまでの記述のうち，**誤っているもの**の組合せは，後記 1 から 5 までのうち，どれか。

　　ア　訴訟能力を欠く者による訴えの提起であることが判明したときは，裁判長は，その補正を命ずることなく，命令で，訴状を却下することができる。

　　イ　外国人は，その本国法によれば訴訟能力を有しない場合であっても，日本の法律によれば訴訟能力を有すべきときは，訴訟能力者とみなされる。

　　ウ　被告が訴訟係属中に保佐開始の審判を受けた場合において，訴訟上の和解をするときは，保佐人の特別の授権を要する。

　　エ　訴訟能力を欠く当事者がした訴訟行為は，これを有するに至った当該当事者の追認により，行為の時に遡ってその効力を生ずる。

　　オ　当事者である未成年者が成年に達した場合には，その親権者の法定代理権の消滅は，本人又は代理人から相手方に通知しなくても，訴訟上その効力を生ずる。

　　　1　アエ　　　　　　2　アオ　　　　　　3　イウ　　　　　　4　イオ　　　　　　5　ウエ

第2問　期日又は期間に関する次のアからオまでの記述のうち，**正しいもの**の組合せは，後記
1から5までのうち，どれか。

ア　期日は，申立てにより又は職権で，裁判長が指定する。

イ　口頭弁論期日に出頭した当事者に対して裁判長が口頭で次回期日を告知しただけで
は，その次回期日について適法な呼出しがあったとは認められない。

ウ　弁論準備手続を経た口頭弁論期日の変更は，やむを得ない事由がある場合でなけれ
ば，許すことができない。

エ　裁判所は，担保を立てるべき期間を定めたときは，その期間を伸長することができ
ない。

オ　当事者がその責めに帰することができない事由により即時抗告の期間を遵守するこ
とができなかった場合には，当該期間が満了した時から1週間以内に限り，即時抗告
の追完をすることができる。

1　アウ　　　　　　2　アオ　　　　　　3　イエ　　　　　　4　イオ　　　　　　5　ウエ

第3問 民事訴訟における訴訟行為の方式に関する次のアからオまでの記述のうち，**誤ってい**
るものの組合せは，後記1から5までのうち，どれか。

ア 簡易裁判所における請求の変更は，口頭ですることができる。

イ 口頭弁論期日における移送の申立ては，口頭ですることができる。

ウ 訴訟記録の閲覧の請求は，口頭ですることができる。

エ 弁論準備手続期日における証人尋問の申出は，書面でしなければならない。

オ 簡易裁判所の終局判決に対する控訴の提起は，控訴状を提出してしなければならない。

1 アイ 　　　　 2 アエ 　　　　 3 イオ 　　　　 4 ウエ 　　　　 5 ウオ

第4問 書証に関する次のアからオまでの記述のうち，**判例の趣旨に照らし正しいもの**の組合せは，後記1から5までのうち，どれか。

ア 私文書は，本人の署名又は押印があるときは，真正に成立したものとみなされる。

イ 文書の成立の真正についての自白は，裁判所を拘束しない。

ウ 裁判所は，第三者に対して文書の提出を命じようとする場合には，その第三者を審尋しなければならない。

エ 訴訟の当事者が文書提出命令に従わないときは，裁判所は，決定で，過料に処する。

オ 証拠調べの必要性を欠くことを理由として文書提出命令の申立てを却下する決定に対しては，その必要性があることのみを理由として即時抗告をすることができる。

1 アエ 　　　 2 アオ 　　　 3 イウ 　　　 4 イエ 　　　 5 ウオ

第5問 第一審の民事訴訟手続における判決又は決定に関する次のアからオまでの記述のうち、**判例の趣旨に照らし正しいもの**の組合せは、後記1から5までのうち、どれか。

ア 裁判所は、当事者が審理の続行を求めたとしても、訴訟が裁判をするのに熟したと判断したときには、口頭弁論を終結し、終局判決をすることができる。

イ 裁判所は、決定をする場合には、あらかじめ、決定を告知する日を定めなければならない。

ウ 口頭弁論を終結した後に裁判官の交代があった場合には、判決は、口頭弁論において当事者が従前の口頭弁論の結果を陳述した後でなければ、言い渡すことができない。

エ 判決は、少なくとも一方の当事者が在廷する口頭弁論期日において言い渡さなければならない。

オ 決定に計算違い、誤記その他これらに類する明白な誤りがあるときは、裁判所は、申立てにより又は職権で、いつでも更正決定をすることができる。

1 アエ 　　　 2 アオ 　　　 3 イウ 　　　 4 イオ 　　　 5 ウエ

第6問 民事保全に関する次のアからオまでの記述のうち，**誤っているもの**の組合せは，後記1から5までのうち，どれか。

ア 仮の地位を定める仮処分命令の申立てについて口頭弁論を経た場合には，その申立てについての裁判は，判決をもってしなければならない。

イ 100万円の貸金返還請求権を被保全権利とする債権の仮差押命令の申立てについては，簡易裁判所に申し立てることができる。

ウ 民事保全の手続に関しては，民事訴訟法の文書提出命令に関する規定は準用されない。

エ 仮差押命令の申立てを却下する決定は，債務者に告知しなければならない。

オ 仮差押命令に対する保全異議の申立ては，本案の訴えが提起された後であってもすることができる。

1 アイ 2 アエ 3 イオ 4 ウエ 5 ウオ

第7問 民事執行に関する次のアからオまでの記述のうち，**正しいもの**の組合せは，後記 1 から 5 までのうち，どれか。

ア 不動産に対する強制執行については，その所在地を管轄する地方裁判所のほか，債務者の普通裁判籍の所在地を管轄する地方裁判所が，執行裁判所として管轄する。

イ 不動産に対する強制執行の方法は，強制競売と強制管理とがあり，これらの方法は併用することができる。

ウ 金銭債権を差し押さえた債権者は，他の債権者が当該金銭債権を差し押さえた場合には，第三債務者に対して取立訴訟を提起することができない。

エ 不作為を目的とする債務で代替執行ができないものについては，間接強制の方法により，強制執行を行うことができる。

オ 仮執行の宣言を付した判決に係る請求権の存在又は内容について異議のある債務者は，その判決が確定する前後を問わず，その判決による強制執行の不許を求めるために，請求異議の訴えを提起することができる。

1 アウ 2 アエ 3 イエ 4 イオ 5 ウオ

第8問　司法書士又は司法書士法人の業務に関する次のアからオまでの記述のうち，**誤ってい
るもの**の組合せは，後記1から5までのうち，どれか。

ア　司法書士は，公務員として職務上取り扱った事件について，その業務を行うことが
できない。

イ　簡裁訴訟代理等関係業務を行うのに必要な能力を有する旨の法務大臣の認定を受け
た司法書士である社員がいない司法書士法人であっても，当該認定を受けた司法書士
である使用人がいれば，当該司法書士である使用人が簡裁訴訟代理等関係業務を行う
ことができる。

ウ　司法書士は，司法書士会に入会したときは，当該司法書士会の会則の定めるところ
により，事務所に司法書士の事務所である旨を表示しなければならない。

エ　複数の事務所を有する司法書士法人は，その従たる事務所においてAの依頼を受け
て裁判所に提出する書類を作成する業務を行った場合には，その主たる事務所におい
て当該業務に係る事件の相手方であるBから，当該事件に関して裁判所に提出する書
類を作成する業務を受任することができない。

オ　司法書士は，日本司法書士会連合会にあらかじめ届け出ることにより，二以上の事
務所を設けることができる。

1　アイ　　　　　2　アエ　　　　　3　イオ　　　　　4　ウエ　　　　　5　ウオ

第9問　供託所の管轄に関する次のアからオまでの記述のうち，**正しいもの**の組合せは，後記
　　　1から5までのうち，どれか。

　　ア　譲渡制限株式を取得した者からの譲渡の承認の請求に対して，株式会社が譲渡を承
　　　認せず対象株式を買い取る旨の通知をしようとするときの供託は，その株式会社の本
　　　店の所在地の供託所にしなければならない。

　　イ　宅地建物取引業者が事業の開始後新たに事務所を設置したときの営業保証金の供託
　　　は，主たる事務所の最寄りの供託所にしなければならない。

　　ウ　仮差押えの執行を取り消すために債務者がする仮差押解放金の供託は，債務の履行
　　　地の供託所にしなければならない。

　　エ　不法行為に基づく損害賠償債務について，債権者の住所が不明である場合の受領不
　　　能を原因とする弁済供託は，不法行為があった地の供託所にすることができる。

　　オ　衆議院小選挙区選出議員の選挙の候補者の届出をするためにする選挙供託は，候補
　　　者の選挙区又はその最寄りの供託所にしなければならない。

　　　1　アイ　　　　　　2　アエ　　　　　　3　イオ　　　　　　4　ウエ　　　　　　5　ウオ

第10問　弁済供託に関する次のアからオまでの記述のうち，**誤っているもの**の組合せは，後記
　　　1から5までのうち，どれか。

　　ア　家賃に電気料を含む旨の家屋の賃貸借契約がされている場合において，電気料を含
　　　む家賃を提供し，その全額の受領を拒否されたときは，貸借人は，電気料と家賃の合
　　　計額を供託することができる。

　　イ　賃借人が賃貸人から建物明渡請求を受け，目下係争中であるため，当該賃貸人にお
　　　いて家賃を受領しないことが明らかであるときは，当該賃借人は，毎月末日の家賃支
　　　払日の前に当月分の家賃につき弁済供託をすることができる。

　　ウ　売買代金債務が持参債務である場合において，債権者が未成年者であって法定代理
　　　人を欠くときは，債務者は，受領不能を原因として弁済供託をすることができる。

　　エ　借地上の建物の賃借人は，借地人(建物の賃貸人)に代わって当該借地の地代を弁済
　　　供託することはできない。

　　オ　婚姻中にされた妻名義の銀行預金について，離婚後，夫であった者が預金証書を，
　　　妻であった者が印鑑をそれぞれ所持して互いに自らが預金者であることを主張して現
　　　に係争中である場合には，銀行は，債権者不確知を原因として供託をすることができ
　　　る。

　　　1　アエ　　　　　　2　アオ　　　　　3　イウ　　　　　4　イエ　　　　　5　ウオ

第11問　供託金の利息の払渡しに関する次のアからオまでの記述のうち，**正しいもの**の組合せは，後記1から5までのうち，どれか。

ア　令和元年5月10日に保証として金銭を供託した場合には，供託者の請求により，令和2年4月1日以降に，令和元年6月1日から令和2年3月31日までの供託金利息が払い渡される。

イ　供託金還付請求権に対して差押えをした債権者の債権及び執行費用の額が供託金額を下回る場合において，差押債権者から払渡請求があったときは，当該債権及び執行費用の額に差押命令の送達の日から払渡しの前月までの利息を付して払い渡される。

ウ　執行供託における供託金の払渡しの場合には，執行裁判所の配当の実施後に生じた利息については，配当実施以後払渡しの前月までの利息が配当金の割合に応じて払い渡される。

エ　供託物払渡請求権の譲渡がされた場合において，債権譲渡の通知に利息請求権の譲渡について明記されていなかったときは，譲受人の請求により，元金に当該通知の送達があった日から払渡しの前月までの利息を付して払い渡される。

オ　債務の弁済として供託された8000円の供託金について還付請求がされた場合には，同額に供託金受入れの翌月から払渡しの前月までの利息を付して払い渡される。

1　アイ　　　　　2　アウ　　　　　3　イオ　　　　　4　ウエ　　　　　5　エオ

第12問 登記の申請に関する次のアからオまでの記述のうち，**正しいもの**の組合せは，後記1から5までのうち，どれか。

ア 同一の不動産について，同時に二件(各登記権利者を異にする。)の所有権の移転請求権を保全するための仮登記の申請があった場合には，これらの申請は同一の受付番号を付して受け付けられるとともに，いずれの申請も同時に却下される。

イ 登記官の配偶者であった者が登記の申請人であるときは，当該登記官は，当該申請に係る登記をすることができる。

ウ 抵当権の設定の登記について，その申請人が登記識別情報を提供できないために登記義務者に対して事前通知をする場合において，当該登記義務者の住所について変更の登記がされているときは，登記官は，当該登記義務者の登記記録上の前の住所に宛てて，当該登記の申請があった旨を通知しなければならない。

エ 登記官が，登記の申請において提供された添付情報から，登記の申請人となるべき者以外の者が申請していると疑うに足りる相当な理由があると認めた場合において，当該申請人又はその代表者若しくは代理人が遠隔の地に居住しているときは，登記官は，他の登記所の登記官に当該申請人の申請の権限の有無の調査を嘱託しなければならない。

オ 書面申請をした申請人は，申請に係る登記が完了するまでの間，申請書及びその添付書面の受領証の交付を請求することができる。

1 アイ 　　　2 アオ 　　　3 イウ 　　　4 ウエ 　　　5 エオ

第13問　官庁又は公署が行う登記の嘱託に関する次のアからオまでの記述のうち，**誤っている
もの**の組合せは，後記1から5までのうち，どれか。

　　なお，不動産登記令附則第5条に規定する添付情報の提供方法に関する特例(特例方
式)は，考慮しないものとする。

　ア　財務省が私人に対して普通財産である国有財産の土地の売払いの手続をしたことに
　　　より当該土地につき行う売買を登記原因とする所有権の移転の登記について，当該私
　　　人の請求があったときは，財務省は，遅滞なく，当該登記を登記所に嘱託しなければ
　　　ならない。

　イ　財務省が私人に対して普通財産である国有財産の土地の売払いの手続をしたことに
　　　より当該土地につき売買を登記原因とする所有権の移転の登記を嘱託する場合におい
　　　て，当該私人に対して用途並びにその用途に供すべき期日及び期間を指定して当該指
　　　定に違反したときに当該売払いの契約を解除する旨の定めがあるときは，当該定めを
　　　当該登記の嘱託情報の内容とすることができる。

　ウ　財務省が私人に対して普通財産である国有財産の土地の売払いの手続をしたことに
　　　より当該土地につき行う売買を登記原因とする所有権の移転の登記を，電子情報処理
　　　組織を使用する方法によって財務省が単独で嘱託するときは，官庁又は公署が作成し
　　　た電子証明書であって，登記官が電子署名を行った者を確認することができるものの
　　　送信をすることを要しない。

　エ　土地に対する滞納処分による差押えの登記の前提として，県が相続人に代位して当
　　　該土地につき相続を登記原因とする所有権の移転の登記を嘱託し，当該登記が完了し
　　　たときは，登記官は，被代位者である当該相続人に対し，登記識別情報を通知しなけ
　　　ればならない。

　オ　土地に対する滞納処分による差押えの登記の前提として，県が相続人に代位して当
　　　該土地につき相続を登記原因とする所有権の移転の登記を嘱託し，当該登記が完了し
　　　たときは，登記官は，被代位者である当該相続人に対し，当該登記が完了した旨を通
　　　知しなければならない。

1　アイ　　　　　　2　アエ　　　　　3　イオ　　　　　4　ウエ　　　　　5　ウオ

第14問 登記官の職権による登記の抹消に関する次のアからオまでの記述のうち，**第1欄**に掲げる登記の申請又は嘱託による登記をするときに，登記官の職権により**第2欄**に掲げる登記を抹消するものの組合せは，後記1から5までのうち，どれか。

		第1欄	第2欄
	ア	権利取得裁決により土地の所有権を取得した起業者が単独でする土地の収用による所有権の移転の登記の申請	当該起業者の指定に係る当該収用によって消滅した抵当権の設定の登記
	イ	土地の強制競売の買受人が代金を納付した場合における当該土地の所有権に対する差押えの登記の抹消の嘱託	当該差押えの登記に後れる使用収益をしない旨の定めのある不動産質権の設定の登記
	ウ	抵当権の設定の登記につき当該抵当権の消滅に関する定めの付記登記がされている場合における当該定めにより消滅した抵当権の設定の登記の抹消の申請	当該抵当権の消滅に関する定めの登記
	エ	確定前の根抵当権の一部譲渡による根抵当権の一部移転の登記がされた後に優先の定めの登記がされている場合における解除による当該一部移転の登記の抹消の申請	当該優先の定めの登記
	オ	信託の併合により土地の所有権が一の信託の信託財産に属する財産から他の信託の信託財産に属する財産となった場合における当該信託の併合による権利の変更の登記の申請	当該一の信託についての信託の登記

1 アイ 　　 2 アウ 　　 3 イエ 　　 4 ウオ 　　 5 エオ

第15問　甲区1番でAを所有権の登記名義人とする所有権の保存の登記がされている甲建物又は甲区2番でA及びBを所有権の登記名義人とする共有者全員の持分の全部の移転の登記がされている乙土地について，**第1欄に掲げる事由が生じた場合に，第2欄に掲げる登記の目的及び登記原因で登記の申請をすることができないもの**の組合せは，後記1から5までのうち，どれか。

　　なお，登記の申請は令和3年7月1日にすることとし，登記原因につき第三者の許可，同意又は承諾を要する場合には，同日までに，それぞれ第三者の許可，同意又は承諾を得ているものとする。

		第1欄	第2欄
ア		A及びBは，令和3年7月1日，Aの死亡に至るまでBがAに対して定期金を給付し，Aは，その対価として，甲建物を当該定期金の元本としてBに譲渡することを約した。	登記の目的：所有権移転 登記原因：贈与
イ		A及びBは，令和3年7月1日，紛争を解決するため互いに譲歩し，甲建物をAがBに譲渡し，その対価として金500万円をBがAに支払うことで，AB間に存する争いをやめることを裁判外で約した。	登記の目的：所有権移転 登記原因：和解
ウ		A及びBは，令和3年7月1日，乙土地について，AとBとの間で3年間共有物の分割をしない旨の契約をした。	登記の目的：2番所有権変更 登記原因：特約
エ		乙土地の登記記録上，甲区2番の登記原因は売買と記録されているが，正しい登記原因は代物弁済であることが判明した。	登記の目的：2番所有権更正 登記原因：錯誤
オ		Aは，令和3年6月1日，乙土地のAの持分の全部をCに売却し，甲区3番で乙土地の共有者をC，売買を登記原因とするA持分の全部の移転の登記がされたが，令和3年7月1日，Aは，錯誤により当該売却に係る契約を取り消した。	登記の目的：3番所有権抹消 登記原因：錯誤

1　アエ　　　　2　アオ　　　　3　イウ　　　　4　イエ　　　　5　ウオ

第16問　図面等の添付情報に関する次のアからオまでの記述のうち，**第1欄に掲げる登記の申請又は嘱託をするときに，その申請情報又はその嘱託情報と併せて第2欄に掲げる情報を登記所に提供しなければならないもの**の組合せは，後記1から5までのうち，どれか。

		第1欄	第2欄
ア		地下鉄道敷設を目的として地下の上下の範囲を定めて設定する地上権の設定の登記の申請	地下の上下の範囲を明らかにする図面
イ		水道管の埋設を目的として承役地の一部を設定の範囲とする地役権の設定の登記の申請	地役権図面
ウ		宅地の造成工事に係る不動産工事の先取特権の保存の登記の申請	造成する土地の設計書（図面を含む。）の内容を証する情報
エ		工場財団を目的とする共同担保としての抵当権の追加設定の登記の申請	工場図面
オ		表題登記がない建物が区分建物でないときに当該建物の強制競売の開始決定がされたために当該建物の所有権についてする差押えの登記の嘱託	建物図面

1　アウ　　　　　2　アエ　　　　　3　イエ　　　　　4　イオ　　　　　5　ウオ

第17問　登記識別情報の通知に関する次のアからオまでの記述のうち，**正しいもの**の組合せは，後記１から５までのうち，どれか。

ア　売買を登記原因とするAからBに対する所有権の移転の登記と同時にした買戻しの特約の登記がされている甲不動産について，買戻しの期間が満了する前に買戻権の行使によるBからAへの所有権の移転の登記が完了した場合には，当該登記の申請人であるAに対して登記識別情報は通知されない。

イ　甲不動産について，BからAに対する所有権の移転の登記がされ，その後，錯誤を登記原因として当該所有権の移転の登記が抹消された場合において，当該抹消の原因が存在していなかったとして当該抹消された所有権の移転の登記の回復が完了したときは，当該回復の申請人であるAに対して登記識別情報が通知される。

ウ　Aを委託者兼受益者，Bを受託者として信託を登記原因とする所有権の移転の登記及び信託の登記がされている甲不動産について，AがCに対して当該信託に係る受益権を売却したことにより，CがBに代位して受益者の変更の登記を完了した場合には，当該登記の申請人であるCに対して登記識別情報が通知される。

エ　Aを所有権の登記名義人とする甲不動産をAがBに売却したが，Bが所有権の移転の登記手続に協力しない場合において，Aが，Bに当該所有権の移転の登記手続をすべきことを命ずる確定判決の正本を添付して，単独で当該所有権の移転の登記の申請をし，その登記が完了したときは，Bに対して登記識別情報は通知されない。

オ　Aを所有権の登記名義人とする甲不動産について，Bを根抵当権者とする根抵当権の設定の登記がされている場合において，当該根抵当権の極度額を増額する根抵当権の変更の登記を完了したときは，当該登記の申請人であるBに対して登記識別情報は通知されない。

1　アウ　　　　　2　アオ　　　　　3　イウ　　　　　4　イエ　　　　　5　エオ

第18問　所有権の移転の登記に関する次のアからオまでの記述のうち，**誤っているもの**の組合せは，後記1から5までのうち，どれか。

ア　A，B及びCが民法上の組合契約を締結し，Aを業務執行組合員とした場合において，A，B及びCが所有権の登記名義人である甲土地の所有権を当該組合契約のために出資するときは，B及びCは，各自が有する持分について，「民法第667条第1項の出資」を登記原因としてAに対する持分の全部の移転の登記を申請することができる。

イ　登記義務者に対して所有権の移転の登記手続をすべきことを命ずる確定判決の正本を添付して売買を登記原因とする所有権の移転の登記を申請する場合において，当該判決の主文又は理由中に売買の日付が表示されていないときは，登記原因及びその日付を「年月日不詳売買」とすることができる。

ウ　AからBへの譲渡担保を原因とする所有権の移転の登記がされている場合において，AとBとの間で当該譲渡担保契約が解除されたときは，AとBは，「譲渡担保契約解除」を登記原因とするBからAへの所有権の移転の登記を申請することができる。

エ　相続財産である不動産について共同相続人間で共有物不分割の特約がされた場合において，当該不動産について相続による所有権の移転の登記を申請するときは，共有物不分割の定めの登記の申請と同一の申請情報によってすることができる。

オ　AとBとの間で「Bは，Aに対し，B所有の甲土地につき，令和3年7月9日限り，令和3年4月1日売買を原因とする所有権移転登記手続をする。」旨を内容とする民事調停が成立した場合において，Aは，令和3年7月2日に当該調停調書の正本を添付して，単独で，甲土地について所有権の移転の登記の申請をすることができる。

(参考)

民法

　　第667条　組合契約は，各当事者が出資をして共同の事業を営むことを約することによって，その効力を生ずる。

　　　2　（略）

1　アウ　　　　　2　アオ　　　　　3　イウ　　　　　4　イエ　　　　　5　エオ

第19問　相続又は遺贈を登記原因とする所有権の移転の登記に関する次のアからオまでの記述のうち，**正しいもの**の組合せは，後記１から５までのうち，どれか。

なお，法務局における遺言書の保管等に関する法律については，考慮しないものとする。

ア　相続を原因とする所有権の移転の登記の申請をするに際して，相続があったことを証する除籍又は改製原戸籍の一部が滅失していることにより，その謄本を添付することができない場合において，戸籍及び残存する除籍等の謄本に加え，除籍等の謄本を交付することができない旨の市町村長の証明書を添付したときは，「他に相続人はない」旨の相続人全員による証明書の添付を要しない。

イ　自筆証書による遺言において指定された遺言執行者が，当該遺言に基づいて登記の申請をするときは，家庭裁判所が作成した遺言書の検認調書の謄本を遺言執行者の権限を証する情報として提供することができる。

ウ　自筆証書による遺言書に日付の自署がない場合において，当該遺言書について家庭裁判所の検認を経たときは，当該遺言書を添付して遺贈を原因とする所有権の移転の登記の申請をすることができる。

エ　被相続人Aの相続人がB及びCである場合において，Aが所有権の登記名義人である土地について，その地目が墓地であるときは，Bは，当該土地をBが取得する旨の遺産分割協議の結果に基づいて，単独でAからBへの相続を登記原因とする所有権の移転の登記を申請することはできない。

オ　被相続人が所有権の登記名義人である不動産について，胎児が相続人の一人である場合において，当該胎児の母は，当該胎児の出生前であっても，当該胎児が当該不動産を単独で取得する旨の遺産分割協議を行った旨が記載された遺産分割協議書を添付して，当該胎児を代理して相続を登記原因とする被相続人から当該胎児に対する所有権の移転の登記を申請することができる。

1　アイ　　　　　2　アウ　　　　　3　イオ　　　　　4　ウエ　　　　　5　エオ

第20問　所有権の登記の抹消に関する次のアからオまでの記述のうち，**正しいもの**の組合せは，後記1から5までのうち，どれか。

ア　競売による売却を原因としてAからBへの所有権の移転の登記がされている場合には，BはAに対し当該所有権の移転の登記について競落無効を原因とする抹消登記手続をする旨の記載のあるAとBとの和解調書の正本を添付して，Aが，単独で当該所有権の移転の登記の抹消の申請をすることはできない。

イ　Aが表題部所有者として記録されている建物について，Aの相続人Bを登記名義人とする所有権の保存の登記がされた場合において，その後に錯誤を登記原因として所有権の保存の登記が抹消されたときは，登記官は，当該建物の登記記録を閉鎖しなければならない。

ウ　所有権の登記がない不動産について嘱託により所有権の処分の制限の登記をする際に，登記官の職権で所有権の保存の登記がされた場合において，後に錯誤を登記原因として当該所有権の処分の制限の登記が抹消されたときであっても，登記官は職権で当該所有権の保存の登記を抹消することはできない。

エ　錯誤を登記原因として買戻しの特約の付記登記のある所有権の移転の登記の抹消を申請する場合には，当該申請に先立って又は同時に，当該買戻しの特約の付記登記の抹消の申請をしなければならない。

オ　AからBへの所有権の移転の登記がされた後，Aについて破産手続が開始された場合において，Aの破産管財人が，当該所有権の移転の登記の原因である行為を否認したときは，当該破産管財人は，当該所有権の移転の登記の抹消を申請しなければならない。

1　アウ　　　　　　2　アオ　　　　　　3　イエ　　　　　　4　イオ　　　　　　5　ウエ

第21問　抵当権の設定の登記の抹消の申請に関する次のアからオまでの記述のうち，正しいものの組合せは，後記1から5までのうち，どれか。

ア　第1順位で設定の登記がされている抵当権が被担保債権の弁済により消滅したときは，第2順位で設定の登記がされている抵当権の登記名義人は，第1順位の抵当権の登記名義人と共同して，当該第1順位の抵当権の設定の登記の抹消の申請をすることができる。

イ　抵当権の登記名義人が当該抵当権の目的である不動産を取得し，当該抵当権が混同により消滅したため，当該抵当権の設定の登記の抹消の申請をするときは，当該抵当権の設定の登記が完了した際に通知された登記識別情報を提供することを要しない。

ウ　抵当権の登記名義人である株式会社について清算結了の登記がされている場合において，その後，当該株式会社の清算人として登記されていた者が，当該抵当権を放棄したときは，当該清算人として登記されていた者を登記義務者として，当該抵当権の設定の登記の抹消の申請をすることができる。

エ　抵当権の登記名義人である株式会社について清算結了の登記がされており，かつ，当該株式会社の清算人として登記されていた者全員の所在が不明である場合であっても，不動産登記法第70条第3項後段の規定による当該抵当権の設定の登記の抹消の申請をすることはできない。

オ　登記義務者の所在が知れないため不動産登記法第70条第3項後段の規定による権利に関する登記の抹消の申請をする場合において，当該権利が抵当権であるときは，当該抵当権の被担保債権の元本及び最後の2年分についての遅延損害金に相当する金銭を供託したことを証する情報を提供して，当該抵当権の設定の登記の抹消の申請をすることができる。

（参考）

　不動産登記法

　　第70条　登記権利者は，登記義務者の所在が知れないため登記義務者と共同して権利に関する登記の抹消を申請することができないときは，非訟事件手続法（平成23年法律第51号）第99条に規定する公示催告の申立てをすることができる。

　　2　（略）

　　3　第1項に規定する場合において，登記権利者が先取特権，質権又は抵当権の被担保債権が消滅したことを証する情報として政令で定めるものを提供したときは，第60条の規定にかかわらず，当該登記権利者は，単独でそれらの権利に関する登記の抹消を申請することができる。同項に規定する場合において，被担保

　　債権の弁済期から 20 年を経過し，かつ，その期間を経過した後に当該被担保債
　　権，その利息及び債務不履行により生じた損害の全額に相当する金銭が供託され
　　たときも，同様とする。

1　アエ　　　　　2　アオ　　　　　3　イウ　　　　　4　イエ　　　　　5　ウオ

第22問　根抵当権の元本確定の登記に関する次のアからオまでの記述のうち，**正しいもの**の組合せは，後記1から5までのうち，どれか。

ア　元本確定前の根抵当権の登記名義人であるAがその目的不動産について担保不動産競売の申立てをし，担保不動産競売開始決定に係る差押えの登記がされたが，その後，Aが当該申立てを取り下げたため当該登記が抹消されている場合において，Bが当該差押えにより当該根抵当権が確定したものとして当該根抵当権の被担保債権について代位弁済をしたため，AとBが共同して，代位弁済による当該根抵当権の移転の登記を申請するときは，その前提として当該根抵当権の元本確定の登記を申請することを要する。

イ　Aを登記名義人とする元本確定前の根抵当権を目的としてBを登記名義人とする転根抵当権の設定の登記がされている場合において，Bが当該根抵当権の目的不動産について担保不動産競売の申立てをし，担保不動産競売開始決定に係る差押えの登記がされたが，その後，Cが当該差押えにより当該根抵当権が確定したものとして当該根抵当権の被担保債権について代位弁済をしたため，AとCが共同して，代位弁済による当該根抵当権の移転の登記を申請するときは，その前提として当該根抵当権の元本確定の登記を申請することを要する。

ウ　元本確定前の根抵当権について根抵当権者を分割をする会社とする会社分割があったため，根抵当権設定者が元本確定の請求を行った場合には，根抵当権設定者は元本の確定を請求したことを証する書面を添付して，単独で元本確定の登記を申請することができる。

エ　元本確定前の根抵当権について根抵当権者が元本確定の請求をした場合において，元本確定の登記を根抵当権設定者と共同して申請するときは，元本の確定の請求が配達証明付き内容証明郵便により行われたことを証する情報を提供しなければならない。

オ　根抵当権者と根抵当権設定者が共同して根抵当権の元本確定の登記を申請する場合には，添付情報として根抵当権者が当該根抵当権の設定の登記を受けた際に通知された登記識別情報を提供することを要する。

1　アイ　　　　　　2　アエ　　　　　　3　イオ　　　　　　4　ウエ　　　　　　5　ウオ

第23問 登記記録に次のような記録(抜粋)がある甲区分建物及びその敷地権である旨の登記が
されている乙土地の権利の登記に関する次のアからオまでの記述のうち，**誤っているも
の**の組合せは，後記1から5までのうち，どれか。

なお，甲区分建物及び乙土地には権利部(乙区)の登記記録はないものとし，各登記の
申請は令和3年7月1日に行うものとする。また，乙土地に関して建物の区分所有等に
関する法律第22条第1項ただし書の規約(以下「分離処分可能規約」という。)はないもの
とする。

(甲区分建物の専有部分の登記記録の表題部(敷地権の表示)及び権利部(甲区))

表 題 部 　(敷地権の表示)			
①土地の符号	②敷地権の種類	③敷地権の割合	原因及びその日付〔登記の日付〕
1	所有権	2100分の180	令和3年3月3日敷地権 〔令和3年3月12日〕
所有者	A		

権 利 部 　(甲 区) 　(所 有 権 に 関 す る 事 項)			
順位番号	登 記 の 目 的	受付年月日・受付番号	権 利 者 そ の 他 の 事 項
1	所有権保存	令和3年4月1日 第6000号	原因　令和3年4月1日売買 所有者　C

(乙土地の登記記録の権利部(甲区))

権 利 部 　(甲 区) 　(所 有 権 に 関 す る 事 項)			
順位番号	登 記 の 目 的	受付年月日・受付番号	権 利 者 そ の 他 の 事 項
1	所有権移転	令和2年5月1日 第8000号	原因　令和2年5月1日売買 所有者　A
2	所有権移転仮登記	令和2年12月1日 第16000号	原因　令和2年12月1日売買 権利者　B
	余白	余白	余白
3	所有権敷地権	余白	建物の表示【省略】 　一棟の建物の名称【省略】 令和3年3月12日登記

ア　乙土地の甲区2番所有権移転仮登記の本登記を申請するときは，登記原因証明情報として，乙土地について新たに分離処分可能規約を定めたことを証する情報を提供することを要する。

イ　乙土地のみを目的として令和3年3月1日売買予約を登記原因とする所有権の移転請求権の仮登記を申請するときは，登記原因証明情報として，乙土地について新たに分離処分可能規約を定めたことを証する情報を提供することを要しない。

ウ　令和3年3月10日設定を登記原因とする抵当権の設定の登記は，乙土地のみを目的として，申請することができる。

エ　乙土地のみを目的として，令和3年2月1日から同年3月1日までの給料債権の先取特権発生を登記原因とする一般の先取特権の保存の登記は，申請することができない。

オ　乙土地を承役地として，令和3年4月1日設定を登記原因とする地役権の設定の登記は，申請することができる。

（参考）

建物の区分所有等に関する法律

　　第22条　敷地利用権が数人で有する所有権その他の権利である場合には，区分所有者は，その有する専有部分とその専有部分に係る敷地利用権とを分離して処分することができない。ただし，規約に別段の定めがあるときは，この限りでない。

　　2・3　（略）

1　アウ　　　　　2　アエ　　　　　3　イウ　　　　　4　イオ　　　　　5　エオ

第24問　配偶者居住権の登記に関する次のアからオまでの記述のうち，**正しいもの**の組合せは，後記1から5までのうち，どれか。

ア　登記原因を遺産分割として配偶者居住権の設定の登記を申請する場合には，被相続人の死亡の日を登記原因の日付としなければならない。

イ　被相続人が所有権の登記名義人である建物について配偶者居住権の設定の登記の申請をするときは，その前提として当該建物について被相続人から承継人への所有権の移転の登記をすることを要しない。

ウ　配偶者居住権の設定を内容とする死因贈与契約を締結したときは，贈与者の生存中に当該配偶者居住権の設定の仮登記を申請することができる。

エ　配偶者居住権の設定の登記がされた後に配偶者居住権の存続期間が短縮されたときは，当該短縮を内容とする配偶者居住権の変更の登記を申請することはできない。

オ　配偶者居住権者の死亡によって配偶者居住権が消滅したときは，登記権利者は，単独で配偶者居住権の登記の抹消を申請することができる。

1　アウ　　　　　2　アエ　　　　　3　イエ　　　　　4　イオ　　　　　5　ウオ

第25問　次の対話は，不正な登記の防止に関する司法書士と補助者との対話である。司法書士の質問に対する次のアからオまでの補助者の解答のうち，**正しいもの**の組合せは，後記1から5までのうち，どれか。

司法書士：　不動産の登記識別情報を記載した書面を紛失した場合において，当該登記識別情報の不正利用を防止するために，登記識別情報の失効の申出の制度が設けられています。この申出は，電子情報処理組織を使用する方法によってすることができますか。

補助者：ア　はい。電子情報処理組織を使用する方法によってすることができます。

司法書士：　登記識別情報の失効の申出は，委任による代理人によってすることはできますか。

補助者：イ　はい。委任による代理人によってすることができます。

司法書士：　では，自然人である登記名義人が，通知を受けた登記識別情報について，申出情報を記載した書面を登記所に提出する方法によって失効の申出をする場合には，当該登記名義人の印鑑に関する証明書を添付する必要がありますか。

補助者：ウ　添付する必要はありません。

司法書士：　この他に登記識別情報の不正利用を防止するために不正登記防止申出の制度も設けられています。不正登記防止申出は，電子情報処理組織を使用する方法によってすることができますか。

補助者：エ　はい。電子情報処理組織を使用する方法によってすることができます。

司法書士：　登記官が不正登記防止申出を相当と認めた場合において，当該不正登記防止申出の日から3か月以内に申出に係る登記の申請があったときは，どのように取り扱われますか。

補助者：オ　当該登記の申請は，不正登記防止申出がされていることを理由として却下されることになります。

1　アイ　　　　　2　アウ　　　　　3　イエ　　　　　4　ウオ　　　　　5　エオ

第26問　司法書士法務律子は，令和3年6月21日，登記記録に次のような記録(抜粋)がある甲土地の所有権の登記名義人である甲山由紀及び甲区2番で登記された仮登記の関係者である丙野健二から，次のとおりの事情を聴取し，登記申請の依頼を受けた。**依頼に係る全ての登記申請に必要となる登記免許税の合計の額として正しいもの**は，後記1から5までのうち，どれか。

　　なお，甲土地の不動産の価額は500万円とし，甲土地の権利部(乙区)の登記記録はないものとする。また，複数の申請方法が考えられる場合は登録免許税の額の合計が最も低額となるように申請するものとし，登録免許税の額の計算に当たり，租税特別措置法等の特例法による税の減免の規定の適用はないものとする。

(甲土地の登記記録の権利部の表示)

権　利　部　（　甲　区　）　（　所　有　権　に　関　す　る　事　項　）			
順位番号	登　記　の　目　的	受付年月日・受付番号	権　利　者　そ　の　他　の　事　項
1	所有権移転	平成3年9月5日第13000号	原因　平成3年2月8日相続所有者　A市B町100番地　甲山一郎
2	条件付所有権移転仮登記	平成30年4月20日第6000号	原因　平成30年4月15日売買（条件　売買代金完済）権利者　BA市B町150番地　丙野二郎
	余白	余白	余白
3	所有権移転	令和2年6月22日第8000号	原因　令和2年4月15日相続所有者　A市B町100番地　甲山由紀

<甲山由紀から聴取した内容>

　「昨年4月に父である甲山一郎が亡くなったときは，登記の名義変更でお世話になりました。先生に登記の依頼をした後，私は，令和2年6月19日にC市D町200番地に住所を移して一人暮らしをしていましたが，令和3年5月1日に結婚し，氏名が乙谷由紀に変わりました。住所は今もC市D町200番地です。

　　今日伺ったのは甲土地の仮登記のことです。これは，父が生前に丙野二郎さんと売買契約を結び，仮登記を付けていたものですが，本日，売買代金を完済してもらいましたので，正式に名義変更をお願いしたいと思います。」

<丙野健二から聴取した内容>

　「私は，丙野二郎の長男の丙野健二と申します。丙野二郎は，令和2年10月10日に亡くなりまして，甲土地の仮登記については私が単独で引き継ぐということで相続人の

間で話がまとまり，必要な書類も揃っています。そして，本日，売買代金の全額の支払を完了しましたので，甲土地の名義変更とこれに関連して必要となる登記の申請をお願いします。」

1　5万2000円

2　5万3000円

3　6万1000円

4　6万2000円

5　10万2000円

第27問 不動産登記における登録免許税に関する次のアからオまでの記述のうち，**正しいもの**の組合せは，後記1から5までのうち，どれか。

ア 登記の申請の際に納付した登録免許税に過誤納があったため過誤納金の還付を受ける場合において，当該登記の申請代理人が還付金を受領する旨の委任を受けたときは，当該代理人は，当該委任に係る委任状を，直接，当該登記の申請人の住所地を管轄する税務署に提出しなければならない。

イ AからBへの所有権の移転の登記の申請がされた後に，錯誤を登記原因として当該登記の抹消の申請をするときは，当該所有権の移転の登記の際に納付した登録免許税に相当する額の還付を受けることができる。

ウ 電子情報処理組織を使用する方法により行った登記の申請を取り下げた場合において，当該申請の際に印紙をもって登録免許税を納付していたときは，当該印紙の額に相当する額の還付を受けることはできない。

エ 再使用証明を受けた印紙を使用して登記の申請をした場合において，その後，当該登記の申請を取り下げるときは，当該印紙について重ねて再使用したい旨の申出をすることができる。

オ 再使用証明を受けた印紙を使用して申請した登記の登録免許税の額が，再使用証明を受けた印紙の額より少額であるときは，当該登記の完了後にその差額について還付を受けることができる。

1 アイ 2 アエ 3 イウ 4 ウオ 5 エオ

第28問　発起設立の方法による株式会社の設立の登記に関する次のアからオまでの記述のうち，**正しいもの**の組合せは，後記1から5までのうち，どれか。

ア　設立しようとする会社が監査等委員会設置会社である会社の場合において，監査等委員ではない設立時取締役が社外取締役であるときは，設立の登記の申請書には，登記すべき事項として当該設立時取締役が社外取締役である旨を記載しなければならない。

イ　設立しようとする会社が取締役会設置会社でない会社の場合において，定款に取締役の互選により代表取締役1名を選定する旨の定めがあるときは，設立時取締役の互選により設立時代表取締役を選定したことを証する書面を添付して，設立の登記を申請することができる。

ウ　設立しようとする会社の定款に成立後の株式会社の資本金及び資本準備金の額に関する事項についての定めがない場合において，当該株式会社に払込み又は給付をした財産の額の一部を資本金として計上しないときは，設立の登記の申請書には，当該事項について発起人全員の同意があったことを証する書面を添付しなければならない。

エ　設立しようとする会社の定款に発起人が割当てを受ける設立時発行株式の数の記載があるが単元株式数の定めがない場合において，後に発起人全員が単元株式数の定めを設ける旨の同意をしたときは，単元株式数に関する事項について，当該同意があったことを証する書面を添付して設立の登記を申請することができる。

オ　B株式会社が発起人となってA株式会社を設立しようとする場合において，B株式会社の代表取締役がA株式会社の設立時代表取締役と同一であるときは，当該設立の登記の申請書には，B株式会社において利益相反取引を承認した株主総会又は取締役会の議事録を添付しなければならない。

1　アウ　　　　　2　アオ　　　　　3　イエ　　　　　4　イオ　　　　　5　ウエ

第29問 株式会社の役員等の変更の登記に関する次のアからオまでの記述のうち，**誤っている**
ものの組合せは，後記1から5までのうち，どれか。

ア 代表取締役Aが辞任し，代表取締役Bが就任した場合において，代表取締役の全員
が日本に住所を有しないこととなるときであっても，代表取締役Aの辞任及び代表取
締役Bの就任による変更の登記を申請することができる。

イ 取締役としてA，B，C及びD並びに代表取締役としてA及びBが登記されている
取締役会設置会社において，定款に別段の定めがない場合，取締役であるA，C及び
Dが任期満了により同時に退任したときであっても，代表取締役Aの退任による変更
の登記を申請することができる。

ウ Aのみを会計監査人とする会社において，令和3年6月28日に会計監査人Aが辞
任し，同年7月1日に開催された株主総会において新たに会計監査人Bが選任され即
時就任を承諾した場合，会計監査人Aの辞任による変更の登記の申請は，令和3年7
月1日から2週間以内にしなければならない。

エ 取締役の死亡による変更の登記を申請する場合には，当該取締役の死亡の事実が記
載された法定相続情報一覧図の写しをもって，取締役の死亡を証する書面とすること
ができる。

オ 取締役会設置会社が，任期の満了による退任後もなお取締役としての権利義務を有
する者を代表取締役に選定した場合において，その後当該代表取締役が死亡したとき
は，退任を原因とする取締役及び代表取締役の変更の登記を申請しなければならな
い。

1 アイ 2 アエ 3 イオ 4 ウエ 5 ウオ

第30問　募集株式の発行による変更の登記に関する次のアからオまでの記述のうち，**正しいも**
のの組合せは，後記1から5までのうち，どれか。

　　　なお，定款に別段の定めはないものとする。

ア　現物出資財産が，会社に対する弁済期の到来している金銭債権であり，募集事項と
して定められた価額が500万円を超える場合であっても，当該金銭債権に係る負債の
帳簿価額を超えないときは，募集株式の発行による変更の登記の申請書には，当該金
銭債権についての現物出資財産の価額に関する検査役の調査報告を記載した書面及び
その附属書類を添付することを要しない。

イ　種類株式発行会社でない会社法上の公開会社において，代表取締役の決定により募
集株式の割当てを行った場合には，募集株式の発行による変更の登記の申請書には，
当該割当てに関する代表取締役の決定を証する書面を添付しなければならない。

ウ　種類株式発行会社が株主に株式の割当てを受ける権利を与えないでする募集株式の
発行の場合において，当該募集株式の種類が譲渡制限株式であるときは，当該種類の
種類株主総会において議決権を行使することができる種類株主が存しない場合を除
き，募集株式の発行による変更の登記の申請書には，募集事項の決定に係る当該種類
株主総会の議事録を添付しなければならない。

エ　会社法上の公開会社でない取締役会設置会社が株主に株式の割当てを受ける権利を
与えないでする募集株式の発行の場合において，株主総会の特別決議により募集事項
の決定と申込みがされることを条件とする申込者に対する募集株式の割当てに関する
事項の決定を同時に行ったときは，当該株主総会の議事録を添付して募集株式の発行
による変更の登記を申請することができる。

オ　会社法上の公開会社が株主に株式の割当てを受ける権利を与えないでする募集株式
の発行の場合において，募集事項として定めた払込金額が募集株式を引き受ける者に
特に有利な金額であるときは，募集株式の発行による変更の登記の申請書には，株主
総会の特別決議に係る議事録を添付しなければならない。

1　アウ　　　　　2　アエ　　　　　3　イエ　　　　　4　イオ　　　　　5　ウオ

第31問 株式会社の吸収合併による変更の登記に関する次のアからオまでの記述のうち，正しいものの組合せは，後記1から5までのうち，どれか。

ア 消滅会社の資産に存続会社の株式が含まれる場合には，吸収合併により消滅会社から承継することによって存続会社の自己株式となる株式を含めて，消滅会社の株主に交付する存続会社の株式の数を定めた合併契約書を添付して，吸収合併による変更の登記を申請することができる。

イ 吸収合併における承継債務額が承継資産額を超える場合には，当該吸収合併による変更の登記の申請書には，存続会社の株主全員の同意があったことを証する書面を添付しなければならない。

ウ 消滅会社が債権者保護手続に係る公告を官報及び定款の定めに従って電子公告の方法によりした場合には，不法行為によって生じた消滅会社の債務の債権者がいるときであっても，吸収合併による変更の登記の申請書には，当該債権者に対して各別の催告をしたことを証する書面を添付することを要しない。

エ 株式会社Aを存続会社とし，株式会社B及び株式会社Cを消滅会社とする吸収合併の場合に，合併契約書が1通で作成されたときは，吸収合併による変更の登記の申請書には，登記すべき事項として株式会社B及び株式会社Cを合併した旨を一括して記載しなければならない。

オ 消滅会社の資産に存続会社の株式が含まれる場合には，吸収合併による変更の登記の申請書には，存続会社が当該株式に関する事項を存続会社の株主に対して通知したことを証する書面を添付しなければならない。

1 アウ 　　　　2 アオ 　　　　3 イウ 　　　　4 イエ 　　　　5 エオ

第32問　種類株式発行会社ではない株式会社における株主の氏名又は名称，住所及び議決権数等を証する書面（以下「株主リスト」という。）に関する次のアからオまでの記述のうち，**正しいもの**の組合せは，後記１から５までのうち，どれか。

ア　登記すべき事項につき株主全員の同意を要する場合における登記の申請書に添付すべき株主リストには，総株主の議決権の数に対する各株主の有する議決権の数の割合を記載することを要しない。

イ　登記すべき事項につき株主総会の決議を要する場合において，会社法第 319 条第 1 項の規定により株主総会の決議があったものとみなされたときの登記の申請書に添付すべき株主リストには，議決権を行使することができる株主全員の氏名又は名称を記載しなければならない。

ウ　登記すべき事項につき株主総会の決議を要する場合における登記の申請書には，株主リストの添付に代えて，株主名簿を添付すれば足りる。

エ　登記すべき事項につき株主総会の決議を要する場合において，議決権を行使することができる総株主の議決権の数に対するその有する議決権の数の割合が最も高い株主が当該株主総会を欠席したときは，登記の申請書に添付すべき株主リストには当該欠席した株主の氏名又は名称を記載することを要しない。

オ　登記すべき事項につき株主全員の同意を要する場合において，自己株式があるときは，登記の申請書に添付すべき株主リストには当該自己株式の数を記載しなければならない。

（参考）

　会社法

　　第 319 条　取締役又は株主が株主総会の目的である事項について提案をした場合において，当該提案につき株主（当該事項について議決権を行使することができるものに限る。）の全員が書面又は電磁的記録により同意の意思表示をしたときは，当該提案を可決する旨の株主総会の決議があったものとみなす。

　　2～5　（略）

1　アイ　　　　　2　アオ　　　　　3　イウ　　　　　4　ウエ　　　　　5　エオ

第33問　持分会社の登記に関する次のアからオまでの記述のうち，**正しいもの**の組合せは，後記1から5までのうち，どれか。

ア　合名会社に社員が加入する場合において，加入する社員が法人であり当該法人が代表社員となるときは，合名会社の社員の加入による変更の登記の申請書には，当該社員の職務を行うべき者が就任を承諾したことを証する書面を添付しなければならない。

イ　合名会社が総社員の同意によりその社員の一部を有限責任社員とする定款の変更をした場合において，種類変更による合資会社の設立の登記及び合名会社の解散の登記を申請するときは，合名会社の解散の登記の申請書には，当該定款の変更に係る総社員の同意があったことを証する書面を添付しなければならない。

ウ　合同会社における資本剰余金の資本組入れによる資本金の額の変更の登記の申請書には，業務執行社員の過半数の一致があったことを証する書面並びに資本金の額が会社法及び会社計算規則の規定に従って計上されたことを証する書面を添付しなければならない。

エ　合同会社を設立しようとする場合において，定款に資本金の額を定めていないときは，合同会社の設立の登記の申請書には，資本金の額の決定に係る総社員の同意があったことを証する書面を添付しなければならない。

オ　定款に業務執行社員につき任期の定めがある合同会社において，当該定款の規定による業務執行社員の任期満了後直ちに当該業務執行社員が再度業務執行社員に指定された場合には，業務執行社員の重任による変更の登記を申請しなければならない。

1　アイ　　　　　2　アウ　　　　　3　イオ　　　　　4　ウエ　　　　　5　エオ

第34問　一般財団法人の登記に関する次のアからオまでの記述のうち，**正しいもの**の組合せは，後記１から５までのうち，どれか。

ア　一般財団法人の設立の登記の申請書には，登記すべき事項として，評議員会を置く一般財団法人である旨を記載しなければならない。

イ　一般財団法人が存続期間の満了により解散し，評議員会の決議によって清算人が選任された場合において，当該解散及び最初の清算人の登記を一の申請書で申請するときの申請書には，定款を添付することを要しない。

ウ　設立者が遺言において定款の内容を定めた場合における一般財団法人の設立の登記の申請書には，当該遺言に係る遺言書又は遺言書情報証明書を添付しなければならない。

エ　一般財団法人の設立の登記の申請書には，財産の拠出の履行があったことを証する書面を添付しなければならない。

オ　新設合併による一般財団法人の設立の登記の申請書には，設立時代表理事が就任を承諾したことを証する書面の印鑑につき市町村長の作成した証明書を添付することを要しない。

1　アイ　　　　　2　アオ　　　　　3　イウ　　　　　4　ウエ　　　　　5　エオ

第35問　本店の所在地を管轄する登記所に対して下記第1欄及び第2欄に掲げる登記を申請する場合の登録免許税に関する次のアからオまでの記述のうち，**第1欄に記載された登記を一の申請書で申請する場合の登録免許税の額が第2欄に記載された登記を一の申請書で申請する場合の登録免許税の額より高いもの**の組合せは，後記1から5までのうち，どれか。

　　なお，登録免許税の計算に当たり，租税特別措置法等の特例法による税の減免の規定の適用はないものとし，第1欄及び第2欄に掲げる登記以外の登記は，考慮しないものとする。

	第1欄	第2欄
ア	新設分割により，資本金の額を1000万円とする株式会社の設立の登記	募集株式の発行により，資本金の額を1000万円から2000万円に増加した株式会社がする変更の登記
イ	募集設立の方法により，資本金の額を1000万円とする株式会社の設立の登記	株式移転により，資本金の額を1000万円とする株式会社の設立の登記
ウ	資本金の額が1000万円である清算株式会社がする監査役の辞任及び就任による変更の各登記	資本金の額が3億円である株式会社がする最初の清算人及び代表清算人の就任の各登記
エ	吸収分割により，資本金の額が1000万円から2000万円に増加した吸収分割承継株式会社がする吸収分割による変更の登記	株式会社がする資本金の額を1億円から1000万円に減少する変更，本店に置いた支配人Aの代理権の消滅及び本店に置いた支配人Bの選任の各登記
オ	資本金の額が1000万円である株式会社がする取締役会設置会社の定めの設定及び取締役の就任による変更の各登記	資本金の額が2億円である株式会社がする監査役の監査の範囲を会計に関するものに限定する旨の定款の定めの廃止，監査役の退任及び就任による変更の各登記

1　アイ　　　　　2　アエ　　　　　3　イウ　　　　　4　ウオ　　　　　5　エオ

第36問　令和3年4月15日，別紙1-1の登記がされている土地（以下「A土地」という。）及び別紙1-2の登記がされている建物（以下「B建物」という。A土地及びB建物を合わせて「本件不動産」という。）について，司法書士法務朝男は，後記【事実関係】1及び2の事実を聴取・確認した。

　　　令和3年6月10日，司法書士法務朝男は，後記【事実関係】1から5までに基づいて行うべき登記の申請手続について関係当事者全員から聴取及び確認を行い，当該【事実関係】に基づいて本件不動産の登記の申請手続に必要な全ての書類を受領し，関係当事者全員から，所要の手続についての助言及び登記原因証明情報等不動産登記申請手続に必要な添付情報の起案のほか，本件不動産について必要となる登記の申請手続等について代理して申請をすることの委任を受け，同日，司法書士法務朝男は，依頼に係る登記の申請（以下「6月10日付け申請」という。）を行った。

　　　令和3年6月18日，司法書士法務朝男は，6月10日付け申請に係る登記が完了したことを確認の上，6月10日付け申請に係る事実関係を除く後記【事実関係】6について関係当事者全員から聴取及び確認を行い，当該【事実関係】に基づいて本件不動産の登記の申請手続に必要な全ての書類を受領し，関係当事者全員から，登記原因証明情報等不動産登記申請手続に必要な添付情報の起案のほか，本件不動産について必要となる登記の申請手続等について代理して申請をすることの委任を受け，同月18日，司法書士法務朝男は，依頼に係る登記の申請を行った。

　　　以上に基づき，後記の問1から問4までに答えなさい。

【事実関係】

1　株式会社こまち（以下「こまち社」という。　別紙3-1はその履歴事項全部証明書であり，別紙4はその株主名簿である。）と株式会社はやぶさ（以下「はやぶさ社」という。別紙3-2はその履歴事項全部証明書であり，別紙5はその株主名簿である。）は，令和3年4月1日，こまち社がはやぶさ社に対してこまち社の清掃用具の賃貸事業に関して有する権利義務（以下「本件承継権利義務」という。）の全部を承継させる旨の吸収分割（以下「本件会社分割」という。）を内容とする契約を締結した（以下，同契約に係る契約書（別紙2）を「本件吸収分割契約書」という。）。なお，本件吸収分割契約書において，本件会社分割が効力を生ずる日は，令和3年6月1日と定められている。

2　令和3年4月14日，関係当事者全員で，以下の内容を協議し合意した。

　⑴　佐藤一郎は，はやぶさ社に対し，B建物に設定された1番根抵当権を抹消しないまま，本件会社分割の効力発生を条件として，B建物をはやぶさ社に売却する。た

だし，B建物の所有権は，売買代金が全額支払われたときに移転するものとする。

(2) 株式会社羽後銀行は，本件不動産に設定されている極度額4500万円の確定前の1番共同根抵当権を令和3年6月10日付けで極度額3000万円の共同根抵当権と極度額1500万円の共同根抵当権とに分割して，極度額1500万円の共同根抵当権を同日付けで株式会社奥羽銀行に譲渡する。

3 令和3年4月15日，司法書士法務朝男は，関係当事者全員から，上記1及び2の事実関係を聴取した。また，<u>司法書士法務朝男は，関係当事者全員に対し，【事実関係】2(1)の売買契約を締結するに当たって会社法上求められる手続及び当該売買契約に基づく登記を申請する場合に当該会社法上求められる手続との関係で提供しなければならない添付情報(当該添付情報に添付すべき情報を含む。)について，その理由と併せて説明を行った。</u>

4 令和3年6月1日の到来により，本件会社分割の効力が生じた。それに伴うこまち社及びはやぶさ社に関する所要の商業登記の申請も適正にされて，同年6月10日のまでにこれらの登記が完了した。

5 令和3年6月10日，はやぶさ社は，佐藤一郎に対し，B建物の売買代金全額を支払った。

6 令和3年6月17日，関係当事者全員は，6月10日付け申請に係る登記が完了したことを確認の上，以下の内容を協議し合意した。

(1) 株式会社羽後銀行を根抵当権者とする極度額3000万円の共同根抵当権については，令和3年6月18日付けで担保すべき債権の範囲に「根抵当権者・債務者間の取引によらない電子記録債権法に基づく電子記録債権」及び「本件会社分割の効力発生前の根抵当権者のはやぶさ社に対する債権」を加える。

(2) 【事実関係】2(2)で株式会社奥羽銀行が譲り受けた極度額1500万円の共同根抵当権については，令和3年6月18日付けで債務者をはやぶさ社のみとする。

〔事実関係に関する補足〕

1 登記申請に当たって法律上必要な手続は，各申請日までに全てされている。なお，登記原因につき第三者の許可，同意又は承諾を要する場合には，各申請日までに，それぞれ当該第三者の許可，同意又は承諾を得ている。また，登記上の利害関係を有する第三者の承諾を要する場合には，各申請日までに，当該第三者の承諾を得ている。

2 【事実関係】は全て真実に合致しており，また，これらに基づく行為や司法書士法務朝男の説明内容は，全て適法である。

3　司法書士法務朝男は，複数の登記を申請する場合には，権利部（甲区）に関する登記を申請し，その後に権利部（乙区）に関する登記を申請する。また，司法書士法務朝男は，複数の登記を申請する場合には，申請件数及び登録免許税の額が最も少なくなるように登記を申請するものとする。

4　本件の関係当事者間には，【事実関係】及び各別紙に記載されている権利義務以外には，実体上の権利義務関係は存在しない。

5　本件不動産は，いずれも秋田地方法務局の管轄に属している。また，司法書士法務朝男は，いずれの登記の申請も，管轄登記所に書面に提出する方法により行ったものとする。

6　令和3年1月1日現在において固定資産課税台帳に登録された本件不動産の価格は，A土地について785万0304円，B建物について484万8067円であり，それぞれ当該価格を所有権の移転の登記の課税標準とする。

問1　司法書士法務朝男が**A土地について令和3年6月10日に申請した所有権の登記**の申請情報の内容のうち，登記の目的，登記記録の「権利者その他の事項」欄に記録される情報及び申請人（以下「申請事項等」という。），添付情報並びに登録免許税額を，司法書士法務朝男が申請した登記の順に従って，別紙答案用紙の第1欄(1)から(3)までの各欄に記載しなさい（司法書士法務朝男がB建物について令和3年6月10日に申請した所有権の登記については，記載することを要しない。）。

問2　司法書士法務朝男が**本件不動産について令和3年6月10日に申請した所有権以外の権利の登記**の申請情報の内容のうち，登記の目的，申請事項等，添付情報及び登録免許税額を，司法書士法務朝男が申請した登記の順に従って，別紙答案用紙の第2欄(1)から(4)までの各欄に記載しなさい。

問3　司法書士法務朝男が**本件不動産について令和3年6月18日に申請した所有権以外の権利の登記**の申請情報の内容のうち，登記の目的及び申請事項等を，司法書士法務朝男が申請した登記の順に従って，別紙答案用紙の第3欄(1)から(3)までの各欄に記載しなさい。

なお，株式会社羽後銀行を根抵当権者とする極度額3000万円の共同根抵当権は(あ)共同根抵当権と，株式会社奥羽銀行を根抵当権者とする極度額1500万円の共同根抵当権は(い)共同根抵当権と記載すること。

問4 【事実関係】3の下線部で司法書士法務朝男が関係当事者全員に対して行った説明
の内容を，①売買契約の締結に当たって会社法上求められる手続，②当該売買契約に
基づく登記を申請する場合に当該会社法上求められる手続との関係で提供しなければ
ならない添付情報並びに③上記①及び②の理由の各項目に分けて，本問の事実関係に
即して別紙答案用紙の第4欄に具体的に記載しなさい。

(答案作成に当たっての注意事項)

1 第36問答案用紙の第1欄から第3欄までの申請事項等欄の「上記以外の申請事項
等」欄に解答を記載するに当たっては，次の要領で行うこと。

⑴ 「上記以外の申請事項等」欄には，登記記録の「権利者その他の事項」欄に記録さ
れる情報のうち登記原因及びその日付を除いた情報並びに申請人を記載する。

⑵ 申請人について，「権利者」，「義務者」，「申請人」，「所有者」，「(被承継会社)」
等の表示も記載する。

⑶ 申請人について，住所又は本店所在地，代表機関の資格及び氏名並びに会社法人
等番号は，記載することを要しない。

⑷ 登記権利者及び登記義務者が共同して権利に関する登記の申請をする場合その
他の法令の規定により登記の申請をする場合において，申請人が登記識別情報又
は登記済証を提供することができないときは，当該登記識別情報又は登記済証を
提供することができない理由についても記載する。ただし，申請人が登記識別情
報又は登記済証を提供することができる場合には「登記識別情報の提供の有無」を
記載することを要しない。なお，「登記識別情報通知希望の有無」は，記載するこ
とを要しない。

⑸ 申請人が法令に掲げる者のいずれであるかを申請情報の内容とすべきときは，
「民法423条1項」の振り合いで，当該法令を記載する。

2 第36問答案用紙の第1欄及び第2欄の添付情報欄に解答を記載するに当たって
は，次の要領で行うこと。

⑴ 添付情報の解答は，その登記の申請に必要な添付情報を後記【添付情報一覧】か
ら選択し，その記号(アからニまで)を記載する。

⑵ 後記【添付情報一覧】のアからニまでに掲げられた情報以外の情報(登記の申請
に関する委任状等)は，記載することを要しない。

⑶ 法令の規定により添付を省略することができる情報及び提供されたものとみな
される情報についても，後記【添付情報一覧】から選択し，その記号(アからニま

で)を記載する。

⑷　後記【添付情報一覧】のチからトまでに掲げられた印鑑に関する証明書は，登記
名義人となる者の住所を証する情報としては使用しないものとする。

⑸　後記【添付情報一覧】のナ又はニの一方又は双方を記載するときは，それぞれの
記号の後に続けて，ナ又はニの括弧書きの「(何某のもの)」に当該第三者の氏名又
は名称を「ニ(Ｘ株式会社)」の要領で記載する。

⑹　後記【添付情報一覧】に掲げられた添付情報のうち，発行日，作成日等の日付が
明示されておらず，かつ，登記の申請に際して有効期限の定めがあるものは，登
記の申請時において，全て有効期限内であるものとする。

3　第36問答案用紙の第1欄から第3欄までの各項目の欄に申請すべき登記の申請
情報等の内容を記載するに当たり，記載すべき情報等がない場合には，その欄に
「なし」と記載すること。

4　申請すべき登記がない場合には，第36問答案用紙の第1欄から第3欄までの**登
記の目的欄**に「登記不要」と記載すること。

5　別紙は，いずれも，実際の様式と異なる。また，別紙には記載内容の一部が省略
されているものがあり，別紙を含め登記の申請に必要な添付情報は，いずれも**【事
実関係】**に沿う形で，法律上適式に作成されているものとする。

6　数字を記載する場合には，算用数字を使用すること。

7　登録免許税が免除され，又は軽減される場合には，その根拠となる法令の条項を
登録免許税欄に登録免許税額(非課税である場合は，その旨)とともに記載する。

　　なお，登録免許税額の算出について，登録免許税法以外の法令による税の減免の
規定の適用はないものとする。

8　第36問答案用紙の**各欄に記載する文字は字画を明確**にし，訂正，加入又は削除を
するときは，訂正は訂正すべき字句に線を引き，近接箇所に訂正後の字句を記載
し，加入は加入する部分を明示して行い，削除は削除すべき字句に線を引いて，訂
正，加入又は削除をしたことが明確に分かるように記載すること。ただし，押印や
字数を記載することは要しない。

【添付情報一覧】

ア	本件吸収分割契約書(別紙2)
イ	株式会社こまちの会社法人等番号
ウ	株式会社はやぶさの会社法人等番号
エ	株式会社羽後銀行の会社法人等番号
オ	株式会社奥羽銀行の会社法人等番号
カ	登記原因証明情報(【事実関係】2⑴及び5に基づき関係当事者が作成記名押印したもの)
キ	登記原因証明情報(【事実関係】2⑵に基づき関係当事者が作成記名押印したもの)
ク	登記原因証明情報(【事実関係】6⑴に基づき関係当事者が作成記名押印したもの)
ケ	登記原因証明情報(【事実関係】6⑵に基づき関係当事者が作成記名押印したもの)
コ	平成3年12月20日秋田地方法務局受付第35749号の登記済証
サ	平成4年6月9日秋田地方法務局受付第16480号の登記済証
シ	平成4年7月13日秋田地方法務局受付第19716号の登記済証
ス	A土地について6月10日付け申請により通知される所有権に関する登記識別情報
セ	B建物について6月10日付け申請により通知される所有権に関する登記識別情報
ソ	A土地について6月10日付け申請により通知される根抵当権に関する登記識別情報
タ	B建物について6月10日付け申請により通知される根抵当権に関する登記識別情報
チ	令和3年6月10日発行の佐藤一郎の印鑑に関する証明書
ツ	令和3年6月10日発行の鈴木知良の印鑑に関する証明書
テ	令和3年6月10日発行の鈴木亜希子の印鑑に関する証明書
ト	令和3年6月10日発行の大森登美子の印鑑に関する証明書
ナ	登記原因につき第三者の許可,同意又は承諾を証する情報(何某のもの)
ニ	登記上の利害関係を有する第三者の承諾を証する情報(何某のもの)

別紙 1－1　　Ａ土地の登記事項証明書(抜粋)

表 題 部 （土地の表示)			調製	平成 10 年 9 月 10 日	不動産番号		【略】
地図番号	【略】	筆界特定		平成 24 年 11 月 30 日筆界特定(手続番号平成 24 年第 2 号)			
所　在	秋田市大字南長池字村北				余白		
① 地　番	② 地　目	③ 地　積　　㎡			原因及びその日付〔登記の日付〕		
100 番	田		505		余白		
100 番 1	余白		472		①③ 100 番 1、同番 2 に分筆〔平成 4 年 6 月 2 日〕		
余白	宅地		472	00	②③ 平成 4 年 5 月 30 日地目変更〔平成 4 年 6 月 2 日〕		
余白	余白	余白			昭和 63 年法務省令第 37 号附則第 2 条第 2 項の規定により移記 平成 10 年 9 月 10 日		

権 利 部 （ 甲 区 ） （ 所 有 権 に 関 す る 事 項 ）			
順位番号	登 記 の 目 的	受付年月日・受付番号	権 利 者 そ の 他 の 事 項
1	所有権移転	平成 3 年 12 月 20 日第 35749 号	原因　平成 3 年 12 月 20 日売買 所有者　秋田市大字鶴賀 435 番地　　有限会社秋田商店 順位 9 番の登記を移記
	余白	余白	昭和 63 年法務省令第 37 号附則第 2 条第 2 項の規定により移記 平成 10 年 9 月 10 日

権 利 部 （ 乙 区 ） （ 所 有 権 以 外 の 権 利 に 関 す る 事 項 ）			
順位番号	登 記 の 目 的	受付年月日・受付番号	権 利 者 そ の 他 の 事 項
1	根抵当権設定	平成 4 年 7 月 13 日第 19716 号	原因　平成 4 年 7 月 13 日設定 極度額　金 4,500 万円 債権の範囲　銀行取引　手形債権　小切手債権 債務者　秋田市大字鶴賀 435 番地　　有限会社秋田商店 根抵当権者　秋田市大字南秋田 124 番地 5　　株式会社羽後銀行 共同担保　目録(け)第 9470 号 順位 1 番の登記を移記
	余白	余白	昭和 63 年法務省令第 37 号附則第 2 条第 2 項の規定により移記 平成 10 年 9 月 10 日

共 同 担 保 目 録				
記号及び番号	（け）第9470号		調製	平成11年7月8日
番号	担保の目的である権利の表示	順位番号		予 　備
1	秋田市大字南長池字村北　100番1の土地	1		余白
2	秋田市大字南長池字村北　100番地1 家屋番号　100番1の建物	1		余白

これは登記記録に記録されている事項の全部を証明した書面である。

令和3年4月14日

秋田地方法務局　　　　　　　　　　　　　登記官　○　　○　　○　　○　　印

別紙 1-2　B建物の登記事項証明書(抜粋)

表 題 部 (主である建物の表示)	調製	平成 10 年 9 月 10 日	不動産番号		【略】
所在図番号	余白				
所　　　在	秋田市大字南長池字村北　100 番地 1			余白	
家屋番号	100 番 1			余白	
①　種　類	②　構　造		③　床　面　積　㎡	原因及びその日付〔登記の日付〕	
事務所・倉庫	鉄骨造亜鉛メッキ鋼板葺平屋建		167 | 66	平成 4 年 5 月 30 日新築	
余白	余白		余白	昭和 63 年法務省令第 37 号附則第 2 条第 2 項の規定により移記平成 10 年 9 月 10 日	

権 利 部 （ 甲 区 ） （ 所 有 権 に 関 す る 事 項 ）			
順位番号	登 記 の 目 的	受付年月日・受付番号	権 利 者 そ の 他 の 事 項
1	所有権保存	平成 4 年 6 月 9 日第 16480 号	所有者　秋田市大字高田 203 番地 8　　佐 藤 一 郎順位 1 番の登記を移記
	余白	余白	昭和 63 年法務省令第 37 号附則第 2 条第 2 項の規定により移記平成 10 年 9 月 10 日

権 利 部 （ 乙 区 ） （ 所 有 権 以 外 の 権 利 に 関 す る 事 項 ）			
順位番号	登 記 の 目 的	受付年月日・受付番号	権 利 者 そ の 他 の 事 項
1	根抵当権設定	平成 4 年 7 月 13 日第 19716 号	原因　平成 4 年 7 月 13 日設定極度額　金 4,500 万円債権の範囲　銀行取引　手形債権　小切手債権債務者　秋田市大字鶴賀 435 番地　　有限会社秋田商店根抵当権者　秋田市大字南秋田 124 番地 5　　株式会社羽後銀行共同担保　目録(け)第 9470 号順位 1 番の登記を移記
	余白	余白	昭和 63 年法務省令第 37 号附則第 2 条第 2 項の規定により移記平成 10 年 9 月 10 日

共 同 担 保 目 録			
記号及び番号	（け）第 9470 号	調製	平成 11 年 7 月 8 日
番号	担保の目的である権利の表示	順位番号	予　備
1	秋田市大字南長池字村北　100 番 1 の土地	1	余白
2	秋田市大字南長池字村北　100 番地 1 家屋番号　100 番 1 の建物	1	余白

これは登記記録に記録されている事項の全部を証明した書面である。

　令和 3 年 4 月 14 日

　秋田地方法務局　　　　　　　　　　　　登記官　○　　○　　○　　○　　㊞

別紙2

吸収分割契約書

　株式会社こまち（以下「甲」という。）と株式会社はやぶさ（以下「乙」という。）は，第1条に定める事業に関して甲が有する権利義務を乙に承継させる吸収分割（以下「本件会社分割」という。）について，以下のとおり吸収分割契約書（以下「本契約」という。）を締結する。

　（吸収分割）

第1条　甲は，本契約の定めに従い，本件効力発生日（第4条において定義する。）をもって，会社法が規定する吸収分割の方法により甲の清掃用具の賃貸事業（以下「本件対象事業」という。）に関して有する第2条所定の権利義務を乙に承継させ，乙はこれを承継する。

　（承継する権利義務）

第2条　甲は，令和3年3月31日現在の貸借対照表その他同日現在の計算を基礎とし，これに本件効力発生日の前日までの増減を加除した，別紙承継権利義務明細表記載の本件対象事業に関する資産，債務，雇用契約その他の権利義務を，本件効力発生日において乙に移転し，乙はこれを承継する。

　（分割対価の交付）

第3条　乙は，本件会社分割に際し，乙が前条に基づき承継する権利義務の対価を支払わない。

　（効力発生日）

第4条　本件会社分割が効力を生ずる日（以下「本件効力発生日」という。）は，令和3年6月1日とする。

〜中略〜

　（本契約に定めのない事項）

第10条　本契約に定める事項のほか，本件会社分割に関し必要な事項は，本契約の趣旨に従い，甲及び乙が協議の上定める。

令和3年4月1日

　本契約締結の証として，本書2通を作成し，甲乙記名押印のうえ，各自1通を保有する。

　　　　甲　　秋田市大字南長池100番地1

　　　　　　　株式会社こまち

　　　　　　　代表取締役　佐　藤　一　郎

　　　　乙　　秋田市大字南長池100番地1

　　　　　　　株式会社はやぶさ

　　　　　　　代表取締役　佐　藤　一　郎

承継権利義務明細表

1. 資産
(1) 流動資産
① 現金　　　　　　　　　　　　　　　　　　　　　　　　1,983,941 円
② 本件対象事業に属する売掛債権，貯蔵品，前払費用及びその他の流動資産
(2) 固定資産
① 有形固定資産
　　　所　　在　　秋田市大字南長池字村北
　　　地　　番　　100 番 1
　　　地　　目　　宅地
　　　地　　積　　472.00 平方メートル

　　　上記のほか，本件対象事業に属する不動産，構築物，機械装置，車両運搬具及び工具器具備品等の有形固定資産
② 無形固定資産
　　　本件対象事業に属する電話加入権及びソフトウエア等の無形固定資産
(3) 繰延資産

2. 債務
(1) 流動負債
　　　本件対象事業に属する買掛債務，未払金，未払費用，預り金，前受金，賞与引当金，未払法人税及び住民税並びに未払消費税等の流動負債
(2) 固定負債
　　　本件対象事業に属する退職給付引当金，受入れ保証金，預かり保証金等の固定負債

3. 承継するその他の権利義務等
(1) 雇用契約
　　　本件対象事業に主として従事する従業員との間の雇用契約
(2) その他の契約
　　　本件対象事業に関連する業務委託契約，賃貸借契約，リース契約その他本件対象事業に関する一切の契約上の地位及びこれらの契約に基づいて発生した一切の権利義務

別紙 3-1　株式会社こまちの履歴事項全部証明書

会社法人等番号	【省略】	
商　　号	株式会社こまち	
本　　店	秋田市大字鶴賀 435 番地	
	秋田市大字南長池 100 番地 1	平成 29 年 9 月 1 日移転
		平成 29 年 9 月 8 日登記
公告をする方法	官報に掲載してする。	
会社成立の年月日	昭和 25 年 1 月 27 日	
目　　的	1．清掃用具の賃貸 2．造園業 3．建築物の清掃業 4．前各号に附帯する一切の業務	
発行可能株式総数	12 万株	
発行済株式の総数 並びに種類及び数	発行済株式の総数 　3 万株	
資本金の額	金 300 万円	
株式の譲渡制限に 関する規定	当会社の株式を譲渡により取得するには、株主総会の承認を受けなければならない。	
役員に関する事項	取締役　　佐　藤　一　郎	平成 24 年 4 月 6 日就任
	秋田市大字高田 203 番地 8 代表取締役　　　佐　藤　一　郎	平成 24 年 4 月 6 日就任
会社分割	令和 3 年 6 月 1 日秋田市大字南長沼 100 番地 1 株式会社はやぶさに分割 <div align="right">令和 3 年 6 月 1 日登記</div>	
登記記録に関する 事項	平成 24 年 4 月 6 日有限会社秋田商店を商号変更し、移行したことにより設立 <div align="right">平成 24 年 4 月 6 日登記</div>	

　これは登記簿に記録されている閉鎖されていない事項の全部であることを証明した書面である。

　令和 3 年 6 月 17 日

　秋田地方法務局　　　　　　　　　　　　　登記官　○　　○　　○　　○　　㊞

別紙3-2　株式会社はやぶさの履歴事項全部証明書

会社法人等番号	【省略】	
商　　号	株式会社はやぶさ	
本　　店	秋田市大字南長池100番地1	
公告をする方法	官報に掲載してする。	
会社成立の年月日	平成13年5月10日	
目　　的	1. 造園緑化工事の設計施工及び維持管理業務 2. 上記に附帯関連する一切の事業 1. 造園緑化工事の設計施工及び維持管理業務 2. 清掃用具、環境衛生用品の賃貸及び販売 3. 空気清浄機、浄水器の賃貸及び管理 4. 化粧品、健康食品、飲料水等の販売 5. ねずみ、昆虫防除業務 6. 前各号に附帯する一切の業務 　　　　　　　　令和2年1月1日変更　令和2年1月6日登記	
発行可能株式総数	60株	
発行済株式の総数 並びに種類及び数	発行済株式の総数 　60株	
資本金の額	金300万円	
株式の譲渡制限に 関する規定	当会社の株式を譲渡により取得するには、株主総会の承認を受けなければならない。	
役員に関する事項	取締役　　佐　藤　一　郎	令和1年12月11日就任
	秋田市大字高田203番地8 代表取締役　　佐　藤　一　郎	令和1年12月11日就任
会社分割	令和3年6月1日秋田市大字南長沼100番地1株式会社こまちから分割 　　　　　　　　　　　　　　　　　令和3年6月1日登記	
登記記録に関する 事項	令和1年12月11日有限会社大館商店を商号変更し、移行したことにより設立 　　　　　　　　　　　　　　　　　令和1年12月11日登記	

　これは登記簿に記録されている閉鎖されていない事項の全部であることを証明した書面である。

　令和3年6月17日

　秋田地方法務局　　　　　　　　　　　　登記官　○　　○　　○　　○　㊞

別紙4

株式会社こまち株主名簿

株主の氏名 又は名称	株主の住所	株主の有する 株式の数	株主が株式を 取得した日
佐藤一郎	秋田市大字高田203番地8	12,000株	昭和49年5月10日
鈴木知良	岩手県盛岡市笑門57番地6	10,000株	昭和43年7月14日
鈴木亜希子	岩手県盛岡市笑門57番地6	4,000株	昭和45年11月19日
大森登美子	山形県尾花沢市柳町1250番地	4,000株	平成23年8月10日

～～～～～～～～～～　以下省略　～～～～～～～～～～

別紙5

株式会社はやぶさ株主名簿

令和3年6月10日現在

株主の氏名 又は名称	株主の住所	株主の有する 株式の数	株主が株式を 取得した日
佐藤一郎	秋田市大字高田203番地8	28株	平成13年5月10日
鈴木知良	岩手県盛岡市笑門57番地6	24株	平成18年10月1日
鈴木亜希子	岩手県盛岡市笑門57番地6	8株	平成24年11月19日

～～～～～～～～～～ 以下省略 ～～～～～～～～～～

第37問　司法書士法務希は，令和3年4月1日に事務所を訪れたアポロ株式会社の代表者から，別紙1から別紙5までの書類のほか，登記申請に必要な書類の提示を受けて確認を行い，別紙8のとおり事情を聴取し，登記すべき事項や登記のための要件などを説明した。そして，司法書士法務希は，アポロ株式会社の代表者から必要な登記の申請書の作成及び登記申請の代理の依頼を受けた。

　　　　また，司法書士法務希は，同年7月1日に事務所を訪れたアポロ株式会社の代表者から，別紙6及び別紙7の書類のほか，登記申請に必要な書類の提示を受けて確認を行い，別紙9のとおり事情を聴取し，登記すべき事項や登記のための要件などを説明した。そして，司法書士法務希は，アポロ株式会社の代表者から必要な登記の申請書の作成及び登記申請の代理の依頼を受けた。

　　　　司法書士法務希は，これらの依頼に基づき，登記申請に必要な書類の交付を受け，管轄登記所に対し，同年4月2日及び同年7月2日にそれぞれの登記の申請をすることとした。

　　　　以上に基づき，次の問1から問3までに答えなさい。

問1　令和3年4月2日に司法書士法務希が申請した登記のうち，当該登記の申請書に記載すべき登記の事由，登記すべき事項，登録免許税額並びに添付書面の名称及び通数を第37問答案用紙の第1欄に記載しなさい。ただし，登録免許税額の内訳については，記載することを要しない。

問2　令和3年7月2日に司法書士法務希が申請した登記のうち，当該登記の申請書に記載すべき登記の事由，登記すべき事項，登録免許税額並びに添付書面の名称及び通数を第37問答案用紙の第2欄に記載しなさい。ただし，登録免許税額の内訳については，記載することを要しない。

問3　アポロ株式会社の代表者から受領した書類及び聴取した内容のうち，登記することができない事項（法令上登記すべき事項とされていない事項を除く。）がある場合には，当該事項及びその理由を第37問答案用紙の第3欄に記載しなさい。登記することができない事項がない場合には，第37問答案用紙の第3欄【登記することができない事項】部分に「なし」と記載しなさい。

（答案作成に当たっての注意事項）

1　アポロ株式会社の定款には，別紙1から別紙9までに現れている以外には，会社法の規定と異なる定めは，存しないものとする。

2　アポロ株式会社は，設立以来，最終事業年度に係る貸借対照表の負債の部に計上した額の合計額が200億円以上となったことはないものとする。

3　東京都千代田区は東京法務局，東京都港区は東京法務局港出張所，東京都渋谷区は東京法務局渋谷出張所の管轄である。

4　別紙中，（略）と記載されている部分及び記載が省略されている部分は，いずれも有効な記載があり，令和3年3月23日開催の定時株主総会は同日適法に終結している。

5　令和3年3月23日及び同年6月30日に開催された株主総会で決議された事項は，いずれも普通株式を有する株主に損害を及ぼすおそれはないものとする。

6　被選任者及び被選定者の就任承諾は，選任され，又は選定された日に適法に得られているものとする。

7　登記申請書の添付書面については，全て適式に調えられており，所要の記名・押印がされているものとする。

8　登記の申請に伴って必要となる印鑑の提出手続は，適式にされているものとする。

9　登記申請書の添付書面については，他の書面を援用することができる場合には，これを援用しなければならない。

10　登記申請書の添付書面のうち，就任承諾を証する書面を記載する場合には，資格を特定して記載すること（氏名の記載は要しない。）。

11　新株予約権に関する登記を申請すべき場合には，登記すべき事項の新株予約権に関する事項のうち，新株予約権の名称について，記載することを要しない。

12　申請書に会社法人等番号を記載することによる登記事項証明書の添付の省略は，しないものとする。

13　登記申請書の添付書面のうち，種類株主総会議事録を記載する場合には，どの種類の株式の種類株主を構成員とする種類株主総会の議事録かが明らかになるように記載すること。

14　登記申請書の添付書面のうち，株主の氏名又は名称，住所及び議決権数等を証する書面（株主リスト）を記載する場合において，各議案を通じて株主リストに記載する各株主についての内容が変わらないときは，その通数は開催された総会ごとに1通を添付するものとする。

15　数字を記載する場合には，算用数字を使用すること。

16　第37問答案用紙の**各欄に記載する文字は字画を明確**にし，訂正，加入又は削除をするときは，訂正は訂正すべき字句に線を引き，近接箇所に訂正後の字句を記載し，加入は加入する部分を明示して行い，削除は削除すべき字句に線を引いて，訂正，加入又は削除をしたことが明確に分かるように記載すること。ただし，押印や字数を記載することは要しない。

別紙1
【令和3年3月23日現在のアポロ株式会社に係る登記記録の抜粋】

商号　アポロ株式会社

本店　東京都千代田区甲町1番地

公告をする方法　当会社の公告方法は，官報に記載してする。

会社成立の年月日　平成20年7月1日

目的　1．チョコレートの製造販売
　　　2．月輸送システムの構築
　　　3．前各号に附帯する一切の事業

発行可能株式総数　8万株

発行済株式の総数並びに種類及び数

　発行済株式の総数

　　3万株

　各種の株式の数

　　普通株式　3万株

資本金の額　金3億円

発行可能種類株式総数及び発行する各種類の株式の内容

　普通株式　7万株

　優先株式　1万株

　1　剰余金の配当

　　優先株式の株主は，毎事業年度において，普通株式の株主に先立ち，1株につき年30円
　　の剰余金の配当を受ける。

　2　議決権

　　優先株式の株主は，株主総会において議決権を有しない。

株式の譲渡制限に関する規定

　当会社の株式を譲渡により取得する場合は，取締役会の承認を受けなければならない。

役員に関する事項　取締役　　A　　令和2年3月20日重任
　　　　　　　　　　取締役　　B　　令和2年3月20日重任
　　　　　　　　　　取締役　　C　　令和2年3月20日重任
　　　　　　　　　　東京都江東区北町一丁目2番3号
　　　　　　　　　　代表取締役　A　令和2年3月20日重任
　　　　　　　　　　監査役　　D　　平成30年3月22日重任
　　　　　　　　　　会計監査人　　山田つばさ　　令和2年3月20日重任

取締役会設置会社に関する事項　取締役会設置会社

監査役設置会社に関する事項　監査役設置会社

会計監査人設置会社に関する事項　会計監査人設置会社

別紙 2

【令和 3 年 3 月 23 日現在のアポロ株式会社の定款の抜粋】

（商号）

第 1 条　当会社は，アポロ株式会社と称し，英文では APOLLO Co., Ltd. と表記する。

（目的）

第 2 条　当会社は，次の事業を営むことを目的とする。

　　1.　チョコレートの製造販売

　　2.　月輸送システムの構築

　　3.　前各号に附帯する一切の事業

（本店の所在地）

第 3 条　当会社は，本店を東京都千代田区に置く。

（公告方法）

第 4 条　当会社の公告方法は，官報に掲載してする。

（機関）

第 5 条　当会社は，株主総会及び取締役のほか，次の機関を置く。

　　1　取締役会

　　2　監査役

　　3　会計監査人

（発行可能株式総数）

第 6 条　当会社の発行可能株式総数は，8 万株とする。

（発行可能種類株式総数及び発行する各種類の株式の内容）

第 7 条　当会社の発行する株式の発行可能種類株式総数及び発行する各種類の株式の内容は，

　　以下のとおりとする。

　　　　普通株式　7 万株

　　　　優先株式　1 万株

---

  1 剰余金の配当

   優先株式の株主は，毎事業年度において，普通株式の株主に先立ち，1株につき年

 30円の剰余金の配当を受ける。

  2 議決権

   優先株式の株主は，株主総会において議決権を有しない。

（株式の譲渡制限）

第8条 当会社の株式を譲渡により取得する場合は，取締役会の承認を受けなければならない。

（種類株主総会）

第19条 種類株主総会の決議は，法令又はこの定款に別段の定めがある場合のほか，出席した議決権を行使することができる種類株主の議決権の過半数をもって決する。

（役員の員数）

第22条 当会社の取締役は，3名以上10名以内とする。

2 当会社の監査役は，1名以上3名以内とする。

（任期）

第24条 取締役の任期は，選任後2年以内に終了する事業年度のうち最終のものに関する定時株主総会の終結の時までとする。

 2 監査役の任期は，選任後4年以内に終了する事業年度のうち最終のものに関する定時株主総会の終結の時までとする。

（事業年度）

第31条 当会社の事業年度は，毎年1月1日から同年12月31日までとする。

別紙3

【令和3年3月23日開催のアポロ株式会社の定時株主総会における議事の概要】

[報告事項]

第1号　事業報告の件

　　（略）

第2号　計算書類報告の件

　　（略）

[決議事項]

第1号議案　定款一部変更の件

　次のとおり，定款の一部を変更することが諮られ，満場一致をもって可決承認された（下線は変更部分）。

変更前	変更後
（新設）	（株主名簿管理人） 第15条　当会社は，株主名簿及び新株予約権原簿（以下「株主名簿等」という。）の作成及び備置きその他株主名簿等に関する事務を取り扱わせるため，株主名簿管理人を置くものとする。
（招集） 第15条　＜条文省略＞	（招集） 第16条　＜現行どおり＞
以下　＜条文省略＞	以下　＜現行どおり＞ （条文番号繰下げ）

第2号議案　新株予約権発行の件

　当会社の従業員に対する新株予約権の発行につき，下記要領にて募集事項の決定を取締役会に委任する旨が諮られ，満場一致をもって可決承認された。

　　1　新株予約権の総数，新株予約権の目的となる株式の数及び新株予約権の内容

　　⑴　新株予約権の総数

　　　　　2000個を上限とする

(2) 新株予約権の目的たる株式の種類及び数又はその算定方法

　　当会社の優先株式2万株を上限とする

　　本新株予約権1個の目的である優先株式の数は，10株とする

(3) 募集新株予約権の内容

　ア　新株予約権の目的たる株式の種類及び数又はその算定方法

　　　新株予約権1個の目的である株式の数は，優先株式10株とする

　イ　新株予約権の行使に際して出資される財産の価額又はその算定方法

　　　新株予約権1個につき1万円

　ウ　新株予約権を行使することができる期間

　　　令和5年5月1日から令和10年4月30日まで

　エ　新株予約権の行使の条件

　　　新株予約権者が死亡した場合には，相続人はその権利を行使することができ
ない

　オ　新株予約権の行使により株式を発行する場合における増加する資本金及び資本
準備金に関する事項

　　［増加する資本金の額］

　　　会社計算規則第17条第1項の規定に従い算出される資本金等増加限度額の
2分の1の金額(計算の結果1円未満の端数が生じたときは，その端数を切
り上げる)

　　［増加する資本準備金の額］

　　　上記の資本金等増加限度額から増加する資本金の額を減じた額

　カ　譲渡による新株予約権の取得

　　　譲渡による新株予約権の取得について当会社の承認を要する

　キ　新株予約権証券の発行

　　　新株予約権証券を発行する

　ク　記名式と無記名式との間の転換

　　　新株予約権証券は記名式とし，無記名式に転換をすることはできない

2　募集新株予約権の払込金額若しくはその算定方法又は払込を要しないとする旨

　　無償

3　その他の事項

　　その他の事項については，取締役会の決議によって定める

別紙4

【令和3年3月23日開催のアポロ株式会社の取締役会における議事の概要】

第1号議案　株主名簿管理人選定の件

　株主名簿管理人につき，以下の者を選定する旨が諮られ，出席取締役全員の一致をもって可決承認された。

　東京都港区乙町一丁目1番地

　東証券代行株式会社　港支店

　本店　東京都渋谷区丙町二丁目2番地

第2号議案　新株予約権発行の件

　第1回新株予約権として下記のとおり募集新株予約権を発行する旨が諮られ，出席取締役全員の一致をもって可決承認された。

　⑴　募集新株予約権の内容

　　ア　新株予約権の名称　第1回新株予約権

　　イ　新株予約権の目的たる株式の種類及び数又はその算定方法

　　　　新株予約権1個の目的である株式の数は，優先株式10株とする

　　ウ　新株予約権の行使に際して出資される財産の価値又はその算定方法

　　　　新株予約権1個につき1万円

　　エ　新株予約権を行使することができる期間

　　　　令和5年5月1日から令和10年4月30日まで

　　オ　新株予約権の行使の条件

　　　　新株予約権者が死亡した場合には，相続人はその権利を行使することができない

　　カ　新株予約権の行使により株式を発行する場合における増加する資本金及び資本準備金に関する事項

　　　［増加する資本金の額］

　　　　会社計算規則第17条第1項の規定に従い算出される資本金等増加限度額の2分の1の金額(計算の結果1円未満の端数が生じたときは，その端数を切り上げる)

　　　［増加する資本準備金の額］

　　　　上記の資本金等増加限度額から増加する資本金の額を減じた額

　キ　譲渡による新株予約権の取得

　　　譲渡による新株予約権の取得について当会社の承認を要する

　ク　新株予約権証券の発行

　　　新株予約権証券を発行する

　ケ　記名式と無記名式との間の転換

　　　新株予約権証券は記名式とし，無記名式に転換をすることはできない

(2)　募集新株予約権の数

　　1500個

(3)　募集新株予約権の払込金額若しくはその算定方法又は払込を要しないとする旨

　　無償

(4)　募集新株予約権を割り当てる日

　　令和3年4月1日

(5)　割当

　　　第三者割当てとし，当会社の従業員である下記の者から申込みがあることを条件に下記のとおり割り当てる。

役職	氏名	新株予約権の個数
部長	甲	700
課長	乙	400
主任	丙	200
主任	丁	200

別紙 5

【令和 3 年 3 月 31 日までに第 1 回新株予約権の引受けの申込みをした者及びその新株予約権の数】

役職	氏名	新株予約権の個数
部長	甲	700
課長	乙	400
主任	丙	200

別紙6

【令和3年6月30日開催のアポロ株式会社の臨時株主総会における議事の概要】

第1号議案　定款一部変更の件

　定款第8条を下記のとおり変更する旨諮られ，満場一致をもって可決承認された（下線は変更部分）。

変更前	変更後
（株式の譲渡制限） 第8条　当会社の<u>株式</u>を譲渡により取得する場合は，取締役会の承認を受けなければならない。	（株式の譲渡制限） 第8条　当会社の<u>普通株式</u>を譲渡により取得する場合は，取締役会の承認を受けなければならない。

第2号議案　取締役及び監査役選任の件

　取締役4名及び監査役2名を選任することが諮られ，下記のとおり選任することが可決承認された。

　　　　取締役　　E　　　　　取締役　　F
　　　　取締役　　G　　　　　取締役　　H
　　　　監査役　　I　　　　　監査役　　J

別紙7

【令和3年6月30日開催のアポロ株式会社の取締役会における議事の概要】

第1号議案　代表取締役選定の件

　代表取締役を選定することが諮られ，出席取締役全員の一致をもって下記のとおり選定することを可決承認した。

　　　　　　千葉県松戸市丁町三丁目4番1号　代表取締役　　G

　なお，被選定者は，席上就任を承諾した。

第2号議案　支配人選任に関する件

　支配人の選任に関する事項の決定を代表取締役Gに委任することが諮られ，出席取締役全員の一致をもってこれを可決承認した。

別紙8

【司法書士法務希の聴取記録(令和3年4月1日)】

1　別紙1は,令和3年3月23日現在におけるアポロ株式会社の登記記録を抜粋したものである。

2　別紙2は,令和3年3月23日現在におけるアポロ株式会社の定款を抜粋したものである。

3　令和3年3月23日に開催されたアポロ株式会社の定時株主総会には議決権のある株主全員が出席し,その議事の概要は,別紙3に記載されているとおりである。

4　アポロ株式会社の令和3年3月23日に開催された定時株主総会の終結後直ちに開催された取締役会には,取締役及び監査役の全員が出席し,その議事の概要は,別紙4に記載されているとおりである。

5　アポロ株式会社と東証券代行株式会社との間において,令和3年4月1日付けで東証券代行株式会社を株主名簿管理人とし,その事務を港支店にて取り扱う旨の株式事務代行委託契約が締結された。

別紙9

【司法書士法務希の聴取記録（令和3年7月1日）】

1　令和3年6月18日，アポロ株式会社の従業員である主任丙が死亡した。

2　アポロ株式会社の令和3年6月30日に開催された臨時株主総会には，議決権のある株主全員が出席し，その議事の概要は別紙6に記載されているとおりである。

3　アポロ株式会社の令和3年6月30日に開催された臨時株主総会の終結後直ちに開催された取締役会には，取締役及び監査役の全員が出席し，その議事の概要は，別紙7に記載されているとおりである。また，別紙7の取締役会議事録に押されている印鑑は，全て市区町村に登録されている印鑑である。

4　代表取締役Gは，令和3年6月30日開催の取締役会の決議に基づき，同日，下記のとおり支配人を置くことを決定した。

　　　　埼玉県春日部市戊町5番6号
　　　　支配人　　　K
　　　　支配人を置く営業所　　　本店

第1欄

<table>
<tr><td rowspan="2"></td><td>(1)</td><td>(2)</td><td>(3)</td></tr>
<tr><td>登記の目的</td><td></td><td></td><td></td></tr>
<tr><td rowspan="4">申請事項等</td><td>登記原因
及びその日付</td><td></td><td></td><td></td></tr>
<tr><td>上記以外の
申請事項等</td><td></td><td></td><td></td></tr>
<tr><td>添付情報</td><td></td><td></td><td></td></tr>
<tr><td>登録免許税</td><td></td><td></td><td></td></tr>
</table>

第2欄

<table>
<tr><td rowspan="2"></td><td>(1)</td><td>(2)</td><td>(3)</td><td>(4)</td></tr>
<tr><td>登記の目的</td><td></td><td></td><td></td><td></td></tr>
<tr><td rowspan="4">申請事項等</td><td>登記原因
及びその日付</td><td></td><td></td><td></td><td></td></tr>
<tr><td>上記以外の
申請事項等</td><td></td><td></td><td></td><td></td></tr>
<tr><td>添付情報</td><td></td><td></td><td></td><td></td></tr>
<tr><td>登録免許税</td><td></td><td></td><td></td><td></td></tr>
</table>

※答案用紙の筆記可能欄（答案用紙の外枠の二重線）を越えて筆記をした場合、当該筆記可能欄を越えた部分については、採点されません。

(3)
午後の部

第三十六問答案用紙

受験地
受験番号
氏名

※答案用紙の筆記可能線（答案用紙の外枠の二重線）を越えて筆記をした場合、当該筆記可能線を越えた部分については、採点をされません。

第3欄

登記の目的		(1)	(2)	(3)
申請事項等	登記原因及びその日付			
	上記以外の申請事項等			

第4欄

① 売買契約の締結に当たって会社法上求められる手続

② 当該売買契約に基づく登記を申請する場合に当該会社に会社法上求められる手続との関係で提供しなければならない添付情報

③ 上記①及び②の理由

第1欄

【登記の事由】

【登録免許税額】

【添付書面の名称及び通数】

【登記すべき事項】

第2欄

【登記の事由】

※答案用紙の筆記可能線（答案用紙の外枠の二重線）を越えて筆記をした場合，当該筆記可能線を越えた部分については，採点されません。

(3)午後の部 第三十七問答案用紙	受験地	受験番号	氏名

第2欄（つづき）

【登記すべき事項】

【添付書面の名称及び通数】

第3欄

【登記することができない事項】

【理由】

【登録免許税額】

※答案用紙の筆記可能線（答案用紙の外枠の二重線）を越えて筆記をした場合、当該筆記可能線を越えた部分については、採点されません。

[121]

解　説

択一式
午前の部

憲　法
　○
民　法
　○
刑　法
　○
商　法

令和3年度本試験　択一式・午前の部　正答表

No	科目	タイトル	正解	正誤	復習過去問	出題類型 条文	判例	先例	学説	他
1	憲 法	思想・良心又は信教の自由	3		H27-1		5			
2	憲 法	経済的自由	4		H29-1		5			
3	憲 法	内 閣	3		H27-2	4	1			
4	民 法	成年後見制度	2		H29-4	5				
5	民 法	錯 誤	2		H29-5	5				
6	民 法	消滅時効	1		H29-6	5				
7	民 法	物権的請求権等	5		H29-7	1	2		2	
8	民 法	物権変動	3		R2-7		5			
9	民 法	占有訴権	1		H29-9	3	2			
10	民 法	地上権又は地役権	1		H29-10	4	1			
11	民 法	先取特権	2		R2-11	4	1			
12	民 法	権利質	4		H14-7	4	1			
13	民 法	抵当権の効力	5		R1-13	1	4			
14	民 法	根抵当権	5		R2-14	5				
15	民 法	譲渡担保権	4		R2-15		5			
16	民 法	弁 済	2		H25-17	4	1			
17	民 法	相 殺	4		H27-18	3	2			
18	民 法	売 買	4		H24-17	4	1			
19	民 法	賃貸借	5		H28-18	5				
20	民 法	婚姻又は離婚	3		H23-21	5				
21	民 法	親 権	4		R2-20	4	1			
22	民 法	遺贈又は相続	5		H28-22	2	3			
23	民 法	遺言執行者	3		H8-22	4	1			
24	刑 法	故 意	1		H27-24		5			
25	刑 法	強盗罪	5		H27-26		5			
26	刑 法	盗品等に関する罪	4		H19-27		5			
27	会社法	株式会社の設立	5		R1-27	4	1			
28	会社法	株式等売渡請求	4			5				
29	会社法	新株予約権	3		H30-29	5				
30	会社法	会計参与設置会社	5		H24-31	5				
31	会社法	監査等委員会設置会社	3		H28-31	5				
32	会社法	株式会社の事業譲渡等	2		H24-32	5				
33	会社法	持分会社	4		R2-32	5				
34	会社法	会社の公告	4		H8-28	5				
35	商 法	倉庫営業	1			5				

第1問
憲法

思想・良心又は信教の自由

正解
3

ア誤 り。

本記述は，信教の自由を保障する憲法 20 条 1 項に違背するとしている点で，誤っている。最決平 8.1.30。判例は，抗告人（宗教法人Ａ）が「法令に違反して，著しく公共の福祉を害すると明らかに認められ，宗教団体の目的を著しく逸脱した行為をしたことが明らかである」場合，そのような「行為に対処するには，抗告人を解散し，その法人格を失わせることが必要かつ適切であり，他方，解散命令によって宗教団体であるＡやその信者らが行う宗教上の行為に何らかの支障を生ずることが避けられないとしても，その支障は，解散命令に伴う間接的で事実上のものであるにとどまる。したがって，本件解散命令は，宗教団体であるＡやその信者らの精神的・宗教的側面に及ぼす影響を考慮しても，抗告人の行為に対処するのに必要でやむを得ない法的規制であるということができる。また，本件解散命令は，法〔注：宗教法人法〕81 条の規定に基づき，裁判所の司法審査によって発せられたものであるから，その手続の適正も担保されている」とした上で，「**本件解散命令及びこれに対する即時抗告を棄却した原決定は，憲法 20 条 1 項に違背するものではない**」としている。

イ正しい。

最判平 8.3.8 により，本記述は正しい。判例は，「公立学校において，学生の信仰を調査せん索し，宗教を序列化して別段の取扱いをすることは許されないものであるが，**学生が信仰を理由に剣道実技の履修を拒否する場合に，学校が，その理由の当否を判断するため，単なる怠学のための口実であるか，当事者の説明する宗教上の信条と履修拒否との合理的関連性が認められるかどうかを確認する程度の調査をすることが公教育の宗教的中立性に反するとはいえない**ものと解される」としている。

ウ正しい。

最判昭 63.6.1 により，本記述は正しい。判例は，「憲法 20 条 3 項の政教分離規定は，いわゆる制度的保障の規定であつて，私人に対して信教の自由そのものを直接保障するものではなく，国及びその機関が行うことのできない行為の範囲を定めて国家と宗教との分離を制度として保障することにより，間接的に信教の自由を確保しようとするものである…。したがつて，**この規定に違反する国又はその機関の宗教的活動も，それが同条 1 項前段に違反して私人の信教の自由を制限し，あるいは同条 2 項に違反して私人に対し宗教上の行為等への参加を強制するなど，憲法が保障している信教の自由を直接侵害するに至らない限り，私人に対する関係で当然には違法と評価されるものではない**」としている。

エ誤 り。

本記述は，労働者の思想，信条の自由を侵害する行為として直ちに違法となるとしている点で，誤っている。最大判昭 48.12.12。判例は，「**企業者が，労働者の採否決定にあたり，労働者の思想，信条を調査し，そのためその者からこれに関連する事項についての申告を求めることも，これを法律上禁止された違法行為とすべき理由はない**」としている。その理由として，判例は，「憲法は，思想，信条の自由や法の下の平等を保障すると同時に，

他方，22 条，29 条等において，財産権の行使，営業その他広く経済活動の自由をも基本的人権として保障している。それゆえ，企業者は，かような経済活動の一環としてする契約締結の自由を有し，自己の営業のために労働者を雇傭するにあたり，いかなる者を雇い入れるか，いかなる条件でこれを雇うかについて，法律その他による特別の制限がない限り，原則として自由にこれを決定することができるのであつて，企業者が特定の思想，信条を有する者をそのゆえをもつて雇い入れることを拒んでも，それを当然に違法とすることはできない」ということを挙げている。

オ 誤 り。

本記述は，加害者の意思決定の自由ないし良心の自由を不当に制限するものとして許されないとしている点で，誤っている。最大判昭 31.7.4。判例は，「『他人の名誉を毀損した者に対して被害者の名誉を回復するに適当な処分』として謝罪広告を新聞紙等に掲載すべきことを加害者に命ずることは…，時にはこれを強制することが債務者の人格を無視し著しくその名誉を毀損し意思決定の自由乃至良心の自由を不当に制限することとなり，いわゆる強制執行に適さない場合に該当することもありうるであろうけれど，**単に事態の真相を告白し陳謝の意を表明するに止まる程度のものにあつては，これが強制執行も代替作為として民訴 733 条**〔注：現民事執行法 171 条〕**の手続によることを得るものといわなければならない**」としている。

以上により，正しい記述はイとウであり，したがって，正解は肢 3 となる。

No	科 目	区分	正答率	肢別解答率				
				1	2	3	4	5
1	憲法	全体	96%	1%	1%	96%	1%	1%
		上位 10%	100%	0%	0%	100%	0%	0%

第2問 憲法　　　　　　　　　**経済的自由**　　　　　　　正 解 **4**

ア誤　り。

　本記述は，社会政策ないし経済政策上の積極的な目的のための措置ではなく，自由な職業活動が社会公共に対してもたらす弊害を防止するための消極的，警察的措置である場合に限って合憲となるとしている点で，誤っている。最大判昭50.4.30。判例は，一般に職業の許可制は，「単なる職業活動の内容及び態様に対する規制を超えて，狭義における職業の選択の自由そのものに制約を課するもので，職業の自由に対する強力な制限であるから，その合憲性を肯定しうるためには，原則として，重要な公共の利益のために必要かつ合理的な措置であることを要し，また，それが社会政策ないしは経済政策上の積極的な目的のための措置ではなく，自由な職業活動が社会公共に対してもたらす弊害を防止するための消極的，警察的措置である場合には，許可制に比べて職業の自由に対するよりゆるやかな制限である職業活動の内容及び態様に対する規制によつては右の目的を十分に達成することができないと認められることを要するもの，というべきである」としている。よって，**社会政策ないし経済政策上の積極的な目的のための措置としての職業の許可制も合憲とされる場合がある。**

イ正しい。

　最大判昭47.11.22により，本記述は正しい。判例は，「国は，積極的に，国民経済の健全な発達と国民生活の安定を期し，もつて社会経済全体の均衡のとれた調和的発展を図るために，立法により，個人の経済活動に対し，一定の規制措置を講ずることも，それが右目的達成のために必要かつ合理的な範囲にとどまる限り，許されるべきであつて，決して，憲法の禁ずるところではない」とした上で，「**個人の経済活動に対する法的規制措置については，立法府の政策的技術的な裁量に委ねるほかはなく，裁判所は，立法府の右裁量的判断を尊重するのを建前とし，ただ，立法府がその裁量権を逸脱し，当該法的規制措置が著しく不合理であることの明白である場合に限つて，これを違憲として，その効力を否定することができる**ものと解するのが相当である」としている。その理由として，判例は，「社会経済の分野において，法的規制措置を講ずる必要があるかどうか，その必要があるとしても，どのような対象について，どのような手段・態様の規制措置が適切妥当であるかは，主として立法政策の問題として，立法府の裁量的判断にまつほかはない。というのは，法的規制措置の必要の有無や法的規制措置の対象・手段・態様などを判断するにあたつては，その対象となる社会経済の実態についての正確な基礎資料が必要であり，具体的な法的規制措置が現実の社会経済にどのような影響を及ぼすか，その利害得失を洞察するとともに，広く社会経済政策全体との調和を考慮する等，相互に関連する諸条件についての適正な評価と判断が必要であつて，このような評価と判断の機能は，まさに立法府の使命とするところであり，立法府こそがその機能を果たす適格を具えた国家機関であるというべきである」ということを挙げている。

ウ誤り。

本記述は，単に外国へ一時旅行する自由を含むものではないとしている点で，誤っている。最大判昭33.9.10。判例は，「**憲法22条2項の『外国に移住する自由』には外国へ一時旅行する自由をも含むものと解すべきである**」としている。判例の結論に賛成する学説は，その理由として，海外渡航として旅券が必要となるという点では，外国に移住することも外国へ旅行することも同じであるということを挙げている。

エ誤り。

本記述は，直接憲法29条3項を根拠にして補償請求をすることはできないとしている点で，誤っている。最大判昭43.11.27。判例は，法令に「損失補償に関する規定がないからといつて，同条〔注：河川附近地制限令4条〕があらゆる場合について一切の損失補償を全く否定する趣旨とまでは解されず，…**その損失を具体的に主張立証して，別途，直接憲法29条3項を根拠にして，補償請求をする余地が全くないわけではない**」としている。

オ正しい。

最大判昭43.11.27により，本記述は正しい。判例は，「**公共の福祉のためにする一般的な制限**」については，原則として，「**何人もこれを受忍すべきものである**」から補償を要しないとする一方で，「**特定の人に対し，特別に財産上の犠牲を強いるもの**」である場合には補償を要するとしている。

以上により，正しいものはイとオであり，したがって，正解は肢4となる。

No	科　目	区分	正答率	肢別解答率				
				1	2	3	4	5
2	憲法	全体	77%	3%	2%	11%	77%	6%
		上位10%	92%	0%	2%	4%	92%	2%

第3問　内　閣
憲法

ア　正しい。

憲法 66 条 3 項により，本記述は正しい。**内閣は，行政権の行使について，国会に対し連帯して責任を負う。** その趣旨は，合議体としての内閣は，一体として責任を負わなければならないことを明確にする点にある。

イ　誤　り。

本記述は，内閣は，直ちに総辞職をしなければならないとしている点で，誤っている。憲法 69 条。内閣は，衆議院で不信任の決議案を可決し，又は信任の決議案を否決したときは，**10 日以内に衆議院が解散されない限り，**総辞職をしなければならない。つまり，衆議院が解散された場合，内閣は総辞職するか解散するかの選択をすることができる。

ウ　誤　り。

本記述は，異なった指名の議決をした場合に，衆議院で出席議員の 3 分の 2 以上の多数で再び指名の議決がされたときは，衆議院の議決が国会の議決となるとしている点で，誤っている。憲法 67 条 2 項。**内閣総理大臣の指名につき，衆議院と参議院とが異なった指名の議決をした場合に，法律の定めるところにより，両議院の協議会を開いても意見が一致しないとき，又は衆議院が指名の議決をした後，国会休会中の期間を除いて 10 日以内に，参議院が，指名の議決をしないときは，衆議院の議決を国会の議決とする。** その趣旨は，国会による内閣総理大臣の指名を迅速で確実なものとする点，及び，衆議院に強い優越を認める点にある。

エ　正しい。

憲法 68 条 1 項により，本記述は正しい。**内閣総理大臣は，国務大臣を任命する。但し，その過半数は，国会議員の中から選ばれなければならない。** その趣旨は，議院内閣制の趣旨を貫くとともに，国会議員以外から専門的知識や能力を調達することを可能とする点にある。

オ　正しい。

最大判平 7. 2. 22 により，本記述は正しい。判例は，「内閣総理大臣が行政各部に対し指揮監督権を行使するためには，閣議にかけて決定した方針が存在することを要する」としつつも，「閣議にかけて決定した方針が存在しない場合においても，内閣総理大臣の…地位及び権限に照らすと，流動的で多様な行政需要に遅滞なく対応するため，内閣総理大臣は，少なくとも，内閣の明示の意思に反しない限り，行政各部に対し，随時，その所掌事務について一定の方向で処理するよう指導，助言等の指示を与える権限を有するものと解するのが相当である」としている。

以上により，誤っている記述はイとウであり，したがって，正解は肢 3 となる。

No	科　目	区分	正答率	肢別解答率				
				1	2	3	4	5
3	憲法	全体	89%	5%	3%	89%	2%	1%
		上位 10%	100%	0%	0%	100%	0%	0%

成年後見制度

ア 正しい。

民法7条により，本記述は正しい。**家庭裁判所は，本人…の請求により，後見開始の審判をすることができる。**その趣旨は，事理弁識能力を欠く常況にある者であっても判断能力が回復することがあり，判断能力が回復している間は本人による請求を認める点にある。

イ 誤 り。

本記述は，家庭裁判所は，職権で成年後見人を選任することはできないとしている点で，誤っている。民法843条1項。**家庭裁判所は，後見開始の審判をするときは，職権で，成年後見人を選任する。**そのため，後見開始の審判が開始したときには，家庭裁判所が職権で必ず成年後見人を選任することになる。

ウ 誤 り。

本記述は，職権で後見開始の審判を取り消さなければならないとしている点で，誤っている。民法10条。**成年被後見人の事理弁識能力が回復したときには，家庭裁判所は，本人その他の者の請求により後見開始の審判を取り消すことになる**（民法10条）。なお，家庭裁判所が職権で後見開始の審判を取り消すのは，成年被後見人について保佐又は補助開始の審判がされた場合である（民法19条2項）。これは，同一人について審判の重複を避けるためである。

エ 正しい。

民法11条ただし書により，本記述は正しい。精神上の障害により事理を弁識する能力が著しく不十分である者については，家庭裁判所は，…保佐開始の審判をすることができる。**ただし，第7条に規定する原因がある者については，この限りでない。**民法11条ただし書の「第7条に規定する原因」とは，「**精神上の障害により事理を弁識する能力を欠く常況にある**」ことを指す。民法11条ただし書の趣旨は，後見開始の審判の要件に該当する者に対しては，保佐開始の審判をしてはならないとする点にある。

オ 誤 り。

本記述は，家庭裁判所は，日用品の購入について保佐人の同意を得なければならない旨の審判をすることができるとしている点で，誤っている。民法13条1項ただし書は，「第9条ただし書に規定する行為については，この限りでない。」と規定している。「第9条ただし書に規定する行為」とは日用品の購入などであることから，**民法13条1項ただし書は，日用品の購入などを保佐人の同意を要する行為から除外している。**

以上により，正しい記述はアとエであり，したがって，正解は肢2となる。

No	科 目	区分	正答率	肢別解答率				
				1	2	3	4	5
4	民法	全体	86%	7%	86%	5%	1%	0%
		上位10%	96%	4%	96%	0%	0%	0%

第 5 問　民法　　錯　誤　　正解 2

ア 誤 り。

　本記述は，錯誤を理由として意思表示を取り消すことができないとしている点で，誤っている。民法 95 条 3 項柱書は，「錯誤が表意者の重大な過失によるものであった場合には，次に掲げる場合を除き，第 1 項の規定による意思表示の取消しをすることができない。」と規定し，同項 1 号は，「相手方が表意者に錯誤があることを知り，又は重大な過失によって知らなかったとき。」と規定している。すなわち，表意者の錯誤が重過失による場合であっても，相手方が錯誤を知り，又は重過失により知らないときには，相手方を保護する必要がないから，表意者は，錯誤による意思表示の取消しを主張できる。

イ 正しい。

　民法 95 条 1 項 2 号，同条 2 項により，本記述は正しい。民法 95 条 1 項柱書，同条項 2 号によれば，表意者が法律行為の基礎とした事情についてのその認識が真実に反する錯誤であって，それが法律行為の目的及び取引上の社会通念に照らして重要なものである場合には意思表示を取り消すことができる。もっとも，認識が真実に反する錯誤は，認識した事情が法律行為の基礎とされていることが表示されていなければ錯誤による取消しを主張できない（民法 95 条 2 項）。意思表示に対応する意思を欠く錯誤（民法 95 条 1 項 1 号）と要件が異なるのは，相手方の利益をより配慮する必要性などのためである。

ウ 正しい。

　民法 95 条 4 項により，本記述は正しい。民法 95 条 1 項〔注：錯誤〕の規定による意思表示の取消しは，善意でかつ過失がない第三者に対抗することができない。本条は錯誤による意思表示を信頼して新たに法律関係に入った第三者の保護を図ったものであるが，信頼保護の基本は無過失の信頼保護にあるため，第三者の主観的要件として善意に加え無過失まで要求されている。よって，本記述において，「第三者」ＣはＡの意思表示が錯誤によるものであることを過失により知らなかったのであるから，民法 95 条 4 項は適用されず，ＡはＣに対し，取消しを主張することができる。

エ 正しい。

　民法 121 条の 2 第 2 項により，本記述は正しい。前項〔民法 121 条の 2 第 1 項〕の規定にかかわらず，無効な無償行為に基づく債務の履行として給付を受けた者は，給付を受けた当時その行為が無効であること（給付を受けた後に前条の規定により初めから無効であったものとみなされた行為にあっては，給付を受けた当時その行為が取り消すことができるものであること）を知らなかったときは，その行為によって現に利益を受けている限度において，返還の義務を負う。民法 121 条の 2 第 1 項は無効な法律行為によって給付を受けた者の原状回復義務を定めているが，同条 2 項はその例外を定めたものである。無償行為においては，給付された利益の全部又は一部がその後に消滅した場合，その消滅分についても返還させるとすると，受領者において自己の財産として自由に管理処分したことによる不利益を被らせることになるためである。

オ誤り。

　本記述は，契約上の地位をAから承継したCは，錯誤を理由としてその意思表示を取り消すことができないとしている点で，誤っている。民法120条2項。**錯誤，詐欺又は強迫によって取り消すことができる行為は，瑕疵ある意思表示をした者又はその代理人若しくは承継人に限り，取り消すことができる。**契約上の地位の移転を受けた者は，本条にいう承継人に当たる。よって，本記述においては，Aの意思表示によって生じた契約上の地位をAから承継したCは本条の承継人に当たるため，錯誤を理由としてその意思表示を取り消すことができる。

以上により，誤っている記述はアとオであり，したがって，正解は肢2となる。

No	科　目	区分	正答率	肢別解答率				
				1	2	3	4	5
5	民法	全体	74%	15%	74%	4%	4%	3%
		上位10%	94%	2%	94%	0%	4%	0%

第6問
民法

消滅時効

ア 正しい。

民法724条2号により，本記述は正しい。同条柱書は「**不法行為による損害賠償の請求権
は，次に掲げる場合には，時効によって消滅する**」と規定し，同条2号において「**不法行
為の時から20年間行使しないとき**」と規定している。かつての判例は20年間という期間
を除斥期間と解していたが，平成29年の民法改正により時効期間であることが明記された。

イ 誤 り。

本記述は，債権者が権利を行使することができることを知った時から **10** 年間行使しない
ときは，時効によって消滅するとしている点で，誤っている。民法166条1項1号。同条
項柱書は「債権は，次に掲げる場合には，時効によって消滅する」と規定し，同項1号は
「**債権者が権利を行使することができることを知った時から5年間行使しないとき**」と規
定している。従来の客観的起算点（2号）に加え，主観的起算点の規定として，平成29年
の民法改正により新たに設けられた。

ウ 正しい。

民法169条1項により，本記述は正しい。**確定判決又は確定判決と同一の効力を有するも
のによって確定した権利については，10年より短い時効期間の定めがあるものであっても，
その時効期間は，10年とする。**確定判決があれば，短期の消滅時効を定める理由の大半は
消滅することから，このような規定が設けられた。

エ 誤 り。

本記述は，3年間行使しないときは，時効によって消滅するとしている点で，誤っている。
民法724条の2。**人の生命又は身体を害する不法行為による損害賠償請求権の消滅時効に
ついての前条〔民法724条〕第1号の規定の適用については，同号中「3年間」とあるの
は，「5年間」とする。**不法行為による損害賠償請求権は，被害者又はその法定代理人が損
害及び加害者を知った時から3年間行使しないときは時効によって消滅する（民法724条
1号）が，それが生命・身体を害する場合には時効期間は5年間とされる。これは，生命・
身体の法益の重要性から，消滅時効期間を長くしたものである。

オ 誤 り。

本記述は，消滅時効完成前に時効の利益を放棄することができるとしている点で，誤って
いる。民法146条。**時効の利益は，あらかじめ放棄することができない。**あらかじめとは，
時効完成前を意味する。本条の趣旨は，時効の利益をあらかじめ放棄することを許すと，
永続した事実状態を尊重しようとする時効制度の趣旨が破壊されるおそれがあるばかり
でなく，債権者が債務者を圧迫してあらかじめ時効の利益を放棄させる弊害を生じうるた
め，そのような事態を防止しようとした点にある。

以上により，正しい記述はアとウであり，したがって，正解は肢1となる。

No	科 目	区分	正答率	肢別解答率				
				1	2	3	4	5
6	民法	全体	86%	86%	3%	2%	1%	8%
		上位10%	100%	100%	0%	0%	0%	0%

ア 誤 り。

　本記述は，Ａは，Ｂに対し，甲土地の所有権に基づき，乙建物を収去して甲土地を明け渡すことを求めることができないとしている点で，誤っている。最判平6.2.8。判例は，「**他人の土地上の建物の所有権を取得した者が自らの意思に基づいて所有権取得の登記を経由した場合には，たとい建物を他に譲渡したとしても，引き続き右登記名義を保有する限り，土地所有者に対し，右譲渡による建物所有権の喪失を主張して建物収去・土地明渡しの義務を免れることはできない**」としている。その理由として，判例は，「建物は土地を離れては存立し得ず，建物の所有は必然的に土地の占有を伴うものであるから，土地所有者としては，地上建物の所有権の帰属につき重大な利害関係を有するのであって，土地所有者が建物譲渡人に対して所有権に基づき建物収去・土地明渡しを請求する場合の両者の関係は，土地所有者が地上建物の譲渡による所有権の喪失を否定してその帰属を争う点で，あたかも建物についての物権変動における対抗関係にも似た関係というべく，建物所有者は，自らの意思に基づいて自己所有の登記を経由し，これを保有する以上，右土地所有者との関係においては，建物所有権の喪失を主張できないというべきである」ということを挙げている（最判平6.2.8）。本記述では，Ｂは，Ｃに乙建物を売却しても，その旨の登記をしていない。よって，Ａは，Ｂに対し，甲土地の所有権に基づき，乙建物を収去して甲土地を明け渡すことを求めることができる。

イ 誤 り。

　本記述は，Ｂは，Ｃに対し，甲土地の賃借権に基づき，乙動産の撤去を請求することができないとしている点で，誤っている。民法605条の4第1号。同条柱書は，「不動産の賃借人は，第605条の2第1項に規定する対抗要件を備えた場合において，次の各号に掲げるときは，それぞれ当該各号に定める請求をすることができる」と規定し，同条1号によれば，「**その不動産の占有を第三者が妨害しているとき**」には「**その第三者に対する妨害の停止の請求**」ができると規定されている。同条柱書の「第605条の2第1項に規定する対抗要件」の中には，民法605条に定める賃貸借の登記が含まれている。本記述では，甲土地の賃借人Ｂが賃借権の設定登記をしているため，対抗要件を備えている。よって，第三者Ｃは乙動産を甲土地に置くことで甲土地の占有を妨害していると評価できるため，Ｂは妨害の停止の請求として，Ｃに対し，乙動産の撤去を請求することができる。

ウ 正しい。

　物権的請求権の相手方は現在の妨害者であり，自ら妨害を生じさせたことを必要としない。よって，Ｃ所有の乙動産が甲土地上に放置されている場合には，所有者たるＣはその撤去義務を負う。したがって，本記述は正しい。なお，妨害を正当化する事由があれば撤去の請求はできないが，本記述においてはＡＢ間の賃貸借契約は既に終了しているため，乙動産による妨害を正当化することはできない。

エ誤　り。

　本記述は，AがBに対し賃貸借契約の終了に基づき乙動産の撤去を請求することができるときは，Aは，Bに対し，甲土地の所有権に基づき，乙動産の撤去を請求することができないとしている点で，誤っている。現在の判例実務は，実体法上の権利1つ1つについて訴訟物を構成する立場を採っている（旧訴訟物理論）。この立場によれば，1つの不動産に関する請求であっても，賃貸借契約終了に基づく請求と，所有権に基づく請求は，別個の訴訟物を構成する。よって，AのBに対する賃貸借契約終了に基づく乙動産の撤去の請求と，甲土地の所有権に基づく乙動産の撤去の請求は別個の権利であり，いずれも行使することができる。なお，訴訟において両請求を主張する場合には，一方の請求が認容される場合には他方の請求については訴えを撤回するという解除条件をつける，選択的併合という形式がとられることになる。

オ正しい。

　最判平21.3.10により，本記述は正しい。判例は「動産の購入代金を立替払する者が立替金債務が完済されるまで同債務の担保として当該動産の所有権を留保する場合において，所有権を留保した者（以下，「留保所有権者」といい，留保所有権者の有する所有権を「留保所有権」という。）の有する権原が，期限の利益喪失による残債務全額の弁済期（以下「残債務弁済期」という。）の到来の前後で上記のように異なるときは，留保所有権者は，残債務弁済期が到来するまでは，当該動産が第三者の土地上に存在して第三者の土地所有権の行使を妨害しているとしても，特段の事情がない限り，当該動産の撤去義務や不法行為責任を負うことはないが，**残債務弁済期が経過した後は，留保所有権が担保権の性質を有するからといって上記撤去義務や不法行為責任を免れることはない**」としている。その理由として，判例は，「上記のような留保所有権者が有する留保所有権は，原則として，残債務弁済期が到来するまでは，当該動産の交換価値を把握するにとどまるが，残債務弁済期の経過後は，当該動産を占有し，処分することができる権能を有するものと解されるからである」ということを挙げている。よって，本記述においても，Bが期限の利益を喪失してその残債務の弁済期が経過した後は，乙自動車の留保所有権者たるCは，その撤去義務を免れることはできず，その結果Aは，Cに対し，甲土地の所有権に基づき，乙自動車の撤去を請求することができる。

　以上により，正しい記述はウとオであり，したがって，正解は肢5となる。

No	科　目	区分	正答率	肢別解答率				
				1	2	3	4	5
7	民法	全体	92%	1%	4%	1%	2%	92%
		上位10%	94%	0%	4%	0%	2%	94%

ア 誤　り。

　本記述は，Aから甲土地を購入した時点に遡って甲土地の所有権を取得するとしている点で，誤っている。最判昭40.11.19。判例は，売主が第三者所有の特定物を売り渡した後にその物件の所有権を取得した場合には，買主への「物件の所有権および占有移転の時期，方法につき特段の約定ないし意思表示がない限り」売主がその「物件の所有権を取得すると同時に」買主はその「物件の所有権を得」るとしている。本記述では，売主であるAが甲土地を購入し，その所有権を取得すると同時に，買主であるCは，甲土地の所有権を得ることとなる。

イ 正しい。

　最判昭34.8.7により，本記述は正しい。判例は，「当事者間の合意によつて立木の所有権を留保した場合は，立木は土地と独立して所有権の目的となるものであるが，留保もまた物権変動の一場合と解すべきであるから，この場合には立木につき…登記をするかまたは…明認方法を講じない以上，第三者は全然立木についての所有権留保の事実を知るに由ないものであるから，右登記または明認方法を施さない限り，立木所有権の留保をもつてその地盤である土地の権利を取得した第三者に対抗し得ない ものと解する」としている。

ウ 正しい。

　民法178条，最判昭29.8.31により，本記述は正しい。判例は，動産の寄託を受け，一時それを保管するにすぎない者を「第三者」（民法178条）に当たらないとしている（最判昭29.8.31）。本記述において，CはBより動産甲の引渡しを受けていない。そのため，Cは「第三者」に動産甲の所有権を対抗できない。他方，Aは，Bの寄託により動産甲を保管している者である。そのため，Aは「第三者」に当たらない。よって，Cは動産甲の所有権をAに対抗することができることから，Aに対し，同所有権を主張することができる。

エ 誤　り。

　本記述は，Dは，Cに対し，甲土地の所有権を主張することができないとしている点で，誤っている。民法177条，大連判明41.12.15，大判明32.6.7。判例は，「同一の不動産に関し正当の権限によらずして権利を主張する者」は，「第三者」（民法177条）に当たらないとする（大連判明41.12.15）。具体的には，無効登記の名義人であって実体的権利を有しない者からの承継人は，「第三者」に当たらない（大判明32.6.7）。本記述において，Aは，甲土地につき，売買契約を締結していないのに，書類を偽造してAへの所有権の移転の登記をしている。そのため，無効登記の名義人であって実体的権利を有しない者といえる。そうだとすると，Aから甲土地を買い受けたCは，その承継人に当たる。よって，Cは「第三者」に当たらないから，Dは，Cに対し，甲土地の所有権を主張することができる。

オ誤り。

本記述は，Bは，売買契約が締結された時点で動産甲の所有権を当然に取得するとしている点で，誤っている。最判昭 35.3.22。判例は，「約定日時」まで「に代金を支払わないときには契約は失効する旨の解除条件が付されていた」場合，「特段の事情の」ない限り，「売買の目的物…の所有権は…契約により当然…に移転することはなかつたものと解するのが相当である」としている。本記述では，Aが，倉庫に寄託中のA所有の動産甲を，約定日時までに代金を支払わなかったときは契約が失効する旨の解除条件付きでBに売却している。そうだとすると，特段の事情がない限り，動産甲の所有権は，売買契約の締結をもって当然にBに移転するものではないことになる。

以上により，正しい記述はイとウであり，したがって，正解は肢3となる。

No	科　目	区分	正答率	肢別解答率				
				1	2	3	4	5
8	民法	全体	73%	16%	3%	73%	4%	4%
		上位10%	90%	6%	0%	90%	0%	4%

占有訴権

ア 正しい。

　民法200条2項ただし書により，本記述は正しい。民法200条2項は，「**占有回収の訴えは，占有を侵奪した者の特定承継人に対して提起することができない。ただし，その承継人が侵奪の事実を知っていたときは，この限りでない。**」と規定している。本記述は，特定承継人Cは，Bが動産甲を盗んだ事情を知っているため，占有回収の訴えを提起することができる。

イ 誤 り。

　本記述は，占有回収の訴えにより，動産甲の返還を請求することができるとしている点で，誤っている。民法200条1項。占有者がその占有を奪われたときは，占有回収の訴えにより，その物の返還及び損害の賠償を請求することができる。「占有を奪われた」とは，占有者の意思に基づかないで占有を奪取されることである。**紛失物を他者が取得した場合は，占有を奪取されたとはいえないため，「占有を奪われた」に当たらない。**

ウ 正しい。

　民法200条1項，202条2項参照により，本記述は正しい。民法200条1項は，「占有者がその占有を奪われたときは，占有回収の訴えにより，その物の返還及び損害の賠償を請求することができる。」と規定しており，占有回収請求の積極的要件は，①Bが動産甲を占有していたことと，②Aが動産甲を占有していることである。そして，**訴えの相手方Aが所有権などの本権を有することは，Bの占有の訴えを斥ける事由とはならない。**これは，民法202条2項が，「占有の訴えについては，本権に関する理由に基づいて裁判をすることができない。」と規定していることによるとされている。よって，Bは，Aに対し，占有回収の訴えにより，動産甲の返還を請求することができる。

エ 誤 り。

　本記述は，占有回収の訴えにより，占有侵害により生じた損害の賠償を請求することができないとしている点で，誤っている。民法200条1項。占有者がその占有を奪われたときは，**占有回収の訴えにより，その物の返還及び損害の賠償を請求することができる**（民法200条1項）。物の返還のほか，物の侵奪によって生じた損害の賠償を請求でき，この損害賠償請求権の実質は不法行為を理由とするものである。占有侵害を理由とするため，その内容は利用利益の賠償となる。

オ 誤 り。

　本記述は，占有回収の訴えにより，動産甲の返還を請求することができないとしている点で，誤っている。最判平10.3.10。判例は，法人の「**代表者が法人の機関として物を所持するにとどまらず，代表者個人のためにもこれを所持するものと認めるべき特別の事情がある場合には，これと異なり，その物について個人として占有の訴えを提起することができる**」としている。

　以上により，正しい記述はアとウであり，したがって，正解は肢1となる。

No	科　目	区分	正答率	肢別解答率				
				1	2	3	4	5
9	民法	全体	82%	82%	5%	3%	2%	8%
		上位10%	100%	100%	0%	0%	0%	0%

第10問 民法　地上権又は地役権　正解 1

ア 正しい。

民法266条1項・274条により，本記述は正しい。民法266条1項は，「**地上権者が土地の所有者に定期の地代を支払わなければならない場合について**」民法274条を準用している。そして，民法274条は，「永小作人は，**不可抗力により収益について損失を受けたときであっても，小作料の免除又は減額を請求することができない。**」と規定している。よって，AはBに対し，定期の地代の支払について，減額を請求することはできない。

イ 正しい。

民法269条の2第2項前段により，本記述は正しい。民法269条の2第2項前段は，**区分地上権は，「…第三者がその土地の使用又は収益をする権利を有する場合においても，その権利又はこれを目的とする権利を有するすべての者の承諾があるときは，設定することができる。**」と規定している。このように，区分地上権は，第三者がすでに使用収益権を有する土地についても，その第三者とその権利を目的とする権利を有する者全員の承諾を得れば，土地所有者と区分地上権者の間の契約により設定することができる。

ウ 誤り。

本記述は，Aは，その通路を使用することができないとしている点で，誤っている。民法288条1項。**承役地の所有者は，地役権の行使を妨げない範囲内において，その行使のために承役地の上に設けられた工作物を使用することができる。**その趣旨は，地役権の行使を妨げない範囲内において，承役地所有者にも工作物の使用権を法律の規定によって与えて，地役権者と承役地所有者の利害調整を図るとともに，社会経済上の不利益を回避する点にある。そして，通路は，「工作物」に当たる。

エ 誤り。

本記述は，Cは，当該通行地役権を行使することができないとしている点で，誤っている。民法281条1項本文。**地役権は，要役地…の所有権に従たるものとして，その所有権とともに移転し，又は要役地について存する他の権利の目的となるものとする。**地役権は付従性があることから，地役権は，要役地について存する地上権の目的となる。

オ 誤り。

本記述は，Cがこれを認識していたとしても，抵当権の実行により当該通行地役権は消滅するとしている点で，誤っている。最判平25.2.26。判例は，「**最先順位の抵当権の設定時に，既に設定されている通行地役権に係る承役地が要役地の所有者によって継続的に通路として使用されていることがその位置，形状，構造等の物理的状況から客観的に明らかであり，かつ，上記抵当権の抵当権者がそのことを認識していたか又は認識することが可能であったときは，特段の事情がない限り，登記がなくとも，通行地役権は上記の売却によっては消滅せず，通行地役権者は，買受人に対し，当該通行地役権を主張することができる**」としている。

以上により，正しい記述はアとイであり，したがって，正解は肢1となる。

No	科　目	区分	正答率	肢別解答率				
				1	2	3	4	5
10	民法	全体	88%	88%	3%	5%	2%	1%
		上位10%	100%	100%	0%	0%	0%	0%

ア 正しい。

　民法316条により，本記述は正しい。**賃貸人は，民法622条の2第1項に規定する敷金を受け取っている場合には，その敷金で弁済を受けない債権の部分についてのみ先取特権を有する。**

イ 誤 り。

　本記述は，優先権の順位は，登記の前後によるとしている点で，誤っている。民法331条1項，325条。民法331条1項は，「**同一の不動産について特別の先取特権が互いに競合する場合には，その優先権の順位は，第325条各号に掲げる順序に従う。**」と規定し，**民法325条では，1号で不動産保存，2号で不動産工事，3号で不動産売買を掲げている。**そのため，同一の不動産について不動産保存の先取特権と不動産工事の先取特権が互いに競合する場合には，その優先権の順位は民法325条により不動産保存，不動産工事の順となる。

ウ 誤 り。

　本記述は，売買代金請求権について動産売買先取特権に基づく物上代位権を行使することができないとしている点で，誤っている。最判昭60. 7. 19。判例は，**目的債権について一般債権者が差押え又は仮差押えの執行をしたにすぎないときは，その後に先取特権者が目的債権に対し物上代位権を行使することを妨げられるものではないとしている**（最判昭60. 7. 19）。よって，動産の売主は，その動産が転売され，その転売に係る売買代金請求権が他の債権者によって差し押さえられた場合でも，当該売買代金請求権について動産売買先取特権に基づく物上代位権を行使することができる。

エ 正しい。

　民法314条により，本記述は正しい。**賃借権の譲渡又は転貸の場合には，賃貸人の先取特権は，譲受人又は転借人の動産にも及ぶ。譲渡人又は転貸人が受けるべき金銭**についても，同様とする。

オ 誤 り。

　本記述は，必要な登記がされていれば，その登記に先立って登記されている抵当権に優先するとしている点で，誤っている。民法339条参照。民法339条は，「前2条〔注：337条（不動産保存の先取特権の登記），338条（不動産工事の先取特権の登記）〕の規定に従って登記をした先取特権は，抵当権に先立って行使することができる。」と規定している。**不動産売買の先取特権については民法340条に規定されているから，民法339条の適用がない。そこで，民法341条により，民法373条が準用される。ゆえに，抵当権との優劣は，登記の前後によると解される。**よって，必要な登記がされていても，その登記に先立って登記されている抵当権には優先しない。

　以上により，正しい記述はアとエであり，したがって，正解は肢2となる。

No	科　目	区分	正答率	肢別解答率				
				1	2	3	4	5
11	民法	全体	77%	3%	77%	6%	7%	6%
		上位10%	98%	2%	98%	0%	0%	0%

第12問
民法

権利質

正解
4

ア誤 り。

本記述は，質権者は，被担保債権の弁済期の到来前であっても，質権の目的である金銭債権を直接取り立てることができるとしている点で，誤っている。民法366条3項。前項〔注：債権の目的物が金銭であるとき〕の債権の弁済期が質権者の債権の弁済期前に到来したときは，質権者は，第三債務者にその弁済をすべき金額を供託させることができる。この場合において，質権は，その供託金について存在する。よって，被担保債権の弁済期の到来前は，質権の目的である金銭債権を直接取り立てることはできず，供託を請求できるにすぎない。

イ誤 り。

本記述は，権利質は，質権者自身に対する債権をその目的とすることができないとしている点で，誤っている。最判昭40.10.7。判例は，**質権者自身に対する債権を質権の客体とすることができることを前提**としている。

ウ正しい。

民法366条4項により，本記述は正しい。**債権の目的物が金銭でないときは，質権者は，弁済として受けた物について質権を有する。**

エ誤 り。

本記述は，その意思表示がされたことを質権者が知っていたときは，無効であるとしている点で，誤っている。民法466条2項，3項。466条2項は，「**当事者が債権の譲渡を禁止し，又は制限する旨の意思表示（以下「譲渡制限の意思表示」という。）をしたときであっても，債権の譲渡は，その効力を妨げられない。**」と規定し，同条3項は，「**前項に規定する場合には，譲渡制限の意思表示がされたことを知り，又は重大な過失によって知らなかった譲受人その他の第三者に対しては，債務者は，その債務の履行を拒むことができ，かつ，譲渡人に対する弁済その他の債務を消滅させる事由をもってその第三者に対抗することができる。**」と規定している。そのため，譲渡を禁止する旨の意思表示をした債権を目的とする質権の設定は，その効力を妨げられない。また，その意思表示がされたことを質権者が知っていたときは，履行を拒むことができるにすぎない。

オ正しい。

民法364条，467条2項により，本記述は正しい。民法364条は，「**債権を目的とする質権の設定（現に発生していない債権を目的とするものを含む。）は，第467条の規定に従い，第三債務者にその質権の設定を通知し，又は第三債務者がこれを承諾しなければ，これをもって第三債務者その他の第三者に対抗することができない。**」と規定し，民法467条2項は，「**前項**〔注：債権の譲渡の対抗要件〕**の通知又は承諾は，確定日付のある証書によってしなければ，債務者以外の第三者に対抗することができない。**」と規定している。本記述では，「譲渡人」であるＡが「債務者」であるＣに対し，確定日付のある証書によって通知をしているため，Ｂは，その後にこの債権を差し押さえたＡの他の債権者に対し，質権の設定を対抗することができる。

以上により，正しい記述はウとオであり，したがって，正解は肢4となる。

No	科 目	区分	正答率	肢別解答率				
				1	2	3	4	5
12	民法	全体	85%	1%	1%	5%	85%	7%
		上位10%	100%	0%	0%	0%	100%	0%

抵当権の効力

ア 誤 り。

本記述は，賃借人が買受人に対し，建物を直ちに引き渡さなければならないとしている点で，誤っている。民法 395 条 1 項柱書は，「**抵当権者に対抗することができない賃貸借により抵当権の目的である建物の使用又は収益をする者であって次に掲げるもの…は，その建物の競売における買受人の買受けの時から 6 箇月を経過するまでは，その建物を買受人に引き渡すことを要しない。**」と規定している。そして，民法 395 条 1 項 1 号では，かかる猶予を受けられる者として，「**競売手続の開始前から使用又は収益をする者**」と規定している。本記述における賃借人は，抵当権設定登記後に締結された賃貸借契約により，競売手続開始前から，抵当権の目的物である建物を使用収益している。そのため，競売により賃借権は消滅し，「抵当権者に対抗することができない」（民法 395 条 1 項柱書）に当たる。そして，民法 395 条 1 項 1 号にも当たる。よって，6 か月の引渡しの猶予を受けることができる。

イ 誤 り。

本記述は，一般債権者が抵当不動産を差し押さえたときは，抵当権者は，第三者異議の訴えにより，その強制執行の不許を求めることができるとしている点で，誤っている。最判昭 60.7.19。判例は，「民法 304 条 1 項但書において，先取特権者が物上代位権を行使するためには物上代位の対象となる金銭その他の物の払渡又は引渡前に差押をしなければならないものと規定されている趣旨は，先取特権者のする右差押によって，第三債務者が金銭その他の物を債務者に払い渡し又は引き渡すことを禁止され，他方，債務者が第三債務者から債権を取り立て又はこれを第三者に譲渡することを禁止される結果，物上代位の目的となる債権（以下「目的債権」という。）の特定性が保持され，これにより，物上代位権の効力を保全せしめるとともに，他面目的債権の弁済をした第三債務者又は目的債権を譲り受け若しくは目的債権につき転付命令を得た第三者等が不測の損害を被ることを防止しようとすることにあるから，**目的債権について一般債権者が差押又は仮差押の執行をしたにすぎないときは，その後に先取特権者が目的債権に対し物上代位権を行使することを妨げられるものではないと解すべきである**」としている。そして，民法 372 条は民法 304 条を準用しているから，この理は抵当不動産について一般債権者が差し押さえた場合においても異なるところはない。

ウ 誤 り。

本記述は，被担保債権について債務不履行がなくても，することができるとしている点で，誤っている。最判平元.10.27，民法 371 条。抵当不動産の賃料請求権について，判例は，「**抵当権者は，民法 372 条，304 条の規定の趣旨に従い，目的不動産の賃借人が供託した賃料の還付請求権についても抵当権を行使することができる**」としている。そして，民法 371 条は，「**抵当権は，その担保する債権について不履行があったときは，その後に生じた抵当不動産の果実に及ぶ**」と規定している。よって，被担保債権について債務不履行がない場合には法定果実たる賃料請求権に対する物上代位権の行使はできない。

エ正しい。

　大判大 8.10.8 により，本記述は正しい。判例は，混同によって消滅した先順位の抵当権登記につき，**後順位抵当権者による抹消登記手続請求を認めている**。判例の結論に賛成する学説は，その理由として，目的物の価値を害する行為は，抵当権の優先弁済的効力を害するので，抵当権の侵害となるということを挙げている。

オ正しい。

　最判平 10.1.30 により，本記述は正しい。判例は，「**民法 304 条 1 項の趣旨目的に照らすと，同項の『払渡又ハ引渡』には債権譲渡は含まれず，抵当権者は，物上代位の目的債権が譲渡され第三者に対する対抗要件が備えられた後においても，自ら目的債権を差し押さえて物上代位権を行使することができる**」としている。その理由として，判例は，「物上代位の目的債権が譲渡された後に抵当権者が物上代位権に基づき目的債権の差押えをした場合において，第三債務者は，差押命令の送達を受ける前に債権譲受人に弁済した債権についてはその消滅を抵当権者に対抗することができ，弁済をしていない債権についてはこれを供託すれば免責されるのであるから，抵当権者に目的債権の譲渡後における物上代位権の行使を認めても第三債務者の利益が害されることとはならず，…抵当権の効力が物上代位の目的債権についても及ぶことは抵当権設定登記により公示されているとみることができ」るということを挙げている。

　以上により，正しい記述はエとオであり，したがって，正解は肢5となる。

No	科　目	区分	正答率	肢別解答率				
				1	2	3	4	5
13	民法	全体	88%	2%	2%	2%	6%	88%
		上位 10%	100%	0%	0%	0%	0%	100%

ア誤 り。

本記述は，第三者は，弁済した債権について根抵当権を行使することができるとしている点で，誤っている。民法398条の7第1項後段。**元本の確定前に根抵当権者から債権を取得した者は，その債権について根抵当権を行使することができない。元本の確定前に債務者のために又は債務者に代わって弁済をした者も，同様とする。**本条の趣旨は，根抵当権の被担保債権の中に根抵当権者以外の者が有する債権が混じることは，根抵当権の独立的な性格になじまないという点にある。

イ誤 り。

本記述は，元本の確定前に債務者について相続が開始したときは，根抵当権の担保すべき元本は，当然に確定するとしている点で，誤っている。民法398条の8第2項。元本の確定前にその債務者について相続が開始したときは，根抵当権は，相続開始の時に存する債務のほか，根抵当権者と根抵当権設定者との合意により定めた相続人が相続の開始後に負担する債務を担保する。よって，**根抵当権者と根抵当権設定者の合意があれば，元本は確定せず，根抵当権は存続する。**

ウ正しい。

民法398条の9第3項により，本記述は正しい。前2項の場合〔注：元本の確定前に根抵当権者について合併があった場合（1項），**元本の確定前にその債務者について合併があった場合（2項）〕には，根抵当権設定者は，担保すべき元本の確定を請求することができる。ただし，前項の場合において，その債務者が根抵当権設定者であるときは，この限りでない。**

エ正しい。

民法398条の21第1項により，本記述は正しい。**元本の確定後においては，根抵当権設定者は，その根抵当権の極度額を，現に存する債務の額と以後2年間に生ずべき利息その他の定期金及び債務の不履行による損害賠償の額とを加えた額に減額することを請求することができる。**

オ誤 り。

本記述は，根抵当権が担保すべき元本の確定すべき期日の定めがない場合は，根抵当権設定者は，根抵当権の設定後いつでも，根抵当権者に対し，元本の確定を請求することができるとしている点で，誤っている。民法398条の19第1項。**根抵当権設定者は，根抵当権の設定の時から3年を経過したときは，担保すべき元本の確定を請求することができる。**この場合において，担保すべき元本は，その請求の時から2週間を経過することによって確定する。よって，根抵当権の設定があったときから3年を経過した場合でなければ，元本の確定を請求することはできない。なお，この規定は，担保すべき元本の確定すべき期日の定めがあるときは，適用されない（同条3項）。しかし，本記述では担保すべき元本

の確定すべき期日の定めがないとされているため，3項は適用されない。

以上により，正しい記述はウとエであり，したがって，正解は肢5となる。

No	科　目	区分	正答率	肢別解答率				
				1	2	3	4	5
14	民法	全体	89%	3%	2%	4%	1%	89%
		上位10%	100%	0%	0%	0%	0%	100%

ア 正しい。

最判昭 54.2.15 により，本記述は正しい。判例は，「**構成部分の変動する集合動産についても，その種類，所在場所及び量的範囲を指定するなんらかの方法で目的物の範囲が特定される場合には，一個の集合物として譲渡担保の目的となりうる**」としている。判例の結論に賛成する学説は，その理由として，集合物の譲渡担保は中小企業の資金調達等で重要な機能を果たしており，実務上の需要が大きいという必要性があり，また，種類，所在場所及び量的範囲によって特定されていれば効力が及ぶ範囲が明確であるため許容性も認められるということを挙げている。

イ 誤 り。

本記述は，譲渡担保権の効力は，土地の賃借権に及ばないとしている点で，誤っている。最判昭 51.9.21。判例は，「債務者である土地の賃借人がその賃借地上に所有する建物を譲渡担保とした場合には，その建物のみを担保の目的に供したことが明らかであるなど特別の事情がない限り，**右譲渡担保権の効力は，原則として土地の賃借権に及**」ぶとしている。判例の結論に賛成する学説は，その理由として，譲渡担保の効力は常識的に一体と考えられる物には広く及ぶと解すべきであるということを挙げている。

ウ 正しい。

最判平 19.2.15 により，本記述は正しい。判例は，「**将来発生すべき債権を目的とする譲渡担保契約が締結された…場合において，譲渡担保の目的とされた債権が将来発生したときには，譲渡担保権者は，譲渡担保設定者の特段の行為を要することなく当然に，当該債権を担保の目的で取得することができる**」としている。判例の結論に賛成する学説は，その理由として，債権の譲渡担保が債権譲渡の形式を利用している以上，譲渡担保契約時に将来債権が移転するのは当然であるということを挙げている。なお，この判例を受けて現在の民法 466 条の 6 第 2 項が規定されたとされている。

エ 誤 り。

本記述は，被担保債権の弁済と引換えに譲渡担保権の目的物を返還することを請求することができるとしている点で，誤っている。最判平 6.9.8。判例は，「**債務の弁済と譲渡担保の目的物の返還とは，前者が後者に対し先履行の関係にあり，同時履行の関係に立つものではない**」としている。判例の結論に賛成する学説は，その理由として，譲渡担保権は，弁済等によって初めて消滅するものであるということを挙げている。

オ 正しい。

最判昭 46.3.25 により，本記述は正しい。判例は，「貸金債権担保のため債務者所有の不動産につき譲渡担保形式の契約を締結し，債務者が弁済期に債務を弁済…しないときは右不動産を債務の弁済の代わりに確定的に自己の所有に帰せしめるとの合意のもとに，自己のため所有権移転登記を経由した債権者は，債務者が弁済期に債務の弁済をしない場合においては，目的不動産を換価処分し，またはこれを適正に評価することによって具体化す

る右物件の価額から，自己の債権額を差し引き，なお残額があるときは，これに相当する金銭を清算金として債務者に支払うことを要するのである。そして，この担保目的実現の手段として，債務者に対し右不動産の引渡ないし明渡を求める訴を提起した場合に，債務者が右清算金の支払と引換えにその履行をなすべき旨を主張したときは，特段の事情のある場合を除き，債権者の右請求は，債務者への清算金の支払と引換えにのみ認容されるべき」としている。

以上により，誤っている記述はイとエであり，したがって，正解は肢4となる。

No	科　目	区分	正答率	肢別解答率				
				1	2	3	4	5
15	民法	全体	72%	1%	2%	21%	72%	5%
		上位 10%	98%	0%	0%	2%	98%	0%

弁　済

ア正しい。

民法474条3項本文反対解釈により，本解答は正しい。**第三者による弁済は原則として有効である**（民法474条1項）。そして，民法474条3項本文は，「前項に規定する第三者〔注：弁済をするについて正当な利益を有する者でない第三者〕は，債権者の意思に反して弁済をすることができない。」と規定している。民法474条3項本文は，第三者が正当な利益を有するか否かという客観的に判断可能な要件によってのみ，債権者が第三者からの給付を受領するか，拒絶するかを決定することができることを示すものでもある。「弁済をするについて正当な利益を有する者でない第三者」による「債権者の意思に反」する弁済を無効とする場合（民法474条3項）と異なり，「**弁済をするについて正当な利益を有する第三者**」の弁済を無効とする規定は存在しない。そのため，原則どおり有効となる。

イ誤　り。

本解答は，債権者が払込みがあった口座から金銭の払戻しを現実に受けた時点としている点で，誤っている。最判平8.4.26参照。民法477条は，「債権者の預金又は貯金の口座に対する払込みによってする弁済は，債権者がその預金又は貯金に係る債権の債務者に対してその払込みに係る金額の払戻しを請求する権利を取得した時に，その効力を生ずる。」と規定している。そこで，「払戻しを請求する権利を取得した時」とはいつかが問題となる。通常，顧客と銀行との取引における預金契約では，当事者の約定により，**預金者の預金口座に振込額の入金が記録された時に預金債権が発生し，預金者が払戻請求権を取得するから**（最判平8.4.26〔誤振込みの事案〕），この場合は，**入金記帳がされた時点で弁済としての効力が生じ，債権が消滅する**。したがって，債権者の預金又は貯金の口座に対する払込みによって弁済をすることが許されている場合に，その方法によって弁済の効力が生ずるのは，入金記帳がされた時点となる。

ウ誤　り。

本解答は，代物弁済の契約で定められた給付が現実になくても，弁済と同一の効力が生じるとしている点で，誤っている。民法482条。弁済をすることができる者（以下「弁済者」という。）が，債権者との間で，債務者の負担した給付に代えて他の給付をすることにより債務を消滅させる旨の契約をした場合において，**その弁済者が当該他の給付をしたときは，その給付は，弁済と同一の効力を有する**。代物弁済は諾成契約であって，弁済者と債権者の間の合意のみによって成立し，これにより，代物給付義務が発生する。そして，代物弁済の合意に基づき弁済者による代物の給付が完了したときにはじめて，債権の消滅という効果が発生する。よって，代物弁済の契約が締結された場合，代物弁済の契約で定められた給付が現実にないときは弁済と同一の効力が生じない。

エ誤 り。

　本解答は，債権者と債務者の合意がないのに，取引時間の定めがあると認められることはないとしている点で，誤っている。民法 484 条 2 項は，「法令又は慣習により取引時間の定めがあるときは，その取引時間内に限り，弁済をし，又は弁済の請求をすることができる。」と規定している。**「法令又は慣習により取引時間の定めがあるとき」には，債権者と債務者の合意がなくても，取引時間の定めがあると明文で認められている。**

オ正しい。

　民法 488 条 1 項により，本解答は正しい。**債務者が同一の債権者に対して同種の給付を目的とする数個の債務を負担する場合において，弁済として提供した給付が全ての債務を消滅させるのに足りないとき（次条第 1 項に規定する場合を除く。）は，弁済をする者は，給付の時に，その弁済を充当すべき債務を指定することができる。**本記述は，いずれの債務も元本のみしか存在しないことと，弁済をする者と受領する者の間にその充当の順序に関する合意がないことを前提としているため，民法 489 条 1 項（民法 488 条 1 項括弧書）及び民法 490 条に該当しないこととなる。よって，民法 488 条 1 項のとおり，弁済をする者は，給付の時に，その弁済を充当すべき債務を指定することができる。

以上により，正しい解答はアとオであり，したがって，正解は肢 2 となる。

No	科　目	区分	正答率	肢別解答率				
				1	2	3	4	5
16	民法	全体	78%	13%	78%	1%	4%	4%
		上位 10%	94%	2%	94%	0%	2%	2%

ア誤　り。

　本記述は，その消滅時効期間が経過する以前に反対債権の弁済期が現実に到来していたか
どうかにかかわらずとしている点で，誤っている。最判平25.2.28。民法508条は，「時効
によって消滅した債権がその消滅以前に相殺に適するようになっていた場合には，その債
権者は，相殺をすることができる。」と規定している。その上で，判例は，「民法505条1
項は，相殺適状につき，『双方の債務が弁済期にあるとき』と規定しているのであるから，
その文理に照らせば，自働債権のみならず受働債権についても，弁済期が現実に到来して
いることが相殺の要件とされていると解される。また，受働債権の債務者がいつでも期限
の利益を放棄することができることを理由に両債権が相殺適状にあると解することは，上
記債務者が既に享受した期限の利益を自ら遡及的に消滅させることとなって，相当でない。
したがって，**既に弁済期にある自働債権と弁済期の定めのある受働債権とが相殺適状にあ
るというためには，受働債権につき，期限の利益を放棄することができるというだけでは
なく，期限の利益の放棄又は喪失等により，その弁済期が現実に到来していることを要す
る**というべきである…そして，当事者の相殺に対する期待を保護するという民法508条の
趣旨に照らせば，同条が適用されるためには，消滅時効が援用された自働債権はその消滅
時効期間が経過する以前に受働債権と相殺適状にあったことを要すると解される」としてい
る。よって，消滅時効期間が経過する以前に反対債権の弁済期が現実に到来していなかっ
た場合には，民法508条は適用されず，相殺はその効力を有しない。

イ誤　り。

　本記述は，その損害賠償請求権が人の生命又は身体の侵害によるものであっても，するこ
とができるとしている点で，誤っている。民法509条柱書本文は，「**次に掲げる債務の債
務者は，相殺をもって債権者に対抗することができない。**」と規定し，同条2号は，「**人の
生命又は身体の侵害による損害賠償の債務**…」と規定している。本記述は民法509条2号
の場合に当たり，相殺することができない。

ウ正しい。

　民法511条1項後段，最大判昭45.6.24により，本記述は正しい。民法511条1項は，「**差
押えを受けた債権の第三債務者は，差押え後に取得した債権による相殺をもって差押債権
者に対抗することはできないが，差押え前に取得した債権による相殺をもって対抗するこ
とができる。**」と規定している。また，判例は，「**第三債務者は，その債権が差押後に取得
されたものでないかぎり，自働債権および受働債権の弁済期の前後を問わず，相殺適状に
達しさえすれば，差押後においても，これを自働債権として相殺をなしうる**」としている。
民法511条1項後段の趣旨は，差押え前に反対債権を取得した第三債務者には，この債権
を用いて自己の負担する債務を消滅させることについての利益があり，この利益に結びつ
けられた相殺への期待は合理的なものであるとして，定型的に保護されるべきということ
にある。

エ正しい。

　民法507条前段により，本記述は正しい。**相殺は，双方の債務の履行地が異なるときであっても，することができる。**この場合において，相殺をする当事者は，相手方に対し，これによって生じた損害を賠償しなければならない。

オ誤　り。

　本記述は，債権の債務者が同時履行の抗弁権を有していても，その債権の債権者は，その債権を自働債権として，相殺をすることができるとしている点で，誤っている。**自働債権に抗弁権**（同時履行の抗弁権〔民法533条〕，催告・検索の抗弁権〔民法452条・453条〕，事前求償権に対する主たる債務者の担保請求などの抗弁権〔民法461条〕等）**が付着している場合には，もし相殺を認めたならば，自働債権の債務者が有する抗弁権を一方的に奪うことになるから，相殺は許されない。**なお，受働債権に抗弁権が付着している場合には，相殺をすることの妨げとならない。

　以上により，正しい記述はウとエであり，したがって，正解は肢4となる。

No	科　目	区分	正答率	肢別解答率				
				1	2	3	4	5
17	民法	全体	71%	1%	25%	1%	71%	2%
		上位10%	83%	0%	17%	0%	83%	0%

売 買

ア 誤 り。

本記述は，代金の支払についても同一の期限を付したものとみなされるとしている点で，誤っている。民法573条。売買の目的物の引渡しについて期限があるときは，代金の支払についても同一の期限を付したものと**推定する。**その趣旨は，引渡時期と支払時期を同一にすることが当事者間の公平に適う点にある。

イ 正しい。

民法563条2項2号，563条1項，562条1項本文により，本記述は正しい。民法562条1項本文は「引き渡された目的物が種類，品質又は数量に関して契約の内容に適合しないものであるときは，買主は，売主に対し，目的物の修補，代替物の引渡し又は不足分の引渡しによる履行の追完を請求することができる」と規定する。また，民法563条1項は，「前条第1項本文に規定する場合において，買主が相当の期間を定めて履行の追完の催告をし，その期間内に履行の追完がないときは，買主は，その不適合の程度に応じて代金の減額を請求することができる」ことを規定し，同条2項柱書は，「**前項の規定にかかわらず，次に掲げる場合には，買主は，同項の催告をすることなく，直ちに代金の減額を請求することができる**」ことを規定する。そして，民法563条2項2号は，「**売主が履行の追完を拒絶する意思を明確に表示したとき**」と規定する。

ウ 誤 り。

本記述は，売買の目的物から生じた果実は買主に帰属するとしている点で，誤っている。大連判大13.9.24。判例は，本記述と類似の事案において，**売主は，目的物の引渡しを遅滞している場合でも，引渡しまでこれを使用し果実を取得し得る**としている。判例の結論に賛成する学説は，その理由として，民法575条の趣旨が，売主と買主との間に複雑な法律関係が生じることの防止にあり，判例のように考えることがその趣旨に適うということを挙げている。

エ 誤 り。

本記述は，売主の責めに帰すべき事由がないときは，買主は，その不適合を理由として，当該売買契約の解除をすることができないとしている点で，誤っている。民法564条，543条。民法564条は，「**前2条の規定は，第415条の規定による損害賠償の請求並びに第541条及び第542条の規定による解除権の行使を妨げない**」と規定する。よって，**民法541条又は民法542条に基づく解除は，契約不適合の場合においても可能**である。そして，現民法は，解除は，債務不履行をされた債権者を契約の拘束力から解放するための制度として立案されているため，**売主の帰責性を要件としていない。**

オ正しい。

　民法566条により，本記述は正しい。民法566条は，「売主が種類又は品質に関して契約の内容に適合しない目的物を買主に引き渡した場合において，買主がその不適合を知った時から1年以内にその旨を売主に通知しないときは，買主は，その不適合を理由として，履行の追完の請求，代金の減額の請求，損害賠償の請求及び契約の解除をすることができない。ただし，売主が引渡しの時にその不適合を知り，又は重大な過失によって知らなかったときは，この限りでない」と規定する。同条本文の趣旨は，売主の期待保護，法律関係の早期安定化にある。一方で，同条ただし書の趣旨は，悪意又は重過失の場合，売主を免責するのは適切でないことにある。

　以上により，正しい記述はイとオであり，したがって，正解は肢4となる。

No	科　目	区分	正答率	肢別解答率				
				1	2	3	4	5
18	民法	全体	68%	2%	13%	15%	68%	2%
		上位10%	94%	0%	6%	0%	94%	0%

ア正しい。

民法604条1項により，本記述は正しい。**賃貸借の存続期間は，50年を超えることができない。契約でこれより長い期間を定めたときであっても，その期間は，50年とする。**その趣旨は，50年と長期にすることで経済活動の不都合を避けつつ，長期にわたる賃貸借が賃借物の所有権にとって過度な負担となることを防止する点にある。

イ正しい。

民法605条の3前段により，本記述は正しい。**不動産の譲渡人が賃貸人であるときは，その賃貸人たる地位は，賃借人の承諾を要しないで，譲渡人と譲受人との合意により，譲受人に移転させることができる。**その意義は，賃借人に賃貸物を使用収益させる賃貸人の債務は，目的物の所有者が適切に履行することができるため，同条前段の合意をすれば，賃借人の承諾を得なくとも，賃貸人たる地位は移転するとするのが合理的であるから，これを認めた点にある。

ウ誤　り。

本記述は，賃借人の責めに帰すべき事由によって修繕が必要となったときでも，賃貸物の使用及び収益に必要な修繕をする義務を負うとしている点で，誤っている。民法606条1項ただし書。賃貸人は，賃貸物の使用及び収益に必要な修繕をする義務を負う。ただし，**賃借人の責めに帰すべき事由によってその修繕が必要となったときは，**この限りでない。同条項ただし書の趣旨は，このような場合にまで賃貸人に修繕義務を課すことが公平の観点から妥当でないという点にある。

エ正しい。

民法608条1項により，本記述は正しい。**賃借人は，賃借物について賃貸人の負担に属する必要費を支出したときは，賃貸人に対し，直ちにその償還を請求することができる。**

オ誤　り。

本記述は，賃貸人の責めに帰すべき事由によるものでなければ，その賃料が減額されることはないとしている点で，誤っている。民法611条1項。**賃借物の一部が滅失その他の事由により使用及び収益をすることができなくなった場合において，それが賃借人の責めに帰することができない事由によるものであるときは，賃料は，その使用及び収益をすることができなくなった部分の割合に応じて，減額される。**その趣旨は，当事者間の公平を図ることにある。

以上により，誤っている記述はウとオであり，したがって，正解は肢5となる。

No	科　目	区　分	正答率	肢別解答率				
				1	2	3	4	5
19	民法	全体	82%	9%	2%	1%	6%	82%
		上位10%	100%	0%	0%	0%	0%	100%

第20問　婚姻又は離婚

民法

ア誤　り。

本記述は，婚姻は，取消しの請求がなくとも，当然に無効であるとしている点で，誤っている。民法744条1項本文，731条。民法731条は，「男は，18歳に，女は，16歳にならなければ，婚姻をすることができない。」と規定している。そして，本記述では男のみ婚姻適齢に達していない。同条の婚姻適齢に達しない者の婚姻は「第731条…の規定に違反」（民法744条1項本文）するところ，これは婚姻の取消事由とされ，民法742条各号に規定する無効事由とは異なる。

イ正しい。

民法744条1項本文により，本記述は正しい。配偶者のある者が重ねて婚姻をした場合は，民法732条「の規定に違反した婚姻」（民法744条1項本文）といえる。そして，後婚の配偶者は「当事者」に該当する。そのため，後婚の「取消しを家庭裁判所に請求することができる」（同項本文）。

ウ誤　り。

本記述は，同意がないことを理由として，当該婚姻の取消しを家庭裁判所に請求することができるとしている点で，誤っている。民法738条。成年被後見人が婚姻をするには，その成年後見人の同意は要しない。また，かかる同意がないことは民法744条1項本文において婚姻の取消事由とされていない。

エ誤　り。

本記述は，強迫による婚姻の取消しは，婚姻時に遡って，その効力を生ずるとしている点で，誤っている。民法747条1項，748条1項。民法747条1項は，「…強迫によって婚姻をした者は，その婚姻の取消しを家庭裁判所に請求することができる。」と規定している。そして，民法748条1項は，「婚姻の取消しは，将来に向かってのみその効力を生ずる。」と規定している。

オ正しい。

民法765条1項，2項，819条1項により，本記述は正しい。民法819条1項は，「父母が協議上の離婚をするときは，その協議で，その一方を親権者と定めなければならない。」と規定している。そして，民法765条1項は，「離婚の届出は，その離婚が…第819条第1項の規定…に違反しないことを認めた後でなければ，受理することができない。」と規定している。しかし，これに違反しても，離婚の効力は有効である（民法765条2項）。

以上により，正しい記述はイとオであり，したがって，正解は肢3となる。

No	科　目	区分	正答率	肢別解答率				
				1	2	3	4	5
20	民法	全体	82%	8%	6%	82%	1%	2%
		上位10%	96%	2%	2%	96%	0%	0%

ア誤　り。

本記述は，子に対する親権は，父母の間に婚姻関係がなくとも，父と母が共同して行うとしている点で，誤っている。民法819条4項。**父が認知した子に対する親権は，父母の協議で父を親権者と定めたときに限り，父が行う。**よって，父を親権者と定めない限り，その子の親権者は母である。

イ誤　り。

本記述は，特別代理人の選任を要する利益相反行為に当たるとしている点で，誤っている。民法826条1項，最判平4.12.10。民法826条1項は，「親権を行う父又は母とその子との利益が相反する行為については，親権を行う者は，その子のために特別代理人を選任することを家庭裁判所に請求しなければならない。」と規定している。そして，判例は，「**親権者が子を代理して子の所有する不動産を第三者の債務の担保に供する行為は，利益相反行為に当たらない**」としている。そのため，本記述における行為は，特別代理人の選任を要する利益相反行為に当たらない。

ウ正しい。

民法825条ただし書により，本記述は正しい。父母が共同して親権を行う場合において，父母の一方が，共同の名義で，子に代わって法律行為をし又は子がこれをすることに同意したときは，その行為は，他の一方の意思に反したときであっても，そのためにその効力を妨げられない。**ただし，相手方が悪意であったときは，この限りでない。**本記述において，相手方は父母の一方が他方の意思に反して，父母共同名義で子に代わって法律行為をしていることを知っている。そのため，民法825条ただし書に該当する。よって，当該法律行為は効力を生じない。

エ正しい。

民法834条の2第1項により，本記述は正しい。**父又は母による親権の行使が困難…であることにより子の利益を害するときは，家庭裁判所は，…検察官の請求により，その父又は母について，親権停止の審判をすることができる。**

オ誤　り。

本記述は，家庭裁判所は，審判によって，その親権者について管理権のみを喪失させることはできないとしている点で，誤っている。民法835条。**父又は母による管理権の行使が困難又は不適当であることにより子の利益を害するときは，家庭裁判所は，子，その親族，未成年後見人，未成年後見監督人又は検察官の請求により，その父又は母について，管理権喪失の審判をすることができる。**管理権喪失の審判とは，家庭裁判所が親権者の親権のうち管理権のみを喪失させる審判である。

以上により，正しい記述はウとエであり，したがって，正解は肢4となる。

No	科　目	区分	正答率	肢別解答率				
				1	2	3	4	5
21	民法	全体	79%	2%	1%	12%	79%	5%
		上位10%	94%	0%	0%	4%	94%	2%

ア誤り。

本記述は，Bは，当該第三者に対し，登記なくして甲土地の所有権全部の取得を対抗することができるとしている点で，誤っている。民法899条の2第1項。同条項は，「…**相続分を超える部分については，登記，登録その他の対抗要件を備えなければ，第三者に対抗することができない。**」と規定している。本条は，遺産分割は，相続開始時に効力が遡るものではあるが，移転主義的な理由から登記をしなければ遺産分割による法定相続分を超える不動産の所有権取得を第三者に対応できないとした判例（最判昭46.1.26）を明文化したものである。よって，本記述において，Bは法定相続分を超える部分について登記を有していないので甲土地の所有権全部の取得を対抗できない。

イ誤り。

本記述は，Cに対する遺贈に当たるとしている点で，誤っている。最判平14.11.5。判例は，「**自己を被保険者とする生命保険契約の契約者が死亡保険金の受取人を変更する行為は，**…**遺贈又は贈与に当たるものではなく，これに準ずるものということもできない**」としている。その理由として，判例は，「死亡保険金請求権は，指定された保険金受取人が自己の固有の権利として取得するのであって，保険契約者又は被保険者から承継取得するものではなく，これらの者の相続財産を構成するものではないというべきであり…また，死亡保険金請求権は，被保険者の死亡時に初めて発生するものであり，保険契約者の払い込んだ保険料と等価の関係に立つものではなく，被保険者の稼働能力に代わる給付でもないのであって，死亡保険金請求権が実質的に保険契約者又は被保険者の財産に属していたものとみることもできないから」であるということを挙げている。

ウ正しい。

最大決平28.12.19により，本記述は正しい。判例は「**共同相続された普通預金債権，通常貯金債権及び定期貯金債権は，**いずれも，**相続開始と同時に当然に相続分に応じて分割されることはなく，遺産分割の対象となる**」としている。よって，Aを債権者とする普通預金債権は遺産分割の対象となる。

エ正しい。

民法902条の2により，本記述は正しい。**被相続人が相続開始の時において有した債務の債権者は，前条の規定による相続分の指定がされた場合であっても，各共同相続人に対し，第900条及び第901条の規定により算定した相続分に応じてその権利を行使することができる。ただし，その債権者が共同相続人の一人に対してその指定された相続分に応じた債務の承継を承認したときは，この限りでない。**その趣旨は，相続分の指定にかかわらず法定相続分に従った相続債務の履行請求が可能であるところにある。

オ誤　り。

　本記述は，当該株式は遺産分割の対象とはならないとしている点で，誤っている。最判平26.2.25。判例は「**共同相続された株式は，相続開始と同時に当然に相続分に応じて分割されることはない**」としている。その理由として，判例は，「株式は，株主たる資格において会社に対して有する法律上の地位を意味し，株主は，株主たる地位に基づいて，剰余金の配当を受ける権利（会社法１０５条１項１号），残余財産の分配を受ける権利（同項２号）などのいわゆる自益権と，株主総会における議決権（同項３号）などのいわゆる共益権とを有するのであって…このような株式に含まれる権利の内容及び性質に照らせば，…相続分に応じて分割されることはない」ということを挙げている。

以上により，正しい記述はウとエであり，したがって，正解は肢５となる。

No	科　目	区分	正答率	肢別解答率				
				1	2	3	4	5
22	民法	全体	79%	3%	0%	13%	3%	79%
		上位 10%	98%	0%	0%	2%	0%	98%

遺言執行者

ア 正しい。

最判昭 31.9.18 により，本記述は正しい。判例は，本記述と類似の事案において，**相続人は遺言執行者を被告として，相続財産につき共有持分権の確認を求めることができる**旨判示している。

イ 誤 り。

本記述は，遺言執行者は，単独で，当該遺言に基づいて被相続人から当該共同相続人の 1 人に対する所有権の移転の登記を申請することはできないとしている点で，誤っている。民法 1014 条 2 項。**遺産の分割の方法の指定として遺産に属する特定の財産を共同相続人の一人又は数人に承継させる旨の遺言**（以下「特定財産承継遺言」という。）**があったときは，遺言執行者は，当該共同相続人が第 899 条の 2 第 1 項に規定する対抗要件を備えるために必要な行為をすることができる。**そのため，遺言執行者があるときは，遺言執行者が移転登記手続をすることができる。

ウ 正しい。

民法 1013 条 1 項，2 項本文により，本記述は正しい。民法 1013 条 1 項は，「**遺言執行者がある場合には，相続人は，相続財産の処分その他遺言の執行を妨げるべき行為をすることができない**」と規定している。その趣旨は，相続財産の管理処分権を遺言執行者に集中させることで，遺言者の意思を尊重し，遺言執行者に遺言の公正な実現を図らせるところにある。そして，民法 1013 条 2 項本文は，「**前項の規定に違反してした行為は，無効とする。**」と規定している。そのため，遺言執行者がいるにもかかわらず，遺贈の相手方ではない相続人が，遺贈の対象である不動産を第三者に売却した行為は，民法 1013 条 2 項本文に基づき，無効となる。もっとも，民法 1013 条 2 項ただし書は，「**これをもって善意の第三者に対抗することができない。**」と規定している。この趣旨は，遺言執行者の存在を公示する制度がないため，事情を知らない第三者が不測の損害を被るおそれがあり取引安全が害されるのを防止するところにある。そこで，第三者が遺言執行者の存在について善意である場合には処分行為は有効とされる。本記述における第三者は，遺言執行者がいることを知っている。そうすると「善意」（民法 1013 条 2 項ただし書）とはいえない。よって，上記売却行為は，民法 1013 条 2 項ただし書により有効となることはない。

エ 誤 り。

本記述は，遺言者が遺言によって表示した意思に反しても，遺言執行者の責任で第三者にその任務を行わせることができるとしている点で，誤っている。民法 1016 条 1 項。**遺言執行者は，自己の責任で第三者にその任務を行わせることができる。ただし，遺言者がその遺言に別段の意思を表示したときは，その意思に従う。**

オ正しい。

　民法 1017 条 2 項により，本記述は正しい。民法 1017 条 1 項本文は，「遺言執行者が数人ある場合には，その任務の執行は，過半数で決する。」と規定し，同条 2 項は，「**各遺言執行者は，前項の規定にかかわらず，保存行為をすることができる。**」と規定している。よって，遺言執行者が複数人いる場合であっても，単独で，相続財産の保存に必要な行為をすることができる。

以上により，誤っている記述はイとエであり，したがって，正解は肢 3 となる。

No	科　目	区分	正答率	肢別解答率				
				1	2	3	4	5
23	民法	全体	47%	38%	3%	47%	11%	1%
		上位 10%	63%	29%	0%	63%	6%	2%

ア　正しい。

　最判昭 53.7.28 により，本記述は正しい。判例は，「犯罪の故意があるとするには，罪と
なるべき事実の認識を必要とするものであるが，犯人が認識した罪となるべき事実と現実
に発生した事実とが必ずしも具体的に一致することを要するものではなく，両者が法定の
範囲内において一致することをもつて足りるものと解すべきである…から，人を殺す意思
のもとに殺害行為に出た以上，犯人の認識しなかつた人に対してその結果が発生した場合
にも，右の結果について殺人の故意がある ものというべきである」としている。本記述に
おいては，Aは，Bという人を殺す意思のもとに殺害行為に出ているから，Bに加え，A
の認識しなかったC及びDという人に対してその結果が発生した場合にも，Aには，B，
C及びDに対する殺人罪の故意が認められる。

イ　誤　り。

　本記述は，Aには，殺人罪の故意が認められ，同罪の共同正犯が成立するが，Aに科され
る刑は，傷害致死罪の法定刑の範囲内に限定されるとしている点で，誤っている。最判昭
54.4.13。判例は，本記述と類似の事案において，「殺人罪と傷害致死罪とは，殺意の有無
という主観的な面に差異があるだけで，その余の犯罪構成要件要素はいずれも同一である
から，…殺意のなかつた被告人…については，殺人罪の共同正犯と傷害致死罪の共同正犯
の構成要件が重なり合う限度で軽い傷害致死罪の共同正犯が成立する」とし，続けて「も
し犯罪としては重い殺人罪の共同正犯が成立し刑のみを暴行罪ないし傷害罪の結果的加
重犯である傷害致死罪の共同正犯の刑で処断するにとどめるとするならば，それは誤りと
いわなければならない」としている。本記述においては，Aは，Bとの間でCに対する暴
行・傷害を共謀したにすぎないから，Aには，殺人罪の故意は認められず，殺人罪の共同
正犯と傷害致死罪の共同正犯の構成要件が重なり合う限度で軽い傷害致死罪の共同正犯
が成立するにとどまる。

ウ　正しい。

　最判平 2.2.9 により，本記述は正しい。判例は，本記述と同様の事案において，「被告人
は，本件物件を密輸入して所持した際，覚せい剤を含む身体に有害で違法な薬物類である
との認識があったというのであるから，覚せい剤かもしれないし，その他の身体に有害で
違法な薬物かもしれないとの認識はあったことに帰することになる。そうすると，覚せい
剤輸入罪，同所持罪の故意に欠けるところはない」としている。本記述においては，Aは，
覚醒剤などの身体に有害で違法な薬物かもしれないが，それでもかまわないと考えていた
のであるから，Aには，覚醒剤所持罪の故意が認められる。

エ　誤　り。

　本記述は，Aには，住居侵入罪の故意は認められないとしている点で，誤っている。大判
昭 9.9.28。判例は，本記述と同様の事案において，**人の看守する邸宅なることを認識しな
がら看守人の意思に反し侵入するにおいては，たとえ弁護士の意見により，その行為が罪**

とならざることを信じたりとするも刑法 130 条の犯罪を構成するとしている。本記述において，Aは，住居侵入罪の構成要件に該当する行為についての弁護士の誤った説明を信じて，実際に当該行為に及んでいるから，Aには，住居侵入罪の故意が認められる。

オ誤　り。

本記述は，Aには，殺人罪の故意は認められないとしている点で，誤っている。最決平 16.3.22。判例は，本記述と同様の事案において，「実行犯 3 名は，クロロホルムを吸引させて〔注：第 1 行為〕Vを失神させた上自動車ごと海中に転落させる〔注：第 2 行為〕という一連の殺人行為に着手して，その目的を遂げたのであるから，たとえ，実行犯 3 名の認識と異なり，第 2 行為の前の時点でVが第 1 行為により死亡していたとしても，殺人の故意に欠けるところはなく，実行犯 3 名については殺人既遂の共同正犯が成立するものと認められる」としている。本記述においては，Aは，Bをクロロホルムにより失神させてから海中に転落させるという一連の殺人行為により溺死させようと考えていたのであるから，たとえ，Aの認識と異なり，クロロホルムを吸引させた時点でBが死亡していたとしても，Aには，殺人罪の故意が認められる。

以上により，正しい記述はアとウであり，したがって，正解は肢 1 となる。

No	科　目	区分	正答率	肢別解答率				
				1	2	3	4	5
24	刑法	全体	90%	90%	3%	3%	2%	2%
		上位 10%	98%	98%	0%	0%	0%	2%

ア 誤 り。

本記述は，Aには，強盗罪ではなく，事後強盗罪が成立するとしている点で，誤っている。最判昭 24.2.15。判例は，本記述と同様の事案において，「**暴行脅迫を用いて財物を奪取する犯意の下に先づ財物を奪取し，次いで被害者に暴行を加えてその奪取を確保した場合は強盗罪を構成するのであつて，窃盗がその財物の取還を拒いで暴行をする場合の準強盗ではないのである**」としている。本記述において，Aは，Bに対して暴行・脅迫を加えて手提げバッグを強取しようと考え，まず手提げバッグを奪取し，次いでBに暴行・脅迫を加えてその奪取を確保しているので，Aには，事後強盗罪ではなく，強盗罪が成立する。

イ 誤 り。

本記述は，Aには，強盗利得罪は成立しないとしている点で，誤っている。最判昭 35.8.30。判例は，本記述と同様の事案において，「金員が麻薬購入資金として被害者C及びD両名から被告人Aに保管を託され，**右金員の授受は不法原因に基ずく給付であるがため右Cらがその返還を請求することができないとしても，前示の如くいやしくも被告人らが該金員を領得するため右Cらを殺害し，同人らから事実上その返還請求を受けることのない結果を生ぜしめて返還を免れた以上は，刑法 240 条後段，236 条 2 項の不法利得罪を構成するものと解すべきである**」としている。本記述において，Aは，麻薬購入資金としてBから預かった現金の返還を免れるため，Bに暴行・脅迫を加えて，その反抗を抑圧し，事実上その返還請求を受けることのない結果を生ぜしめて返還を免れているので，Bは当該現金に関する法律上の請求権を有していなかったとしても，Aには，強盗利得罪が成立する。

ウ 誤 り。

本記述は，Aには，強盗利得罪は成立しないとしている点で，誤っている。最判昭 32.9.13。判例は，「236 条 2 項の罪は 1 項の罪と同じく処罰すべきものと規定され，1 項の罪とは不法利得と財物強取とを異にする外，その構成要素に何らの差異がなく，1 項の罪におけると同じく相手方の反抗を抑圧すべき暴行，脅迫の手段を用いて財産上不法利得するをもつて足り，必ずしも相手方の意思による処分行為を強制することを要するものではない。**犯人が債務の支払を免れる目的をもつて債権者に対しその反抗を抑圧すべき暴行，脅迫を加え，債権者をして支払の請求をしない旨を表示せしめて支払を免れた場合であると，右の手段により債権者をして事実上支払の請求をすることができない状態に陥らしめて支払を免れた場合であるとを問わず，ひとしく右 236 条 2 項の不法利得罪を構成する**ものと解すべきである」としている。本記述において，Aは，Bから借りた金銭の支払を免れるため，Bに暴行・脅迫を加えて，その犯行を抑圧し，事実上債務の弁済請求ができない状態に陥らせて支払を免れているので，Aには，強盗利得罪が成立する。

エ正しい。

最判昭 24.7.9 により，本記述は正しい。判例は，本記述と同様の事案において，「**窃盗未遂犯人による準強盗行為の場合は，準強盗の未遂を以つて問擬すべきものであることは当然であるにか〵わらず，**原審はその擬律において刑法第 238 条同第 236 条を適用し，以つて準強盗の既遂をもつて問擬したのは違法である。」としている。その理由として，判例は，「窃盗未遂犯人による準強盗は，財物を得なかつた点において，恰かも強盗の未遂と同一の犯罪態様を有するに過ぎないものである。しからば，強盗未遂の場合には刑法第 243 条の適用があるにか〵わらず，これと同一態様の窃盗未遂の準強盗を，強盗の既遂をもつて論ずるときは，右刑法第 243 条の適用は排除せられること〵なり彼此極めて不合理の結果を生ずるに至るからである」ということを挙げている。本記述において，Ａは，逮捕を免れる目的で，Ｂに暴行・脅迫を加えて，その犯行を抑圧し，逮捕を免れているが，Ａは窃盗の未遂犯であるから，Ａには，事後強盗既遂罪ではなく，事後強盗未遂罪が成立する。

オ正しい。

最判昭 41.4.8 により，本記述は正しい。判例は，本記述と同様の事案において，「披告人は，当初から財物を領得する意思は有していなかつたが，野外において，人を殺害した後，領得の意思を生じ，右犯行直後，その現場において，被害者が身につけていた時計を奪取したのであつて，このような場合には，被害者が生前有していた財物の所持はその死亡直後においてもなお継続して保護するのが法の目的にかなうものというべきである。そうすると，**被害者からその財物の占有を離脱させた自己の行為を利用して右財物を奪取した一連の被告人の行為は，これを全体的に考察して，他人の財物に対する所持を侵害したものというべきであるから，右奪取行為は，占有離脱物横領ではなく，窃盗罪を構成する」**としている。本記述において，Ａは，怨恨からＢを殺害した直後に財物奪取の意思を生じて，Ｂの所持品を奪っているが，一連のＡの行為は，これを全体的に考察して，Ｂの財物に対する所持を侵害したものというべきであるから，Ａには，殺人罪と窃盗罪が成立し，強盗殺人罪は成立しない。

以上により，正しい記述はエとオであり，したがって，正解は肢 5 となる。

No	科　目	区分	正答率	肢別解答率				
				1	2	3	4	5
25	刑法	全体	84%	1%	3%	7%	5%	84%
		上位 10%	100%	0%	0%	0%	0%	100%

ア 誤 り。

本記述は，Aには，窃盗罪に加えて盗品等保管罪が成立するとしている点で，誤っている。最判昭 24.10.1。判例は，「**自ら強窃盗を実行するものについては，その窃取した財物に関して，重ねて贓物罪の成立を認めることのできないことは疑のないところである**」としている。本記述において，Aは，B所有の腕時計を窃取し，自ら保管しているので，Aには窃盗罪が成立するのみであり，盗品等保管罪は成立しない（Aの保管行為は不可罰的事後行為である。）。

イ 正しい。

最決平 14.7.1 により，本記述は正しい。判例は，本記述と同様の事案において，「**盗品等の有償の処分のあっせんをする行為は，窃盗等の被害者を処分の相手方とする場合であっても，被害者による盗品等の正常な回復を困難にするばかりでなく，窃盗等の犯罪を助長し誘発するおそれのある行為であるから，刑法 256 条 2 項にいう盗品等の『有償の処分のあっせん』に当たる**と解するのが相当である」としている。本記述において，窃盗犯人Bから盗品の壺を被害者Cに買い取らせることを持ちかけられたAは，Cを処分の相手方として，盗品の有償の処分のあっせんをしているため，Aには，盗品等有償処分あっせん罪が成立する。

ウ 誤 り。

本記述は，Cには，盗品等運搬罪が成立するが，その刑が免除されるとしている点で，誤っている。最判昭 38.11.8。判例は，「刑法 257 条 1 項は，本犯と贓物〔現：盗品等〕に関する犯人との間に同条項所定の関係がある場合に，贓物に関する犯人の刑を免除する旨を規定したものであるから，原判決が，**たとい贓物に関する犯人相互の間に右所定の配偶者たる関係があつてもその刑を免除すべきでない**旨を判示したのは正当である」としている。本記述において，本犯であるBと盗品等に関する罪の犯人であるCとの間には刑法 257 条 1 項所定の関係がないので，Cには，盗品等運搬罪が成立し，その刑は免除されない。

エ 正しい。

最判昭 23.3.16 により，本記述は正しい。判例は，「**刑法第 197 条の罪が成立する為めには公務員が収受した金品が贓物〔現：盗品等〕であつても差支へない**（贓物と知りながら収受した場合は収賄罪と贓物収受罪との二罪が成立するわけである）」としている。本記述において，公務員であるAは，その職務に関し，Bが窃取した自動車を，その事実を知りながらBから賄賂として無償で収受しているので，Aには，収賄罪と盗品等無償譲受け罪が成立し，両罪は観念的競合の関係に立つ。

オ誤　り。

　本記述は，Aには，盗品等保管罪は成立しないとしている点で，誤っている。最決昭50.6.12。判例は，「贓物〔現：盗品等〕であることを知らずに物品の保管を開始した後，贓物であることを知るに至つたのに，なおも本犯のためにその保管を継続するときは，贓物の寄蔵にあたるものというべきであ」るとしている。本記述において，Aは，Bから頼まれて盗品であることを知らずに自動車の保管を開始し，数か月後，それが盗品であることを知るに至ったのに，なおも本犯であるBのためにその保管を継続しているので，Aには，盗品等保管罪が成立する。

　以上により，正しい記述はイとエであり，したがって，正解は肢4となる。

No	科　目	区分	正答率	肢別解答率				
				1	2	3	4	5
26	刑法	全体	74%	2%	1%	20%	74%	1%
		上位10%	92%	2%	0%	6%	92%	0%

株式会社の設立

ア 誤 り。

本記述は，定款に記載しなければ，その効力を生じないとしている点で，誤っている。**変態設立事項のうち，株式会社の負担する設立に関する費用のうち株式会社に損害を与えるおそれがないものとして法務省令で定めるものは，定款に記載又は記録することを要しない**（会社法 28 条 4 号）。**検査役の報酬は，会社法施行規則 5 条 3 号により定款に記載又は記録することを要しない**ものと定められている。

イ 誤 り。

本記述は，取消しをすることができるとしている点で，誤っている。会社法 102 条 6 項。**設立時募集株式の引受人は，株式会社の成立後又は創立総会若しくは種類創立総会においてその議決権を行使した後は，錯誤，詐欺又は強迫を理由として設立時発行株式の引き受けの取消しをすることができない**（会社法 102 条 6 項）。

ウ 誤 り。

本記述は，その効力を生じないとしている点で，誤っている。変態設立事項のうち，発起人が受ける報酬その他の特別の利益は，定款に記載又は記録しなければ効力を生じない（会社法 28 条 3 号）。発起人が受ける特別の利益とは，発起人に帰属する人的利益であって，株式とは関係ない利益配当に関する優先権や現物出資財産の買戻権等の財産的利益のほか，特別の経営参与権や帳簿閲覧権などのことをいうと考えられている。**剰余金の配当を優先して受けることができる優先株式の割当ては，株式と関係する利益であるため，特別の利益には当たらず，定款に記載又は記録しなくてもその効力を生じる**こととなる。

エ 正しい。

最判昭 42.9.26 により，本記述は正しい。判例は，定款に記載しないで行われた財産引受けについて，**成立後の会社が追認したからといって，法定の要件を欠く無効な財産引受けが有効となるものと解することはできない**としている（最判昭 42.9.26）。

オ 正しい。

会社法 839 条，834 条 1 号，475 条 2 号により，本記述は正しい。**会社設立の無効の訴え**（会社法 834 条 1 号）**に係る請求を認容する判決が確定したときは，当該判決において無効とされた行為は，将来に向かってその効力を失う**（会社法 839 条）。そして，**株式会社は，設立の無効の訴えに係る請求が確定した場合は，清算を開始しなければならない**（会社法 475 条 2 号）。

以上により，正しい記述はエとオであり，したがって，正解は肢 5 となる。

No	科　目	区分	正答率	肢別解答率				
				1	2	3	4	5
27	会社法	全体	83%	3%	5%	3%	5%	83%
		上位 10%	100%	0%	0%	0%	0%	100%

第28問 会社法 株式等売渡請求

ア 正しい。

株式等売渡請求により対象会社の株式全部を取得できる者（特別支配株主）は，会社には限定されず，自然人や会社以外の法人であってもよい（会社法179条1項本文）。したがって，本記述は正しい。

イ 正しい。

株式会社の特別支配株主は，当該株式会社のその他株主全員に対し，株式等売渡請求をすることができる（会社法179条1項本文）。特別支配株主の議決権保有割合の算定に当たっては，その者が発行済株式全部を有する株式会社その他の法人（特別支配株主完全子法人）の保有する議決権を合算することができる（会社法179条1項本文，会社施行規33条の4）。したがって，本記述は正しい。

ウ 誤 り。

本記述は，売渡株主に対する通知は，公告をもってこれに代えることができるとしている点で，誤っている。対象会社は，株式等売渡請求を承認するか否かの決定をしたときは，売渡株主若しくは売渡新株予約権者又は登録株式質権者等に対し，当該承認をした旨等の決定の内容を通知しなければならない（会社法179条の3第4項）。これらの者に対する通知は，売渡株主に対するものを除き，公告をもって代えることができる（会社法179条の4）。すなわち，**売渡株主に対してする通知は，公告によって代替することができない。**

エ 誤 り。

本記述は，当該売渡株主が保有するものに限り，その取得をやめることを請求することができるとしている点で，誤っている。株式売渡請求が法令に違反する場合において，売渡株主が不利益を受けるおそれがあるときは，売渡株主は，特別支配株主に対し，**株式等売渡請求に係る売渡株式等の全部の取得をやめることを請求することができる**（会社法179条の7第1項1号）。

オ 正しい。

特別支配株主は，株式売渡請求をするときは，併せて，対象会社の新株予約権者の全員に対し，その新株予約権の全部を売り渡すことを請求することができる（会社法179条2項本文）。この場合において，**新株予約権売渡請求のみを撤回することができる**（会社法179条の6第8項）。したがって，本記述は正しい。なお，株式売渡請求と併せて新株予約権売渡請求がされている場合において，株式売渡請求のみを撤回することはできない（会社法179条の6第1項）。

以上により，誤っている記述はウとエであり，したがって，正解は肢4となる。

No	科　目	区分	正答率	肢別解答率				
				1	2	3	4	5
28	会社法	全体	44%	2%	3%	12%	44%	39%
		上位10%	56%	0%	0%	6%	56%	38%

1　誤　り。

株式会社は，自己新株予約権を消却することができるとされており（会社法276条1項前段），**株式会社が自己の新株予約権を取得した時に消滅するわけではない。** したがって，本肢は誤っている。

2　誤　り。

募集新株予約権の割当てを受けた申込者は，**割当日に当該募集新株予約権の新株予約権者となる**（会社法245条1項1号）。したがって，本肢は誤っている。

3　正しい。

譲渡制限新株予約権の新株予約権者は，その有する譲渡制限新株予約権を他人（当該譲渡制限新株予約権を発行した株式会社を除く。）に譲り渡そうとするときは，当該株式会社に対し，当該他人が当該譲渡制限新株予約権を取得することについて承認するか否かの決定をすることを請求することできる（会社法262条）。しかし，株主が譲渡制限株式の譲渡の承認を請求する場合と異なり，**新株予約権者は，株式会社に対し，譲渡の承認をしない旨の決定をする場合は当該株式会社又は指定買受人が当該譲渡制限新株予約権を買い取ることを請求することはできない**（会社法138条1号ハ，140条参照）。したがって，本肢は正しい。

4　誤　り。

募集新株予約権の発行が法令若しくは定款に違反する場合又は著しく不公正な方法により行われる場合において，株主が不利益を受けるおそれがあるときは，株主は，株式会社に対し，当該募集新株予約権の発行をやめることを請求することができる（会社法247条）。この規定によって募集新株予約権の発行の差止めを求める訴えを提起することができる者は，当該募集新株予約権の発行によって不利益を被るおそれがある**株主**である。株主だけでなく既存の新株予約権者も不利益を被る場合はあり得るが，**新株予約権者のままでは，差止めを請求することができない。** したがって，本肢は誤っている。

5　誤　り。

新株予約権者が，株式会社の承諾を得て，募集新株予約権と引換えに払い込む金銭の払込みに代えて，払込金額に相当する金銭以外の財産を給付した場合（会社法246条2項）であっても，**新株予約権の行使に当り現物出資がされる場合と異なり，当該会社は，当該財産の価格を調査させるため，裁判所に対し，検査役の選任の申立てをする必要はない**（会社法284条1項参照）。したがって，本肢は誤っている。

No	科　目	区分	正答率	肢別解答率				
				1	2	3	4	5
29	会社法	全体	67%	4%	4%	67%	21%	4%
		上位10%	100%	0%	0%	100%	0%	0%

第30問　会計参与設置会社

第30問
会社法

正解 5

ア正しい。

　会社法345条1項により，本記述は正しい。**会計参与は，株主総会において，会計参与の選任若しくは解任又は辞任について意見を述べることができる**（会社法345条1項）。

イ正しい。

　会社法374条1項前段，6項により，本記述は正しい。**指名委員会等設置会社の会計参与は，執行役と共同して，計算書類及びその付属明細書，臨時計算書類並びに連結計算書類を作成する**（会社法374条1項前段，6項）。

ウ誤　り。

　会計参与の報酬等は，定款にその額を定めていないときは，株主総会の決議によって定める（会社法379条1項）。そして，会計参与が2人以上ある場合において，**各会計参与の報酬等について定款の定め又は株主総会の決議がないときは，定款又は株主総会の決議による報酬等の範囲内において，会計参与の協議により定められる**（会社法379条2項）。よって，監査役が2人以上ある監査役設置会社において，取締役が監査役の過半数の同意を得て会計参与の報酬等を定めることはできない。したがって，本記述は誤っている。なお，会計監査人の報酬等については定款又は株主総会の決議によって定める必要はなく，監査役が2人以上ある監査役設置会社の取締役は，監査役の過半数の同意を得て，会計監査人の報酬等を定めることができる（会社法399条1項）。

エ誤　り。

　取締役会設置会社においては，取締役は，定時株主総会の招集の通知に際して，株主に対し，法務省令に定めるところにより，会社法436条3項の承認を受けた計算書類及び事業報告（会社法436条1項又は2項の規定の適用がある場合にあっては，監査報告又は会計監査報告を含む。）を提供しなければならないが（会社法437条），**会計参与報告の提供は要しない**。したがって，本記述は誤っている。

オ正しい。

　会社法378条1項柱書，1号により，本記述は正しい。**会計参与は，定時株主総会の日の1週間**（取締役会設置会社にあっては，**2週間**）**前の日**（会社法319条1項〔注：株主総会の決議の省略〕の場合にあっては，同項の提案があった日）**から5年間，各事業年度に係る計算書類及びその付属明細書並びに会計参与報告を，当該会計参与が定めた場所に備え置かなければならない**（会社法378条1項柱書，1号）。

　以上により，誤っている記述はウとエであり，したがって，正解は肢5となる。

No	科　目	区分	正答率	肢別解答率				
				1	2	3	4	5
30	会社法	全体	63%	19%	5%	9%	4%	63%
		上位10%	85%	8%	0%	4%	2%	85%

ア正しい。

会社法399条の4により，本記述は正しい。**監査等委員は，取締役が不正の行為をし，若しくは当該行為をするおそれがあると認めるとき，又は法令若しくは定款に違反する事実若しくは著しく不当な事実があると認めるときは，遅滞なく，その旨を取締役会に報告しなければならない**（会社法399条の4）。

イ誤 り。

本記述は，監査等委員会により選定されていない監査等委員が意見を述べることができるとしている点で，誤っている。**監査等委員会が選定する監査等委員は，株主総会において，監査等委員である取締役以外の取締役の選任若しくは解任又は辞任について監査等委員会の意見を述べることができる**（会社法342条の2第4項）。なお，監査等委員である取締役は，監査等委員会により選定されていなくても，株主総会において，監査等委員である取締役の選任若しくは解任又は辞任について意見を述べることができる（会社法342条の2第1項）。

ウ誤 り。

本記述は，監査等委員会により選定されていない監査等委員が業務及び財産の状況を調査することができるとしている点で，誤っている。**監査等委員会が選定する監査等委員は，いつでも，取締役**（会計参与設置会社にあっては，取締役及び会計参与）**及び支配人その他の使用人に対し，その職務の執行に関する事項の報告を求め，又は監査等委員会設置会社の業務及び財産の状況の調査をすることができる**（会社法399条の3第1項）。

エ正しい。

会社法399条の6第1項により，本記述は正しい。**監査等委員は，取締役が監査等委員会設置会社の目的の範囲外の行為その他法令若しくは定款に違反する行為をし，又はこれらの行為をするおそれがある場合において，当該行為によって当該監査等委員会設置会社に著しい損害が生ずるおそれがあるときは，当該取締役に対し，当該行為をやめることを請求することができる**（会社法399条の6第1項）。

オ正しい。

会社法361条5項により，本記述は正しい。**監査等委員である取締役は，株主総会において，監査等委員である取締役の報酬等について意見を述べることができる**（会社法361条5項）。なお，監査等委員である取締役以外の取締役の報酬等については，監査等委員会が選定する監査等委員が，株主総会において監査等委員会の意見を述べることができる（会社法361条6項）。

以上により，誤っている記述はイとウであり，したがって，正解は肢3となる。

No	科 目	区分	正答率	肢別解答率				
				1	2	3	4	5
31	会社法	全体	42%	7%	7%	42%	38%	6%
		上位10%	77%	2%	0%	77%	21%	0%

第32問 会社法 株式会社の事業譲渡等

ア 誤 り。

　株式会社が事業の全部の譲渡を含む事業譲渡等（会社法467条1項1号から4号までに掲げる行為をいう（会社法468条1項括弧書））をする場合，原則として，反対株主には事業譲渡等をする株式会社に対し，自己の有する株式を公正な価格で買い取ることを請求すること（反対株主の株式買取請求）が認められている（会社法469条1項柱書）。ただし，**事業の全部の譲渡について，その承認と同時に株主総会により解散の決議がなされた場合，反対株主の株式買取請求は認められていない**（会社法469条1項柱書括弧書，1号）。したがって，本記述は誤っている。

イ 正しい。

　会社法467条1項2号括弧書により，本記述は正しい。株式会社が事業の重要な一部の譲渡（当該譲渡により譲り渡す資産の帳簿価額が当該株式会社の総資産額として法務省令で定める方法により算定される額の5分の1（これを下回る割合を定款で定めた場合にあっては，その割合）を超えないものを除く。）をする場合，その効力を生ずる日の前日までに，株主総会の決議によって，当該行為に係る契約の承認を受けなければならない（会社法467条1項2号）。もっとも，いわゆる簡易事業譲渡の要件を満たす場合，すなわち，**譲り渡す資産の帳簿価格が総資産額の5分の1以下の場合には，たとえ当該譲渡が事業の重要な一部の譲渡に当たるとしても，株主総会の決議により当該行為に係る契約の承認を受ける必要はない**（会社法467条1項2号括弧書）。

ウ 正しい。

　株式会社がその事業の全部を賃貸するとの契約の締結をする場合，その効力を生ずる日の前日までに，株主総会の決議によって，当該行為に係る契約の承認を受けなければならない（会社法467条1項4号）。したがって，本記述は正しい。

エ 誤 り。

　株式会社がその子会社の株式の全部又は一部を譲渡する場合であり，①譲渡により譲り渡す株式の帳簿価額が当該株式会社の総資産額として法務省令で定める方法により算定される額の5分の1（これを下回る割合を定款で定めた場合にあっては，その割合）を超え，かつ，②当該株式会社が，効力発生日において当該子会社の議決権の総数の過半数の議決権を有しないときは，効力発生日の前日までに，株主総会の決議によって，当該行為に係る契約の承認を受けなければならない（会社法467条1項2号の2）。また，②の場合における「子会社の議決権」とは，「当該株式会社」が直接有するものに限られる。よって，当該株式会社が子会社Bの株式を他の子会社Aに譲渡したことにより，当該株式会社が子会社Bの議決権の総数の過半数の議決権を直接有しないこととなる場合も②の場合に該当する。そのため，子会社の株式の一部を他の子会社に対して譲渡する場合であっても，必ずしも株主総会の決議による承認は不要にならない。したがって，本記述は誤っている。

オ正しい。

　株式会社が他の会社の事業の全部の譲受けをする際，当該行為をする株式会社が譲り受ける資産に当該株式会社の株式が含まれる場合，当該株式会社の取締役は，当該行為に係る契約についての承認を受ける株主総会において，当該株式に関する事項を説明しなければならない（会社法467条2項，1項3号）。したがって，本記述は正しい。

　以上により，誤っている記述はアとエであり，したがって，正解は肢2となる。

No	科　目	区分	正答率	肢別解答率				
				1	2	3	4	5
32	会社法	全体	72%	10%	72%	9%	3%	5%
		上位10%	94%	4%	94%	0%	2%	0%

第33問
会社法

持分会社

正解
4

ア誤 り。

持分会社の有限責任社員の出資の目的は，金銭等に限られる（会社法576条1項6号括弧書）。金銭等とは，金銭その他の財産（会社法151条1項柱書）をいう。無限責任社員については，労務や信用を出資の目的とすることも認められるが，有限責任社員が労務等を出資の目的とすることは認められない。そして，合同会社の社員は，その全員が有限責任社員である（会社法576条4項）。よって，合同会社の社員は，労務をその出資の目的とすることができない。したがって，本記述は誤っている。

イ正しい。

持分会社の社員は，原則として各自持分会社の業務を執行するが，定款で業務を執行する社員を定めることもできる（会社法590条1項，591条）。**合資会社において業務を執行する社員を定める場合には，有限責任社員を業務を執行する社員とすることも差し支えない。**したがって，本記述は正しい。

ウ誤 り。

社債の発行主体は「会社」であって（会社法2条23号参照），これは**株式会社に限られない**（会社法2条1号）。よって，**合名会社その他の持分会社は，社債を発行することができる。**したがって，本記述は誤っている。

エ誤 り。

業務を執行する社員は，自己又は第三者のために持分会社と取引をしようとする場合，当該取引について当該社員以外の社員の過半数の承認を受けなければならない（会社法595条1項柱書本文，1号）。**ただし，定款に別段の定めがある場合は，この限りでないとされている**（会社法595条1項柱書ただし書）。したがって，本記述は誤っている。

オ正しい。

会社法593条4項により，本記述は正しい。**委任事務を処理するについて費用を要するときは，委任者は，受任者の請求により，その前払をしなければならない**（民法649条）。この規定は，業務を執行する社員と持分会社との関係について準用されており（会社法593条4項前段），持分会社の業務を執行する社員がその職務を行うのに費用を要するときは，持分会社はその前払をしなければならない。

以上により，正しい記述はイとオであり，したがって，正解は肢4となる。

No	科　目	区分	正答率	肢別解答率				
				1	2	3	4	5
33	会社法	全体	67%	2%	3%	27%	67%	0%
		上位10%	90%	0%	0%	10%	90%	0%

ア 誤 り。

本記述は，定款で，電子公告に用いるウェブサイトのアドレスも定めなければならないとしている点で，誤っている。**会社が公告方法を電子公告とする場合には，定款で電子公告を公告方法とする旨を定めれば足りる**（会社法 939 条 3 項前段）。電子公告に用いるウェブサイトのアドレスまでも定款で定める必要はない。ウェブサイトのアドレスは，当該ウェブサイトを管理運営する者の都合で変更を余儀なくされる場合があり得るが，そのような場合に会社に定款変更手続を要することとするのは，会社にとって負担だからである。

イ 誤 り。

会社法 941 条は，「この法律又は他の法律の規定による公告（第 440 条第 1 項の規定による公告を除く。以下この節において同じ。）を電子公告によりしようとする会社は，公告期間中，当該公告の内容である情報が不特定多数の者が提供を受けることができる状態に置かれているかどうかについて，法務省令で定めるところにより，法務大臣の登録を受けた者（以下この節において「調査機関」という。）に対し，調査を行うことを求めなければならない。」とし，電子公告調査を求める義務について規定している。もっとも，**電子公告調査は，電子公告が適法に行われたことを証明するための客観的な証拠を残すための制度であり，調査を求めることは，公告行為自体の要素ではない。**そのため，会社が電子公告調査を受けずに公告を行ったとしても，そのことのみをもって公告が無効になるわけではないと解されている。本記述における基準日公告（会社法 124 条 3 項本文）は，会社法の規定による公告であって，会社には電子公告調査を求める義務があるが，これを怠った場合であっても，当該公告の効力を生じないとはいえない。したがって，本記述は誤っている。なお，電子公告調査を求める義務を怠った場合，過料の制裁を受けることになる（会社法 976 条 35 号）。

ウ 正しい。

会社法 449 条 2 項柱書本文により，本記述は正しい。株式会社が資本金の額を減少する場合，当該株式会社の債権者は，当該株式会社に対し，資本金等の額の減少について異議を述べることができる（会社法 449 条 1 項柱書本文）。この場合，**当該株式会社は，**公告方法についての定款の定めにかかわらず，所定の事項を**官報に公告し，**かつ，知れている債権者には，各別にこれを催告し**なければならない**（会社法 449 条 2 項柱書本文）。

エ 誤 り。

会社又は外国会社が電子公告を公告方法とする旨を定める場合においては，事故その他やむを得ない事由によって電子公告による公告をすることができない場合の公告方法として，官報に掲載する方法又は時事に関する事項を掲載する日刊新聞紙に掲載する方法のいずれかを定めることができる（会社法 939 条 3 項後段，予備的な公告方法の定め）。しかし，官報に掲載する方法又は**時事に関する事項を掲載する日刊新聞紙に掲載する方法を公告方法とする旨を定めている会社について，**このような予備的な公告方法を定めることが

できる旨の規定はない。したがって，本記述は誤っている。

オ 正しい。

　時事に関する事項を掲載する日刊新聞紙に掲載する方法（会社法939条1項2号）を公告方法とする場合，定款で紙名を定める。複数の紙名を定めることもできるが，その場合，**全ての新聞紙に公告を掲載する必要があり，「A新聞又はB新聞」や「甲地で発行される数種の新聞のうちの一つ」などのような択一的な記載は許されない**と解されている，したがって，本記述は正しい。

　以上により，正しい記述はウとオであり，したがって，正解は肢4となる。

No	科　目	区分	正答率	肢別解答率				
				1	2	3	4	5
34	会社法	全体	52%	4%	6%	3%	52%	34%
		上位10%	90%	0%	0%	0%	90%	10%

ア 正しい。

商法609条により，本記述は正しい。寄託者又は倉荷証券の所持人は，**倉庫営業者の営業時間内は**，いつでも，**寄託物の点検若しくはその見本の提供を求め**，又はその保存に必要な処分をすることができる（商法609条）。

イ 誤 り。

当事者が寄託物の保管期間を定めなかったときは，倉庫業者は，寄託物の入庫の日から6か月を経過した後でなければ，その返還をすることができない。**ただし，やむを得ない事由があるときは，この限りでない**（商法612条）。したがって，本記述は誤っている。

ウ 誤 り。

倉庫営業者とは，他人のために物品を倉庫に保管することを業とする者をいい（商法599条），寄託の引受け（商法502条10号，営業的商行為）を業として行う者であるから，**倉庫営業者は，商人である**（商法4条1項）。そして，**商人がその営業の範囲内において寄託を受けた場合には，報酬を受けないときであっても，善良な管理者の注意をもって，寄託物を保管しなければならない**（商法595条）。したがって，本記述は誤っている。

エ 正しい。

商法617条1項により，本記述は正しい。**寄託物の滅失又は損傷についての倉庫業者の責任に係る債権は，寄託物の出庫の日から1年間行使しないときは，時効によって消滅する**（商法617条1項）。なお，倉庫業者が寄託物の滅失又は損傷につき悪意であった場合は，当該規定の適用はない（商法617条3項）。

オ 誤 り。

倉庫営業者は，寄託物の出庫の時以後でなければ，保管料等の支払を請求することができない。ただし，**寄託物の一部を出庫するときは，出庫の割合に応じて，その支払を請求することができる**（商法611条ただし書）。したがって，本記述は誤っている。

以上により，正しい記述はアとエであり，したがって，正解は肢1となる。

No	科 目	区分	正答率	肢別解答率				
				1	2	3	4	5
35	商法	全体	78%	78%	8%	1%	1%	11%
		上位10%	90%	90%	4%	0%	0%	6%

解　説

択一式
午後の部

民事訴訟法

●

民事保全法

●

民事執行法

●

司法書士法

●

供託法

●

不動産登記法

●

商業登記法

令和3年本試験　択一式・午後の部　正答表

No	科目	タイトル	正解	正誤	復習過去問	条文	判例	先例	学説	他
						出題類型				
1	民事訴訟法	訴訟能力又は法定代理	2		H29-1	5				
2	民事訴訟法	期日又は期間	1			5				
3	民事訴訟法	訴訟行為の方式	4		H7-3	5				
4	民事訴訟法	書　証	3		H30-3	4	1			
5	民事訴訟法	判決又は決定	2		H14-4	3	2			
6	民事保全法	民事保全	2		R2-6	5				
7	民事執行法	民事執行	3		H21-7	5				
8	司法書士法	業　務	3		H30-8	5				
9	供 託 法	供託所の管轄	1		H28-9	3		2		
10	供 託 法	弁済供託	4		R2-10	2		3		
11	供 託 法	供託金の利息の払渡し	4		R2-8	2		2		1
12	不動産登記法	登記の申請	2		H30-16	4		1		
13	不動産登記法	登記の嘱託	4		H29-15	4		1		
14	不動産登記法	職権による登記の抹消	2		H27-17	4				1
15	不動産登記法	登記申請できないもの	2		H28-13			4		1
16	不動産登記法	図面等の添付情報	4			4				1
17	不動産登記法	登記識別情報の通知	5		H27-12	5				
18	不動産登記法	所有権の移転の登記	5		H27-20			4		1
19	不動産登記法	相続又は遺贈による登記	1		R2-19			5		
20	不動産登記法	所有権の登記の抹消	5		H29-14	1		3		1
21	不動産登記法	抵当権の設定の登記の抹消	1		H17-16	1		2		2
22	不動産登記法	根抵当権の元本確定の登記	3		H19-19	4		1		
23	不動産登記法	敷地権付き区分建物の登記	1			3		2		
24	不動産登記法	配偶者居住権の登記	5					5		
25	不動産登記法	不正な登記の防止	1			5				
26	不動産登記法	登録免許税の計算	2		H23-27	3		2		
27	不動産登記法	登録免許税	5		R2-27	1		4		
28	商業登記法	設立の登記	1		R1-28	3		1		1
29	商業登記法	役員等の変更の登記	5		R2-29	1		4		
30	商業登記法	募集株式の発行	1		R2-30	4		1		
31	商業登記法	吸収合併による変更の登記	1		H30-33	4		1		
32	商業登記法	株主リスト	2							5
33	商業登記法	持分会社の登記	2		R2-34	3		2		
34	商業登記法	一般財団法人の登記	5		R1-35	5				
35	商業登記法	登録免除税	4		H27-34	5				

第1問
民訴法

訴訟能力又は法定代理

ア誤 り。

本記述は，補正命令を不要とする点及び命令で訴状を却下しなければならないとしている点で，誤っている。民訴法34条1項前段。**訴訟能力，法定代理権又は訴訟行為をするのに必要な授権を欠くときは，裁判所は，期間を定めて，その補正を命じなければならない。**そして，補正がなされない場合は，必ず口頭弁論を開いて**判決**で訴えを却下しなければならない。

イ正しい。

民訴法33条により，本記述は正しい。**外国人は，その本国法によれば訴訟能力を有しない場合であっても，日本法によれば訴訟能力を有すべきときは，訴訟能力者とみなす。**

ウ正しい。

民訴法32条2項1号により，本記述は正しい。民訴法32条2項柱書は，**被保佐人**，被補助人又は後見人その他の法定代理人が，**同条項各号の行為をするには，特別の授権がなければならない**と規定する。そして，民訴法32条2項1号に**和解が規定**されている。

エ正しい。

民訴法34条2項により，本記述は正しい。訴訟能力，法定代理権又は訴訟行為をするのに必要な授権を欠く者がした訴訟行為は，これらを有するに至った当事者又は法定代理人の追認により，**行為の時にさかのぼってその効力を生ずる。**

オ誤 り。

本記述は，本人又は法定代理人から相手方に通知をしなくても，法定代理権の消滅の効力が生じるとしている点で，誤っている。民訴法36条1項。**法定代理権の消滅は，本人又は代理人から相手方に通知しなければ，その効力を生じない。**

以上により，誤っている記述はアとオであり，したがって，正解は肢2となる。

No	科 目	区分	正答率	肢別解答率				
				1	2	3	4	5
1	民訴法	全体	69%	8%	69%	4%	7%	11%
		上位10%	94%	0%	94%	2%	2%	2%

期日又は期間

ア 正しい。

　民訴法 93 条 1 項により，本記述は正しい。**期日は，申立てにより又は職権で，裁判長が指定する。**

イ 誤　り。

　本記述は，口頭弁論期日に出頭した当事者に対して裁判長が口頭でした次回期日の告知が適法な呼出しでないとしている点で，誤っている。民訴法 94 条 1 項。**期日の呼出しは，呼出状の送達，当該事件について出頭した者に対する期日の告知その他相当と認める方法によってする。**

ウ 正しい。

　民訴法 93 条 4 項により，本記述は正しい。前項の規定〔注：口頭弁論及び弁論準備手続の期日の変更は，顕著な事由がある場合に限り許す。〕にかかわらず，**弁論準備手続を経た口頭弁論の期日の変更は，やむを得ない事由でなければ，許すことができない。**

エ 誤　り。

　本記述は，担保提供期間を伸長できないとしている点で，誤っている。民訴法 75 条 5 項，96 条 1 項本文。裁判所は，第 1 項〔注：担保提供命令〕の決定において，担保の額及び担保を立てるべき期間を定めなければならない（民訴法 75 条 5 項）。**裁判所は，法定の期間又はその定めた期間を伸長し，又は短縮することができる**（民訴法 96 条 1 項本文）。そして，**担保提供期間は法定期間に当たる。**

オ 誤　り。

　本記述は，即時抗告の期間満了時から 1 週間以内に限り，その追完をすることができるとしている点で，誤っている。民訴法 97 条 1 項本文。当事者がその責めに帰することができない事由により不変期間を遵守することができなかった場合には，**その事由が消滅した後 1 週間以内に限り，**不変期間内にすべき訴訟行為の追完をすることができる。また，即時抗告の期間は不変期間である（民訴法 332 条）。

　以上により，正しい記述はアとウであり，したがって，正解は肢 1 となる。

No	科　目	区分	正答率	肢別解答率				
				1	2	3	4	5
2	民訴法	全体	56%	56%	19%	3%	5%	16%
		上位 10%	85%	85%	10%	0%	2%	2%

第3問
民訴法

訴訟行為の方式

正解
4

ア 正しい。

　民訴法 271 条により，本記述は正しい。訴えは，口頭で提起することができる。訴えの変更は，書面によって行われなければならない（民訴法 143 条 2 項）が，**簡易裁判所においては民事訴訟法 271 条により例外が認められ，口頭ですることができる。**

イ 正しい。

　民訴規 7 条 1 項により，本記述は正しい。**移送の申立ては，期日においてする場合を除き，書面でしなければならない。**

ウ 誤 り。

　本記述は，訴訟記録の閲覧請求を口頭ですることができるとしている点で，誤っている。民訴規 33 条の 2 第 1 項。**訴訟記録の閲覧**若しくは謄写，その正本，謄本若しくは抄本の交付，その複製又は訴訟に関する事項の証明書の交付**の請求は，書面でしなければならない。**

エ 誤 り。

　民訴法 170 条 2 項，180 条，民訴規 1 条 1 項参照。裁判所は，弁論準備手続の期日において，証拠の申出に関する裁判…をすることができる（民訴法 170 条 2 項）。そして，証拠の申出について書面は要求されていない（民訴法 180 条，民訴規 1 条 1 項参照）。よって，**弁論準備手続期日において証人尋問の申出は，書面によらずにすることができる。**したがって，本記述は誤っている。

オ 正しい。

　民訴法 281 条 1 項，286 条 1 項により，本記述は正しい。簡易裁判所の終局判決に対しては，控訴をすることができる（民訴法 281 条 1 項）。そして，**控訴の提起は，控訴状を提出してしなければならない**（民訴法 286 条 1 項）。

　以上より，誤っている記述はウとエであり，したがって，正解は肢 4 となる。

No	科 目	区分	正答率	肢別解答率				
				1	2	3	4	5
3	民訴法	全体	59%	9%	10%	9%	59%	13%
		上位 10%	81%	6%	6%	0%	81%	6%

ア　誤　り。

　本記述は，文書が真正に成立したものとみなされるとしている点で，誤っている。民訴法228条4項。私文書は，本人又はその代理人の署名又は押印があるときは，真正に成立したものと**推定する**。

イ　正しい。

　最判昭52.4.15により，本記述は正しい。判例は，「**書証の成立の真正についての自白は裁判所を拘束するものではない**と解するのが相当である」としている。

ウ　正しい。

　民訴法223条2項により，本記述は正しい。**裁判所は，第三者に対して文書の提出を命じようとする場合には，その第三者を審尋しなければならない**。その趣旨は，文書提出を命じられる第三者の手続保障を図る点にある。

エ　誤　り。

　民訴法225条1項参照。民訴法225条1項は，第三者が文書提出命令に従わないときに，裁判所の決定により過料に処することを規定している。一方で，**訴訟の当事者が文書提出命令に従わない場合について規定する民訴法224条は，民訴法225条1項のような制裁を規定していない**。したがって，本記述は誤っている。

オ　誤　り。

　最決平12.3.10。判例は，「**証拠調べの必要性を欠くことを理由として文書提出命令の申立てを却下する決定に対しては，右必要性があることを理由として独立に不服の申立てをすることはできない**」としている。したがって，本記述は誤っている。

　以上により，正しい記述はイとウであり，したがって，正解は肢3となる。

No	科　目	区分	正答率	肢別解答率				
				1	2	3	4	5
4	民訴法	全体	80%	4%	9%	80%	5%	2%
		上位10%	96%	2%	2%	96%	0%	0%

第5問
民訴法

判決又は決定

ア 正しい。

　民訴法243条1項，最判昭22.12.5により，本記述は正しい。**裁判所は，訴訟が裁判をするのに熟したときは，終局判決をする**（民訴法243条1項）。そして，訴訟が裁判をするに熟したかどうかを判断して口頭弁論を終結することは，裁判所が自由裁量によって決定することである（最判昭22.12.5）。

イ 誤 り。

　本記述は，あらかじめ決定を告知する日を定めなければならないとしている点で，誤っている。民訴法119条。決定及び命令は，相当と認める方法で告知することによって，その効力を生ずる。そして，民訴法87条1項ただし書により，決定及び命令の場合には，任意的口頭弁論の原則が採られている。そのため，**決定及び命令は，関係人に対する告知のみにより効力が生じる。**

ウ 誤 り。

　判決は，その基本となる口頭弁論に関与した裁判官がする（民訴法249条1項）。そして，**基本たる口頭弁論に関与しない判事でも判決の言渡しに関与することを妨げるものではなく，また，判事の更迭があっても判決の言渡については弁論を更新する必要はない**（最判昭26.6.29）。その理由は，単に判決を言い渡す裁判官は，すでに作成された判決書に基づいて言い渡すだけであるから（民訴法252条），民訴法249条1項にいう判決をする裁判官に当たらないためである。したがって，本記述は誤っている。

エ 誤 り。

　本記述は，少なくとも一方の当事者の在廷を求めている点で，誤っている。民訴法251条2項。**判決の言渡しは，当事者が在廷しない場合においても，することができる。**

オ 正しい。

　民訴法257条1項，122条により，本記述は正しい。**判決に計算間違い，誤記その他これらに類する明白な誤りがあるときは，裁判所は，申立てにより又は職権で，いつでも更正決定をすることができる**（民訴法257条1項）。そして，決定及び命令には，その性質に反しない限り，判決に関する規定を準用する（民訴法122条）。

　以上により，正しい記述はアとオであり，したがって，正解は肢2となる。

No	科 目	区分	正答率	肢別解答率				
				1	2	3	4	5
5	民訴法	全体	86%	3%	86%	5%	5%	0%
		上位10%	96%	0%	96%	4%	0%	0%

ア 誤 り。

　民事保全手続についての裁判は，口頭弁論を経ないで行うことができ，**すべて決定の方式で行うこととされている**（民保法16条参照）。したがって，本記述は誤っている。

イ 正しい。

　保全命令の申立ては本案の管轄裁判所も管轄する（民保法12条1項）。**100万円の貸金返還請求権を被保全権利とする場合，簡易裁判所が管轄権を有する**（裁判所法24条1号，33条1項1号）。したがって，本記述は正しい。

ウ 正しい。

　民事保全の手続に関しては，特別の定めがある場合を除き，民事訴訟法の規定を準用する（民保法7条）。**民事保全手続における証明は原則として疎明によるため**（民保法13条2項），**疎明の即時性**（民訴法188条）**に反する文書提出命令に関する規定**（民訴法220条～225条）**は準用されない。**したがって，本記述は正しい。

エ 誤 り。

　保全命令の申立てを却下する決定は，債務者に対し口頭弁論又は審尋の期日の呼出しがされた場合を除き，債務者に告知することを要しない（民保法19条1項参照，民保規則16条1項）。したがって，本記述は誤っている。

オ 正しい。

　保全異議の申立て（民保法26条）は，**保全命令が有効に存在し，申立ての利益がある限り，いつでも可能である。**したがって，本記述は正しい。

　以上により，誤っている記述はアとエであり，したがって，正解は肢2となる。

No	科　目	区分	正答率	肢別解答率				
				1	2	3	4	5
6	民保法	全体	62%	15%	62%	3%	13%	6%
		上位10%	90%	10%	90%	0%	0%	0%

ア誤り。

不動産執行については，その所在地（民執法43条2項の規定により不動産とみなされるものにあっては，その登記をすべき地）を管轄する地方裁判所が，執行裁判所として管轄する（民執法44条1項）。したがって，本記述は誤っている。

イ正しい。

不動産に対する強制執行は，強制競売と強制管理の方法により行い，**これらの方法は併用する**ことができる（民執法43条1項）。したがって，本記述は正しい。

ウ誤り。

差押債権者が第三債務者に対し差し押さえた債権に係る給付を求める訴え（以下「取立訴訟」という。）を提起したときは，受訴裁判所は，第三債務者の申立てにより，他の債権者で訴状の送達の時までにその債権を差し押さえたものに対し，共同訴訟人として原告に参加すべきことを命ずることができる（民執法157条1項）。したがって，本記述は誤っている。

エ正しい。

不作為を目的とする債務で代替執行ができないものについては，間接強制の方法により強制執行を行うことができる（民執法172条1項）。したがって，本記述は正しい。

オ誤り。

債務名義に係る請求権の存在又は内容について異議のある債務者は，その債務名義による強制執行の不許を求めるために，請求異議の訴えを提起することができる（民執法35条1項）。ただし，**仮執行の宣言を付した判決で確定前のものは債務名義より除かれている**（民執法35条1項括弧書，22条2号）。したがって，本記述は誤っている。

以上により，正しい記述はイとエであり，したがって，正解は肢3となる。

No	科　目	区　分	正答率	肢別解答率				
				1	2	3	4	5
7	民執法	全体	79%	2%	8%	79%	9%	2%
		上位10%	96%	0%	2%	96%	2%	0%

ア　正しい。

司法書士は，公務員として職務上取り扱った事件については，その業務を行ってはならない（司書法22条1項）。したがって，本記述は正しい。

イ　誤　り。

簡裁訴訟代理等関係業務を行うことを目的とする司法書士法人は，特定社員（司書法3条2項参照）が常駐していない事務所においては，簡裁訴訟代理等関係業務を取り扱うことができない（司書法40条，36条2項）。したがって，本記述は誤っている。

ウ　正しい。

司法書士は，司法書士会に入会したときは，その司法書士会の会則の定めるところにより，事務所に司法書士の事務所である旨の表示をしなければならない（司書法施行規20条1項）。したがって，本記述は正しい。

エ　正しい。

司法書士法人は相手の依頼を受けて裁判所に提出する書類を作成する業務（司書法3条1項4号）を行った事件については裁判書類作成業務を行うことができない（司書法41条1項1号）。従たる事務所で受任した事件をその後主たる事務所で受任する場合も同様である。したがって，本記述は正しい。

オ　誤　り。

司法書士は二以上の事務所を設けることができない（司書法施行規19条）。したがって，本記述は誤っている。

以上により，誤っている記述はイとオであり，したがって，正解は肢3となる。

No	科　目	区分	正答率	肢別解答率				
				1	2	3	4	5
8	司書法	全体	93%	3%	1%	93%	1%	2%
		上位10%	100%	0%	0%	100%	0%	0%

第9問　供託所の管轄

供託法

正　解　1

ア正しい。

　会社法 141 条 2 項により，本記述は正しい。**株式会社は，譲渡制限株式を取得した者から
の承認の請求に対して株式会社が譲渡を承認せず対象株式を買い取る旨の通知をしよう
とするときは，1 株当たりの純資産額**（1 株当たりの純資産額として法務省令で定める額
をいう）**に対象株式の数を乗じて得た額をその本店の所在地の供託所に供託し，**かつ，当
該供託を証する書面を譲渡等承認請求者に交付しなければならない。

イ正しい。

　宅建業法 25 条 1 項により，本記述は正しい。**宅地建物取引業者は，営業保証金を主たる
事務所の最寄りの供託所に供託しなければならない。**この「最寄りの供託所」とは，原則
として主たる事務所の所在地の属する市町村又は特別区の供託所と解されているが，供託
実務では，距離的又は時間的により近い供託所が他にある場合及び供託金の払込みの関係
で主たる事務所の所在地を管轄する法務局又は地方法務局に対して供託するのが交通上
便利で手続的に簡便であるときは，このような供託所を「最寄りの供託所」として差し支
えないとされている（昭 32.7.27 民甲 1432）。

ウ誤　り。

　**仮差押解放金の供託は，仮差押命令を発した裁判所又は保全裁判所の所在地を管轄する地
方裁判所の管轄区域内の供託所にしなければならない**（民保法 22 条 2 項）。したがって，
本記述は誤っている。

エ誤　り。

　債権者が弁済を受領することができない時，弁済者は債権者のために目的物を供託するこ
とができる（民法 494 条 1 項 2 号）。この場合の供託は，債務の履行地の供託所にしなけ
ればならない（民法 495 条 1 項，484 条 1 項後段）。**持参債務において，債権者の住所が不
明であるときは，債権者の最後の住所地の最寄りの供託所となる**（昭 39 全国決議）。した
がって，本記述は誤っている。

オ誤　り。

　選挙供託には，公職選挙法等に供託所の土地管轄の定めがないので，**選挙供託は選挙の区別等
に関係なく，全国どこの供託所でも供託することができる**（昭 31.1.23 民甲 144）。したがっ
て，本記述は誤っている。

　以上により，正しい記述はアとイであり，したがって，正解は肢 1 となる。

No	科　目	区分	正答率	肢別解答率				
				1	2	3	4	5
9	供託法	全体	61%	61%	20%	5%	13%	2%
		上位 10%	92%	92%	4%	0%	4%	0%

ア 正しい。

昭 37.6.19 民甲 1622 により，本記述は正しい。**家賃に電気料を含む旨の家屋の賃貸借契約がされている場合，電気料を含む家賃を提供し，その全額の受領を拒否されたときは，賃借人は，電気料と家賃の合計額を供託することができる。**

イ 誤 り。

単に明渡しを受けただけではいまだに債権者による受領拒否が明白でないとされ，「明渡しを要求され，現在訴訟中であるとか，あるいは裁判所に事件が帰属していなくても，当事者が明渡しに関して係争中である」ことが必要とされる。また，**賃料先払いの特約があっても，支払い期日が到来していなければ，いまだ賃料として支払うべき具体的な債務が発生していないということになるので，その期限の利益を放棄して供託ができない**とされている（昭 37.5.31 民甲 1485）。本記述では，毎月末日の家賃支払日の前に当月分の家賃につき弁済供託はできない。したがって，本記述は誤っている。

ウ 正しい。

民法 5 条 1 項本文により，本記述は正しい。未成年者が法律行為をするには，その法定代理人の同意を得なければならないとしている。よって，弁済の受領について法定代理人の同意を要するが，**法定代理人を欠くときは法律上の受領不能に当たり，債務者は，受領不能を原因として弁済供託をすることができる。**

エ 誤 り。

債務の弁済は，第三者もすることができる（民法 474 条 1 項）。弁済をするについて正当な利益を有する者でない第三者は，債務者の意思に反して弁済することができない（同 2 項本文）。土地の賃借人が賃貸人に対して地代を支払わない場合，その借地上の建物の賃借人は，土地賃貸人の間には直接の関係はないものの，土地賃借権が消滅するときは，建物賃借人は土地賃貸人に対して賃借建物から退去して土地を明け渡すべき義務を負う法律関係にあり，敷地の地代の弁済によって敷地の賃借権が消滅するのを防止することに法律上の利益を有するから，**建物賃借人はその敷地の地代の弁済について法律上の利害関係を有するとしている**（最判昭 63.7.1）。したがって，本記述は誤っている。

オ 正しい。

昭 40.5.27 民甲 1069 により，本記述は正しい。**印鑑は妻が，証書は夫がそれぞれ所持し，離婚後，各自が預金者であると主張して現に係争中である場合について，いずれも債権者不確知に基づく供託を受理して差し支えない**としている。

以上により，誤っている記述はイとエであり，したがって，正解は肢 4 となる。

No	科　目	区分	正答率	肢別解答率				
				1	2	3	4	5
10	供託法	全体	74%	8%	0%	13%	74%	4%
		上位 10%	98%	0%	0%	2%	98%	0%

第11問　供託金の利息の払渡し

供託法

正解
4

ア誤　り。

保証金として金銭を供託した場合には，毎年，供託した月に応答する月の末日後に，同日までの供託利息を払い渡すものとする（供託規34条2項）。本記述では令和元年5月10日に金銭を供託しており，令和2年6月1日以後に供託金利息が支払われる。すなわち，令和元年5月10日に保証供託したとすれば翌2年の5月末後，6月1日以降に，令和元年6月1日から翌2年5月31日までの利息払渡請求をすることができる。したがって，本記述は誤っている。

イ誤　り。

供託金払渡請求権の差押債権者から払渡請求があったときは，利息は差押命令（差押処分）が第三債務者（供託官）に送達された日から付すものとされており（昭55全国決議），既発生の利息払渡請求権は，供託金払渡請求権とは独立した債権であることから，差押命令（差押処分）に既発生の利息を差し押さえる旨の記載がない限り，差押債権者は差押命令（差押処分）が登記官に送達された日以降の利息だけを取り立てることができる。もっとも，執行費用は債務者が負担すべきものではあるが（民執法42条1項，2項参照），**執行費用について利息を付す旨の規定は存在しない**。したがって，本記述は誤っている。

ウ正しい。

民執法156条，民執法166条1項，昭55.6.9民4.3273により，本記述は正しい。金銭債権に対して差押えがあった場合は，差押えに係る金銭債権の全額又はその差押債権を供託し，供託正本とともに事情届を執行裁判所に提出することにより（民執法156条），これを契機として，執行裁判所は，差押債権者等に配当等を実施することになる（民執法166条1項1号）。そして，この配当等を実施する際の財源となる配当財団には，供託金のほか，配当実施の時点で既に生じている供託金利息も含まれる。よって，配当財団に含まれる供託利息は，供託金とともに執行裁判所から供託所への配当等の実施としての支払委託の手続によって債権者に支払われる。**配当実施後に生じた利息は，別に支払委託を要せず，配当金の支払請求の際に，配当期日以後の期日についての利息を配当金の割合に応じて支払うこととされている**（昭55.6.9民4.3273）。

エ正しい。

昭33.3.18民甲592により，本記述は正しい。**供託金払渡請求書の譲渡通知書に，利息請求権の譲渡について明記されていない場合には，**利息請求権も併せて譲渡したものと解することができないので，**①譲渡通知書が供託所に送達された日の前の日までの利息は譲渡人に，②送達された日以後の利息は譲渡人に払い渡す**ものとされている。

オ誤　り。

　供託金利息は，供託金受入の月及び払渡しの月については付されない。供託金の全額が1万円未満であるときは，又は供託金に1万円未満の端数があるときは，その全額又その端数金額に対しても同様である（供託規33条2項後段）。本記述では8000円を債務の弁済として供託しているため，利息が付されない。したがって，本記述は誤っている。

以上により，正しい記述はウとエであり，したがって，正解は肢4となる。

No	科　目	区分	正答率	肢別解答率				
				1	2	3	4	5
11	供託法	全体	56%	6%	14%	12%	56%	11%
		上位10%	79%	2%	0%	13%	79%	6%

第12問　登記の申請

不登法

ア　正しい。

昭30.4.11民甲693により，本記述は正しい。**同一の不動産に対し同時に二件（各別人）の所有権の移転請求権保全の仮登記の申請があった場合は，2件とも同一受付番号で受け付け，同時に却下すべきである**（昭30.4.11民甲693）。本登記が前後してなされたとしても，その本登記の順位は，いずれも同順位の仮登記の順位によることとなるので，本登記の前後で優劣を決することは解釈上無理だからである（登研93P.34）。

イ　誤り。

登記官又はその配偶者若しくは四親等内の親族（配偶者又は四親等内の親族であった者を含む。）が登記の申請人であるときは，当該登記官は，当該登記をすることができない（不登法10条前段）。したがって，本記述は誤っている。

ウ　誤り。

事前通知の方法により登記を申請する場合において，登記義務者の住所について変更の登記がされているときに**当該登記義務者の登記記録上の前の住所にあてて，当該申請があった旨を通知しなければならないのは，登記の申請が所有権に関する場合である**（不登法23条2項，1項）。したがって，本記述は誤っている。

エ　誤り。

申請人となるべき者以外の者が申請していると疑うに足りる相当な理由があると認める場合の登記官による本人確認調査において，登記官は，申請人又はその代表者若しくは代理人が遠隔の地に居住しているとき，その他相当と認めるときは，**他の登記所の登記官に同項の調査を嘱託することができる**（不登法24条）。調査を嘱託しなければならないのではない。したがって，本記述は誤っている。

オ　正しい。

不登規54条1項により，本記述は正しい。**書面申請をした申請人は，申請に係る登記が完了するまでの間，申請書及びその添付書面の受領証の交付を請求することができる**（不登規54条1項）。

以上により，正しい記述はアとオであり，したがって，正解は肢2となる。

No	科　目	区分	正答率	肢別解答率				
				1	2	3	4	5
12	不登法	全体	44%	23%	44%	11%	8%	13%
		上位10%	67%	27%	67%	2%	0%	4%

登記の嘱託

ア 正しい。

不登法116条2項により，本記述は正しい。**国又は地方公共団体が登記義務者となる権利に関する登記について登記権利者の請求があったときは，官庁又は公署は，遅滞なく，当該登記を登記所に嘱託しなければならない**（不登法116条2項）。

イ 正しい。

昭30.5.17民甲968により，本記述は正しい。国有財産法29条，30条の規定により，財務省が普通財産を売り渡し，買受人に対して用途並びにその用途に供しなければならない期日及び期間を指定し，**指定条項に違反したときは，売買契約を解除する旨を約定した場合，不動産登記法第59条5号にいう「登記の目的である権利の消滅に関する定めがあるときは，その定め」として，その旨を登記することができる**（昭30.5.17民甲968）。

ウ 誤 り。

官庁又は公署が電子情報処理組織により登記を嘱託する場合にあっては，官庁又は公署が作成した電子証明書であって，登記官が電子署名を行った者を確認することができるものを送信しなければならない（不登規43条1項4号）。したがって，本記述は誤っている。

エ 誤 り。

登記官は，官庁又は公署が登記権利者（登記をすることによって登記名義人となる者に限る。）のためにした登記の嘱託に基づいて登記を完了したときは，速やかに，当該登記権利者のために**登記識別情報を当該官庁又は公署に通知しなければならない**（不登法117条1項）。そして，これにより登記識別情報の通知を受けた官庁又は公署は，遅滞なく，これを当該登記権利者に通知しなければならない（不登法117条2項）。したがって，本記述は誤っている。

オ 正しい。

不登規183条1項2号により，本記述は正しい。**登記官は，民法第423条その他の法令の規定により他人に代わってする申請に基づく登記を完了した場合には，当該他人に対し，登記が完了した旨を通知しなければならない**（不登規183条1項2号）。本記述の場合，相続人に対し，登記が完了した旨を通知しなければならない。

以上により，誤っている記述はウとエであり，したがって，正解は肢4となる。

No	科 目	区分	正答率	肢別解答率				
				1	2	3	4	5
13	不登法	全体	62%	3%	27%	5%	62%	2%
		上位10%	83%	0%	13%	4%	83%	0%

第14問 不登法　職権による登記の抹消

ア登記官の職権により抹消する。

土地の収用による権利の移転の登記を申請する場合には，当該収用により消滅した権利又は失効した差押え，仮差押え若しくは仮処分に関する登記を指定しなければならない。この場合において，権利の移転の登記をするときは，登記官は，職権で，当該指定に係る登記を抹消しなければならない（不登法118条4項）。

イ登記官の職権により抹消しない。

買受人が代金を納付したときは，裁判所書記官は，売却により消滅した権利又は売却により効力を失った権利の取得若しくは仮処分に係る登記の抹消を嘱託しなければならない（民執法82条1項2号）。

ウ登記官の職権により抹消する。

登記官は，登記の目的である権利の消滅に関する定めの登記をした場合において，当該定めにより権利が消滅したことによる登記の抹消その他の登記をするときは，当該権利の消滅に関する定めの登記の抹消をしなければならない（不登規149条）。

エ登記官の職権により抹消しない。

確定前の根抵当権について，根抵当権者AからBへの一部譲渡による一部移転の登記をするとともに「優先の定め」の付記登記がされている場合，その後当該一部移転の登記が抹消されても，「優先の定め」の付記登記は職権によって抹消されず，当事者の申請によって抹消すべきである（登研540P.169）。

オ登記官の職権により抹消しない。

信託の併合又は分割により不動産に関する権利が一の信託の信託財産に属する財産から他の信託の信託財産に属する財産となった場合における当該権利に係る当該一の信託についての信託の登記の抹消及び当該他の信託についての信託の登記の申請は，信託の併合又は分割による権利の変更の登記の申請と同時にしなければならない（不登法104条の2第1項前段）。

以上により，登記官の職権により抹消するものはアとウであり，したがって，正解は肢2となる。

No	科　目	区分	正答率	肢別解答率				
				1	2	3	4	5
14	不登法	全体	42%	18%	42%	12%	21%	7%
		上位10%	56%	15%	56%	6%	21%	0%

ア 第2欄に掲げる登記の目的及び登記原因で登記の申請をすることができない。

終身定期金契約に基づく終身定期金の元本としての譲渡による所有権の移転登記の登記原因は「**年月日終身定期金契約**」とする（昭60.4.17民3.2044）。

イ 第2欄に掲げる登記の目的及び登記原因で登記の申請をすることができる。

和解による所有権の移転の登記の登記原因は「**年月日和解**」とし，日付は和解成立の日とする（登研451P.125）。

ウ 第2欄に掲げる登記の目的及び登記原因で登記の申請をすることができる。

共有物不分割特約による所有権の変更の登記は登記の目的を「**何番所有権変更**」とし，登記原因を「**年月日特約**」とする（昭50.1.10民3.316）。

エ 第2欄に掲げる登記の目的及び登記原因で登記の申請をすることができる。

登記原因の更正の登記の登記原因は「**錯誤**」である（記録例238）。

オ 第2欄に掲げる登記の目的及び登記原因で登記の申請をすることができない。

改正法により錯誤の効果が取消しに改められたところ，民法95条1項の規定に基づき意思表示が取り消されたことにより登記の抹消を申請するときは，その登記原因は「**年月日取消**」となる（令2.3.31民2.328）。

以上により，第2欄に掲げる登記の目的及び登記原因で登記の申請をすることができないものはアとオであり，したがって，正解は肢2となる。

No	科　目	区分	正答率	肢別解答率				
				1	2	3	4	5
15	不登法	全体	46%	11%	46%	23%	14%	6%
		上位10%	65%	8%	65%	8%	17%	2%

図面等の添付情報

ア 第2欄に掲げる情報を登記所に提供する必要はない。

区分地上権の設定の登記の申請において，その範囲を明らかにする図面の提供を要求した規定はない（不登令別表 33 添付情報参照）。

イ 第2欄に掲げる情報を登記所に提供しなければならない。

地役権の設定の登記の申請において，地役権設定の範囲が承役地の一部であるときは，地役権図面を提供しなければならない（不登令別表 35 添付情報ロ）。

ウ 第2欄に掲げる情報を登記所に提供する必要はない。

宅地の造成工事に係る不動産工事の先取特権の保存の登記の申請において，建物新築工事の先取特権の保存の登記の申請における「新築する建物の設計書（図面を含む。）の内容を証する情報」を提供する不動産登記令別表 43 添付情報ロの規定は準用若しくは類推適用されない（昭56. 1. 26 民 3. 656）。宅地の造成工事に係る不動産工事の先取特権の保存の登記の申請においては，当該工事により新たな土地が作出されるものではなく，また，造成後に係る部分のみが別個の不動産として，別途登記されるという余地もないからである（登研 404P. 128）。

エ 第2欄に掲げる情報を登記所に提供する必要はない。

工場財団の所有権保存の登記を申請する場合において，工場図面を提供しなければならない（工場抵当法 22 条，工場抵当規 21 条）。**工場図面は，工場財団に対する抵当権の設定の登記において提供するのではない。**

オ 第2欄に掲げる情報を登記所に提供しなければならない。

表題登記がない建物についてする所有権の処分の制限の登記を嘱託するときは，当該表題登記のない建物についての建物図面及び各階平面図を提供しなければならない（不登令別表 32 添付情報ロ）。当該規定の類推適用により，本記述においても建物図面の提供は必要であると考えられる。

以上により，第2欄に掲げる情報を登記所に提供しなければならないものはイとオであり，したがって，正解は肢 4 となる。

No	科　目	区分	正答率	肢別解答率				
				1	2	3	4	5
16	不登法	全体	64%	7%	4%	17%	64%	7%
		上位 10%	92%	0%	0%	8%	92%	0%

以下の解説に共通の前提知識として，登記官は，その登記をすることによって申請人自ら
が登記名義人となる場合において，当該登記を完了したときは，法務省令で定めるところに
より，速やかに，当該申請人に対し，当該登記に係る登記識別情報を通知しなければならな
い（不登法 21 条本文）。

ア 誤 り。

買戻権の行使による所有権の移転の登記が完了した場合において，登記名義人となる申請人に
対して登記識別情報が通知されない旨の規定はないため，原則どおり，通知される（不登法
21 条本文）。したがって，本記述は誤っている。

イ 誤 り。

抹消回復の登記が完了しても，当該登記の申請人は，新たな登記名義人となるのでないた
め，抹消回復の登記の申請人に対して，登記識別情報は通知されない（不登法 21 条本文
参照）。したがって，本記述は誤っている。

ウ 誤 り。

信託登記における受益権の売買による受益者の変更の登記が完了した場合における受益
者は，登記名義人とはならないため，登記識別情報は通知されない（不登法 21 条本文参
照）。したがって，本記述は誤っている。

エ 正しい。

本記述のBは登記名義人とはなるが，申請人とはならないため，登記識別情報は通知されない
（不登法 21 条本文参照）。したがって，本記述は正しい。

オ 正しい。

その登記により登記名義人に変更がない場合は，不動産登記法 21 条における登記識別情報が
通知される場合の要件の，その登記をすることによって登記名義人となる者であることには該
当しない。その例として，根抵当権の極度額の変更の登記がある（新基本法コンメンタール不
動産登記法 P.76）。したがって，本記述は正しい。

以上により，正しい記述はエとオであり，したがって，正解は肢 5 となる。

No	科　目	区分	正答率	肢別解答率				
				1	2	3	4	5
17	不登法	全体	80%	1%	7%	4%	7%	80%
		上位 10%	98%	0%	2%	0%	0%	98%

第18問　所有権の移転の登記
不登法

ア正しい。

平3.12.19民3.6149により，本記述は正しい。民法上の組合において，各組合員から組合契約による出資として，業務執行組合員に不動産の所有権を移転する場合の登記原因は「**民法第667条第1項の出資**」とする（平3.12.19民3.6149）。

イ正しい。

昭34.12.18民甲2842により，本記述は正しい。売買による所有権移転の登記を判決によってする場合，**判決の主文又は理由中に売買の日付が表示されていない場合は**，「登記原因及びその日付」は，「**年月日不詳売買**」と記載する（昭34.12.18民甲2842）。

ウ正しい。

譲渡担保契約を解除したことにより，所有権の登記名義を譲渡担保権設定者とするには，所有権の移転の方法によっても，譲渡担保権者名義の登記を抹消する方法によっても，いずれでも差し支えない。抹消の方法による場合の登記原因は，「譲渡担保契約の解除」とする（登研342P.77）。当該質疑応答においては，所有権の移転の方法による場合の登記原因については言及されていないが，所有権の移転の登記の方法による場合においても，登記原因は「年月日譲渡担保契約解除」とするのが登記実務の扱いである（不動産登記総覧書式編1P.1686）。したがって，本記述は正しい。

エ誤　り。

相続人間でなされた共有物不分割の特約は，相続による所有権移転登記申請書に記載して申請することはできない（昭49.12.27民甲6686）。これは，権利の一部移転と同時に共有物不分割特約をした場合のみ適用されるからである（登研860P.80）。したがって，本記述は誤っている。

オ誤　り。

「1，AはBに対し令和3年3月31までに金〇円を支払うこと，2，AはBに対しB所有の土地につき令和〇年〇月〇日時効取得による所有権移転登記手続を令和3年3月31までに履行すること」を内容とする調停調書に基づく所有権移転登記の申請を原告が単独で申請する場合は，令和3年3月31日の満了後に限り，受理することができる（昭32.7.29民甲1413参照）。当該先例の趣旨に鑑みれば，**本記述の所有権の移転の登記は，令和3年7月9日の満了後にすることができる**。したがって，本記述は誤っている。

以上により，誤っている記述はエとオであり，したがって，正解は肢5となる。

No	科　目	区分	正答率	肢別解答率				
				1	2	3	4	5
18	不登法	全体	69%	9%	12%	3%	6%	69%
		上位10%	96%	2%	0%	0%	2%	96%

ア　正しい。

　平 28.3.11 民 2.219 により，本記述は正しい。**除籍又は改製原戸籍（以下「除籍等」という。）の一部が滅失等していることにより，その謄本を提供することができない場合には，戸籍及び残存する除籍等の謄本に加え，除籍等**（明治 5 年式戸籍（壬申戸籍）を除く。）**の滅失等により「除籍等の謄本を交付することができない」旨の市町村長の証明書を提供して，相続の登記を申請することができる**（平 28.3.11 民 2.219）。従前は当該市町村長の証明書のほか，他に相続人はいない旨の相続人全員による証明書（印鑑証明書付）の提供も必要とされていたが（昭 44.3.3 民甲 373），当該先例が出た後 50 年近くが経過し，他に相続人はいない旨の相続人全員による証明書を提供することが困難な事案が増加していることに鑑み，先例が変更された。

イ　正しい。

　平 7.6.1 民 3.3102 により，本記述は正しい。**家庭裁判所の遺言検認調書の謄本を遺言執行者の資格を証する書面として取り扱うことができる**（平 7.6.1 民 3.3102）。

ウ　誤り。

　日付の記載のない遺言書は，無効であるから，それに基づく遺贈の登記申請は，することができない（昭 26.8.31 民甲 1754）。したがって，本記述は誤っている。

エ　誤り。

　墳墓地につき，共同相続人の遺産分割協議書を添付し，その 1 人が相続する旨の所有権の移転の登記の申請があったときは，受理して差し支えない（昭 35.5.19 民甲 1130）。したがって，本記述は誤っている。

オ　誤り。

　胎児の出生前においては，相続関係が未確定の状態にあるので，胎児のために遺産分割その他の処分行為をすることはできない（昭 29.6.15 民甲 1188）。したがって，本記述は誤っている。

　以上により，正しい記述はアとイであり，したがって，正解は肢 1 となる。

No	科　目	区分	正答率	肢別解答率				
				1	2	3	4	5
19	不登法	全体	62%	62%	11%	14%	8%	5%
		上位 10%	88%	88%	10%	2%	0%	0%

第20問 所有権の登記の抹消

不登法

ア誤　り。

　和解調書において競落による所有権移転登記の抹消登記手続をする旨の記載がある場合には，右和解調書により登記権利者が単独でその抹消登記を申請することができる。この場合，登記原因は競落無効とする（昭37.10.26民甲3099）。したがって，本記述は誤っている。

イ誤　り。

　抹消対象となる所有権の保存登記が，不動産登記法74条1項1号の表題部所有者の一般承継人名義の登記である場合，又は同法74条2項の表題部所有者からの取得者名義の登記である場合には，職権で表題部所有者の回復登記をなし，登記記録を閉鎖しない（昭59.2.25民3.1085，記録例250）。このような場合に，所有権の保存の登記が抹消されたとしても，それは，表題部の所有者から譲渡を受けた者若しくは相続人の所有権が否定されたということであり，必ずしもそれによって抹消された表題部に所有者として記載された者が所有者であることまで否定されたものではないからである（登研436P.101）。したがって，本記述は誤っている。

ウ正しい。

　所有権の処分の制限の登記をするにつき職権でした所有権の保存の登記は，その後錯誤を原因として右の処分の制限の登記が抹消されても，職権で抹消できない（昭38.4.10民甲966）。したがって，本記述は正しい。

エ正しい。

　申請により買戻特約の付記登記のある所有権登記を抹消するときは，これと同時またはこれに先立って，申請により買戻特約の登記を抹消しなければならない（昭41.8.24民甲2446）。したがって，本記述は正しい。

オ誤　り。

　登記の原因である行為が否認されたときは，破産管財人は，否認の登記を申請しなければならない（破産法260条1項前段）。所有権の移転の登記の抹消を申請するのではない。したがって，本記述は誤っている。なお，登記官は，否認の登記に係る権利に関する登記をするときは，職権で，①否認の登記，②否認された行為を登記原因とする登記又は否認された登記，③②の登記に後れる登記があるときは，当該登記を抹消しなければならない（破産法260条2項）。

　以上により，正しい記述はウとエであり，したがって，正解は肢5となる。

No	科　目	区分	正答率	肢別解答率				
				1	2	3	4	5
20	不登法	全体	68%	17%	5%	6%	4%	68%
		上位10%	92%	8%	0%	0%	0%	92%

抵当権の設定の登記の抹消

ア 正しい。

登研244P.69により，本記述は正しい。**先順位の抵当権が消滅したときは，後順位抵当権者を登記権利者として，先順位抵当権者との共同申請により抵当権の抹消を申請できる**（登研244P.69）。

イ 誤 り。

平2.4.18民3.1494。抵当権者が抵当不動産を取得した場合においては，抵当不動産又はその抵当権が第三者の権利の目的となっているときを除き，抵当権は混同によって消滅する（民法179条1項）。これにより，**混同を登記原因とする抵当権の抹消登記を申請する場合は，登記権利者と登記義務者が同一人となるが，登記義務者の権利に関する登記識別情報の提供を要する**（平2.4.18民3.1494）。したがって，本記述は誤っている。

ウ 誤 り。

債務の履行は済んでいるが抵当権の抹消の登記をしない間に抵当権者たる法人が清算結了の登記をしたことは，その清算結了の登記が錯誤であるから，一応清算結了の登記を抹消し，法人を清算中の状態に戻し，法人の清算人と抵当権設定者で，抵当権の抹消の登記を申請するのが本則であるが，清算結了前に債務の履行が済んでいるのであれば，便宜清算結了の登記を抹消せずして，法人の旧清算人と抵当権設定者とで抵当権の抹消の登記を申請しても差し支えない（登研24P.25）。**本記述は清算結了の登記後に旧清算人が抵当権を放棄しているため，旧清算人と抵当権設定者とで抵当権の抹消の登記を申請する便宜的な扱いは認められない。**したがって，本記述は誤っている。

エ 正しい。

不動産登記法70条3項後段の規定は，登記義務者が法人である場合についても適用がある。この場合において，**法人の「行方不明」とは，当該法人について登記簿に記載がなく，かつ，閉鎖登記簿が廃棄済みであるため，その存在を確認することができない場合等をいう**（昭63.7.1民3.3456）。本記述は，清算結了の登記がなされており，清算結了時における会社の存在を確認することができる。したがって，先例による法人の「行方不明」には該当しないため，不動産登記法70条3項後段の規定による登記の抹消を申請することはできない。したがって，本記述は正しい。

オ 誤 り。

登記権利者は，登記義務者の所在が知れないため登記義務者と共同して権利に関する登記の抹消を申請することができないときは，被担保債権の弁済期から20年を経過し，かつ，その期間を経過した後に当該被担保債権，**その利息及び債務不履行により生じた損害の全額に相当する金銭を供託したときは，単独で登記の抹消を申請することができる**（不登法70条3項後段）。したがって，本記述は誤っている。

以上により，正しい記述はアとエであり，したがって，正解は肢1となる。

No	科　目	区分	正答率	肢別解答率				
				1	2	3	4	5
21	不登法	全体	56%	56%	24%	6%	2%	12%
		上位10%	85%	85%	10%	2%	0%	2%

根抵当権の元本確定の登記

ア誤　り。

　民法398条の20第1項1号の規定により元本が確定していることが登記簿上明らかなときは，元本確定の登記がされていなくても，元本確定後でなければできない登記の申請をすることができる（昭46.12.27民3.960）。また，根抵当権者によって競売手続もしくは担保不動産収益執行手続が開始し又は差押えがなされた後に取下げ等によりその効力が消滅した場合には，いったん生じた元本確定の効力が覆滅することはない。したがって，本記述は誤っている。

イ正しい。

　根抵当権の転根抵当権者又は根抵当権によって担保され得べき債権の質権者がした抵当不動産についての競売の申立ては，民法398条の20第1項3号に定める根抵当権の確定事由に該当すると解されるので，元本の確定後でなければすることのできない登記を申請する場合には，その前提として，元本の確定の登記を要する（平9.7.31民3.1301）。転根抵当権者による担保不動産の差押等は，根抵当権者の意思とは無関係にされるものであるため，民法398条の20第1項3号の趣旨が妥当すると解すべきだからである。したがって，本記述は正しい。なお，転根抵当権は根抵当権の存在を前提とするものではあるが，転根抵当権者を根抵当権者と同視することはできないため，転根抵当権者は民法398条の20第1項1号の「根抵当権者」には含まれないものとされる（登研603P.115）。

ウ誤　り。

　元本確定前の根抵当権者を分割する会社とする分割があった場合には，根抵当権設定者は元本の確定をすることができる（民法398条の10第3項，398条の9第3項）が，**単独で元本確定の登記を申請することはできない**（不登法93条）。したがって，本記述は誤っている。

エ誤　り。

　元本の確定請求が配達証明付き内容証明郵便によって行われたことを証するものでなければならないのは，単独で申請する場合である（不登令別表61添付情報欄，平15.12.25民2.3817）。したがって，本記述は誤っている。

オ正しい。

　不登法22条本文。**元本確定の登記の登記義務者になるのは，根抵当権者であるため，設定者と共同で申請する場合には，根抵当権者が設定の登記の際に受けた登記識別情報を提供する必要がある**（不登法22条本文）。したがって，本記述は正しい。

　以上により，正しい記述はイとオであり，したがって，正解は肢3となる。

No	科　目	区分	正答率	肢別解答率				
				1	2	3	4	5
22	不登法	全体	76%	8%	6%	76%	2%	7%
		上位10%	98%	2%	0%	98%	0%	0%

第23問　敷地権付き区分建物の登記

不登法

ア誤　り。

　敷地権が生じる前に敷地の所有権のみが移転したのであれば，実体法上，分離処分の禁止には該当するものではない。しかし，それに基づいて，敷地のみについて所有権の移転の本登記がされると，区分建物の所有権とその敷地権とが分離されることとなるので，登記記録上，区分建物に関する敷地権の登記をしたままでは，当該所有権の移転の登記自体をすることはできない（不登法73条2項，不登規124条1項，昭58.11.10民3.6400）。したがって，本記述は誤っている。

イ正しい。

　所有権に係る仮登記は，敷地権が生じる前に登記原因が生じていたのであれば，敷地権の登記後であっても，区分建物についてのみ効力を有する登記として登記をすることができる（不登法73条2項ただし書参照）。また，この場合に分離処分可能規約（区分所有法22条1項ただし書）を定めたことを証する情報を提供することは要しない。したがって，本記述は正しい。

ウ誤　り。

　敷地権付区分建物には，当該敷地権のみを目的とする担保権に係る権利に関する登記を申請することはできない（不登法73条2項本文）。ただし，当該敷地権のみを目的とする質権若しくは抵当権に係る登記であって，当該土地が敷地権の目的となる前にその登記原因が生じたものであれば，登記をすることができる（不登法73条2項ただし書）。したがって，本記述は誤っている。

エ正しい。

　敷地権である旨の登記がされている土地について，敷地権を目的とする一般の先取特権の保存の登記を申請することはできない。なぜなら，一般の先取特権は，債務者の総財産の上に法律上当然に生ずるものであり（民法306条），専有部分のみ又は敷地権のみについてその登記を認める必要はないからである。したがって，本記述は正しい。

オ正しい。

　敷地権の登記後に登記原因が生じた場合であっても，用益権の設定の登記は，土地のみ又は建物のみを目的とするものとして申請することができる（昭58.11.10民3.6400）。したがって，本記述は正しい。

　以上により，誤っている記述はアとウであり，したがって，正解は肢1となる。

No	科　目	区　分	正答率	肢別解答率				
				1	2	3	4	5
23	不登法	全体	40%	40%	20%	18%	13%	9%
		上位10%	67%	67%	8%	6%	8%	10%

ア誤り。

　配偶者居住権の設定の登記の申請において，登記原因が「遺産分割」である場合の申請情報の内容とする登記原因及びその日付は，「年月日（**遺産分割の協議若しくは調停の成立した年月日又はその審判の確定した年月日**）遺産分割」である（令2.3.30民2.324）。したがって，本記述は誤っている。

イ誤り。

　配偶者居住権の設定の登記の申請は，居住建物の所有者を登記義務者とし，配偶者居住権を取得した配偶者を登記権利者とする共同申請によることとなるため，**配偶者居住権の設定の登記を申請に当たっては，その前提として，被相続人が所有権の登記名義人である居住建物について，相続や遺贈を原因とする所有権の移転の登記がされている必要がある**（令2.3.30民2.324）。したがって，本記述は誤っている。

ウ正しい。

　令2.3.30民2.324（記録例2.1）により，本記述は正しい。**配偶者居住権の設定の仮登記は，遺産分割，遺贈，贈与（死因贈与）のいずれを登記原因とする場合においてもできる**（令2.3.30民2.324（記録例2.1））。なお，例外として，遺言者の生存中に遺贈を登記原因として配偶者居住権の設定の仮登記を申請することはできない（登研872P.34）。

エ誤り。

　配偶者居住権の設定の登記がされた後の配偶者居住権の存続期間の短縮を内容とする配偶者居住権の変更の登記を申請することができる（令2.3.30民2.324）。したがって，本記述は誤っている。

オ正しい。

　令2.3.30民2.324により，本記述は正しい。**配偶者居住権が配偶者居住者の死亡によって消滅した場合には，不動産登記法69条の規定に基づき，登記権利者（居住建物の所有者）は，単独で配偶者居住権の登記の抹消を申請することができる**（令2.3.30民2.324）。

　以上により，正しい記述はウとオであり，したがって，正解は肢5となる。

No	科　目	区分	正答率	肢別解答率				
				1	2	3	4	5
24	不登法	全体	58%	10%	16%	3%	12%	58%
		上位10%	73%	13%	6%	2%	6%	73%

第25問 不登法 不正な登記の防止

正解 1

ア 正しい。

不登規65条3項1号により，本解答は正しい。**登記識別情報の失効の申出は，書面を登記所に提出する方法のほか，電子情報処理組織を使用して申出情報を登記所に提出する方法によることもできる。**

イ 正しい。

不登規65条2項3号により，本解答は正しい。**登記識別情報の失効の申出は，代理人によってもすることができる。**

ウ 誤 り。

登記識別情報の失効の申出の手続については，登記申請の手続が準用されており（不登規65条10項），**書面による申出の際にはその書面に押印した印鑑についての証明書の添付を要する**（不登令16条2項）。したがって，本解答は誤っている。

エ 誤 り。

不正登記防止申出は，その申出をする者が登記所に出頭してしなければならない（不登準則35条1項）。登記官が対面によって本人確認を行うため（同4項），**電子情報処理組織を使用する方法によることはできない。**したがって，本解答は誤っている。なお，止むを得ない事情があると認められる場合には，委任による代理人が登記所に出頭してすることができる（同1項ただし書）。

オ 誤 り。

登記官は，不正登記防止申出の日から3月以内に申出にかかる登記の申請があったときは，速やかに，申出をした者にその旨を適宜の方法で通知する（不登準則35条8項）と規定されており，**不正登記防止申出がされていたとしても，不登法25条の申請の却下事由には該当しない。**したがって，本解答は誤っている。

以上により，正しい解答はアとイであり，したがって，正解は肢1となる。

No	科 目	区分	正答率	肢別解答率				
				1	2	3	4	5
25	不登法	全体	70%	70%	5%	18%	3%	4%
		上位10%	92%	92%	2%	6%	0%	0%

まず〈甲山由紀から聴取した内容〉の第一段落から，3番所有権の登記名義人である甲山由紀の現在の住所と氏名が異なっていることが分かる。氏名の変更は令和3年5月1日なので氏名変更の登記となるが，住所移転については令和2年6月19日であり，3番所有権の受付年月日（令和2年6月22日）よりも前に生じている。この場合は更正の登記が必要である。そして**氏名の変更と住所の更正を一の申請情報で行う場合の登録免許税は2000円となる**（昭42.7.26民3.794）。

次に〈丙野健二から聴取した内容〉には2番仮登記の名義人の丙野次郎に相続が生じていることが分かる。**この条件付仮登記の移転の登録免許税は1000円である**（登免法別表1.1.14）。

そして二人の聴取内容から2番条件付仮登記の条件が成就したことが分かるので，2番条件付仮登記の本登記申請が可能となる。**この場合の登録免許税は，課税標準価額1000分の10であり，5万円となる。**

以上を合計すると5万3000円となり，したがって，正解は肢2となる。

No	科　目	区分	正答率	肢別解答率				
				1	2	3	4	5
26	不登法	全体	10%	34%	10%	32%	18%	5%
		上位10%	6%	46%	6%	35%	6%	4%

第 27 問 登録免許税

不登法

ア誤 り。

登録免許税法第 31 条に基づく過誤納金の還付等の手続について，登記の申請代理人が代理受領をする場合には，**還付通知書及び代理受領用委任状を併せて申請人の住所地を管轄する税務署に送付することができる**（平 21.6.16 民 2.1440）。直接，提出しなければならないわけではない。したがって，本記述は誤っている。

イ誤 り。

登録免許税の還付請求は，申請の却下，取り下げ，過大納付の場合にすることができる（登免法 31 条 1 項）。**錯誤を原因とした登記の抹消の嘱託の場合は，登録免許税は還付することはできない**とされており（昭 40.3.1 民甲 482），申請の場合も類推適用できると考えられる。したがって，本記述は誤っている。

ウ誤 り。

電子申請の場合であっても，登録免許税については，**書面により行われたものとみなして適用される**（登免法 35 条 1 項）。よって，申請の取り下げがあった場合には，印紙の額に相当する額の還付を受けることができる（登免法 31 条 1 項 2 号）。したがって，本記述は誤っている。

エ正しい。

再使用証明を受けた印紙を用いて登記の申請がなされて更に取り下げをする場合に，**重ねて再使用証明の申出があればこれを認めてさしつかえない**（昭 42.12.27 民事甲 3718）。したがって，本記述は正しい。

オ正しい。

過大に登録免許税を納付して登記を受けたとき，その過大に納付した登録免許税の額は還付請求することができる（登免法 31 条 1 項 3 号）。**再使用証明を受けた印紙を使用した場合でもこの規定は適用される**（昭 42.6.13 民甲 1864）。したがって，本記述は正しい。

以上により，正しい記述はエとオであり，したがって，正解は肢 5 となる。

No	科 目	区分	正答率	肢別解答率				
				1	2	3	4	5
27	不登法	全体	53%	4%	32%	3%	8%	53%
		上位 10%	65%	4%	27%	0%	4%	65%

ア 正しい。

会社法911条3項22号ロ，1項により，本記述は正しい。設立しようとする会社が**監査等委員会設置会社**である場合，当該株式会社の設立の登記の申請書には，**取締役のうち社外取締役であるものについて，社外取締役である旨**を記載しなければならない（会社法911条3項22号ロ，1項）。また，監査等委員会設置会社において社外取締役である旨を記載しなければならない取締役は，監査等委員である取締役に限られない（平27.2.6民商14「会社法の一部を改正する法律等の施行に伴う商業・法人登記記録例について」第1節第1の2参照）。

イ 誤 り。

発起設立の方法によって設立しようとする会社が取締役会設置会社でない会社である場合において，定款に①設立時取締役の互選によって設立時代表取締役を選定する旨の定めがあるときは，この定めに基づき設立時取締役の互選により設立時代表取締役を選定したことを証する書面を添付して，設立の登記を申請することができる。これに対し，定款に**②取締役の互選によって代表取締役を選定する旨の定めがある場合であっても，この定めに基づき設立時取締役の互選により設立時代表取締役を選定したことを証する書面を添付して，設立の登記の申請をすることはできない。**後者の定め②は，会社成立後の代表取締役の選定方法に関する定めであって，これをもって前者の定め①とみることはできないからである。したがって，本記述は誤っている。

ウ 正しい。

会社法32条1項3号，商登法47条3項により，本記述は正しい。株式会社の設立に際して，**成立後の株式会社の資本金及び資本準備金の額に関する事項**を定めようとするときは，**発起人全員の同意を得なければならない**ところ（会社法32条1項3号），設立しようとする会社の定款に成立後の株式会社の資本金及び資本準備金の額に関する事項についての定めがない場合において，当該株式会社に払込み又は給付をした財産の一部を資本金として計上しないときは，設立の登記の申請書には，当該事項について発起人全員の同意があったことを証する書面の添付を要する（商登法47条3項）。

エ 誤 り。

発起設立の場合，公証人の認証を受けた定款を株式会社の成立前に変更することができるのは，①裁判所の変更決定があった場合若しくは②発起人全員の同意により①の決定により変更された事項についての定めを廃止する場合又は③発起人全員の同意により発行可能株式総数の定めを設定し若しくは変更する場合に限定されている（会社法30条2項）。本記述における**単元株式数の定めの設定**は，上記のいずれにも当たらず，会社成立前に**発起人全員の同意ではこのような定款変更をすることはできない。**よって，単元株式数に関する事項について，発起人全員の同意があったことを証する書面を添付して設立の登記を申請することはできない。したがって，本記述は誤っている。なお，定款認証後に発起人

全員の同意により原始定款に記載のない事項（絶対的記載事項を除く。）を設けた場合において，変更に係る事項を明らかにし，発起人が記名押印した書面に公証人の認証を受けたときは，変更後の定款を添付して設立の登記を申請することができる（昭 32.8.30 民甲 1661）。

オ誤　り。

本記述は，Ｂ株式会社において利益相反取引を承認した株主総会又は取締役会の議事録を添付しなければならないとしている点で，誤っている。Ｂ株式会社が発起人となってＡ株式会社を設立しようとする場合において，Ｂ株式会社の代表取締役がＡ株式会社の設立時代表取締役と同一であるときは，Ｂ株式会社について利益相反取引（会社法 356 条 1 項 2 号）に該当し，Ｂ株式会社の株主総会又は取締役会の決議（会社法 356 条 1 項柱書，365 条 1 項）により利益相反取引の承認を受ける必要がある。しかし，**Ａ株式会社の設立登記の申請書に，Ｂ株式会社の利益相反の承認に関する議事録を添付する必要はない**とされている（昭 61.9.10 民 4.6912）。

以上により，正しい記述は**アとウ**であり，したがって，正解は**肢 1**となる。

No	科　目	区分	正答率	肢別解答率				
				1	2	3	4	5
28	商登法	全体	50%	50%	5%	15%	6%	23%
		上位 10%	81%	81%	0%	4%	0%	15%

ア　正しい。

平27.3.16民商29により，本記述は正しい。**株式会社の代表取締役の全員が日本に住所を有しないこととなる場合であっても，代表取締役の就任の登記を申請することができる**（平27.3.16民商29）。この先例は，内国会社の代表者のうち，少なくとも一人以上は，日本に住所を有していなければならないというそれまでの取扱いを改めたものである。よって，本記述の場合において，代表取締役Aの辞任及び代表取締役Bの就任による変更登記を申請することができる。なお，外国会社の日本における代表者のうち一人以上は，日本に住所を有していなければならない（会社法817条1項，登研808P.142）。

イ　正しい。

昭30.4.26民甲673により，本記述は正しい。**取締役の員数を欠く場合でも，代表取締役の員数を欠かないときは，代表取締役の権利義務を有する者とはならない**（昭30.4.26民甲673）。よって，本記述においては代表取締役Bが在任しており代表取締役の員数を欠かないので，代表取締役Aの退任による変更登記を申請することができる。なお，本記述の場合においては，取締役会設置会社の取締役の法定員数3名を欠くため，取締役A，C及びDの退任による変更登記を申請することはできない。

ウ　誤　り。

本記述は，令和3年7月1日から2週間以内としている点で，誤っている。取締役，会計参与又は監査役（以下「役員」という。）が任期満了又は辞任により退任したことにより，法定又は定款に定めた員数を欠く場合，当該退任した役員はなお役員としての権利義務を有し，その退任の登記を申請することができない（会社法346条1項，最判昭43.12.24）。この場合，退任の登記の登記期間は，後任者の就任等によって役員の権利義務が解消した日から起算される（大2.11.14民823）。よって，たとえば唯一の会計参与Xが令和3年6月28日に辞任し，同年7月1日に後任の会計参与Yが就任した場合には，会計参与Xの辞任による変更の登記の申請は，令和3年7月1日から2週間以内にすれば足りる。これに対し，**会計監査人が任期満了又は退任したことにより法定又は定款に定めた員数を欠くこととなっても，会計監査人としての権利義務を有する者とはならず，後任会計監査人の就任の登記を併せて申請しなくても，会計監査人の退任の登記を申請することができる。**よって，本記述においては，後任会計監査人Bの就任の日である令和3年7月1日からではなく，会計監査人Aが辞任した日である令和3年6月28日から2週間以内に，その辞任による変更登記を申請しなければならない（会社法915条1項）。

エ　正しい。

平29.5.18民商84により，本記述は正しい。不動産登記規則247条の規定により交付された**法定相続情報一覧図の写し**については，**商業・法人登記申請の添付書面のうち，相続があったことを証する市町村長その他の公務員が職務上作成した書面（商登法30条3項，96条1項等）及び役員等の死亡を証する書面（商登法39条，54条4項等）として取り扱**

うことができる（平 29.5.18 民商 84）。よって，取締役の死亡による変更の登記を申請する場合には，当該取締役の死亡の事実が記載された法定相続情報一覧図の写しをもって，取締役の死亡を証する書面とすることができる。

オ誤　り。

本記述は，代表取締役の変更の登記について「退任を原因」としている点で，誤っている。取締役を任期満了退任し，その権利義務を有する者についても，代表取締役に選定することができる。その後当該代表取締役がその後死亡した場合には，取締役としては任期満了の日を，**代表取締役としては死亡の日**をそれぞれ退任の日とする（昭 39.10.3 民甲 3197）。この場合における取締役の変更の登記は「退任」を原因とするが，代表取締役の変更の登記は，**「死亡」**を原因とする。

以上により，誤っている記述は**ウ**と**オ**であり，したがって，正解は**肢 5**となる。

No	科　目	区分	正答率	肢別解答率				
				1	2	3	4	5
29	商登法	全体	62%	6%	3%	11%	18%	62%
		上位 10%	90%	0%	0%	6%	4%	90%

ア　正しい。

　会社法 207 条 9 項 5 号，1 項，商登法 56 条 3 号イにより，本記述は正しい。金銭以外の財産を出資の目的とする場合において，検査役が選任されたときは，募集株式の発行による変更の登記の申請書には，検査役の調査報告を記載した書面及びその附属書類を添付しなければならない（商登法 56 条 3 号イ）。もっとも，**現物出資財産が株式会社に対する金銭債権（弁済期が到来しているものに限る。）であって，当該金銭債権について定められた金銭以外の財産の価額が当該金銭債権に係る負債の帳簿価額を超えないときは，当該金銭債権についての現物出資財産の価額の調査に関する検査役の選任の申立てを要しない**（会社法 207 条 9 項 5 号，1 項）。よって，本記述の場合，募集株式の発行による変更の登記の申請書には，当該金銭債権について記載された会計帳簿（商登法 56 条 3 号ニ）を添付すれば足り，検査役の調査報告書及びその附属書類の添付を要しない（商登法 56 条 3 号イ参照）。なお，株式会社に対する金銭債権を含む現物出資財産について，募集事項として定められた価額の総額が 500 万円以内であるときは，会社法 207 条 9 項 2 号の規定によって検査役の選任を要しないことは添付書面によって明らかであるから，会計帳簿の添付も不要となる。

イ　誤　り。

　本記述は，割当てに関する代表取締役の決定を証する書面を添付しなければならないとしている点で，誤っている。募集株式が譲渡制限株式である場合には，募集株式の割当ての決定は，株主総会（取締役会設置会社にあっては，取締役会）の決議によらなければならない（会社法 204 条 2 項本文，1 項）。本記述における株式会社は種類株式発行会社でない公開会社であることから，**募集株式は譲渡制限株式ではない**。よって，**代表取締役の決定により募集株式の割当てを行うことができるが，この場合における募集株式の発行による変更登記の申請においては，当該割当てに関する代表取締役の決定を証する書面の添付を要しない**（商登法 46 条 2 項参照，平 18.3.31 民商 782 参照）。

ウ　正しい。

　会社法 199 条 4 項，202 条 5 項，商登法 46 条 2 項により，本記述は正しい。種類株式発行会社において，**第三者割当てによる募集株式の種類が譲渡制限株式であるときは，当該種類の株式に関する募集事項の決定は，当該種類株主総会の決議がなければ，その効力を生じない**（会社法 199 条 4 項本文）。よって，本記述の場合，募集事項の決定に係る当該種類株主総会の議事録を添付しなければならない（商登法 46 条 2 項）。

エ　誤　り。

　公開会社でない株式会社が第三者割当てにより募集株式の発行をする場合，取締役会設置会社であっても，**募集事項の決定は株主総会の特別決議**によることが原則であり（会社法 199 条 2 項，309 条 2 項 5 号），募集株式の発行による変更の登記の申請書には，その決定に係る株主総会議事録の添付を要する（商登法 46 条 2 項）。他方，**割当ての決定**について

は，募集株式が譲渡制限株式である場合には，定款に別段の定めがある場合を除き，株主総会の特別決議（取締役会設置会社にあっては，取締役会の決議）によらなければならなず（会社法204条2項，309条2項5号），取締役会設置会社にあっては，割当ての決定に係る取締役会議事録の添付を要する（商登法46条2項）。本記述の株式会社は**公開会社でない取締役会設置会社**であることから，募集株式は譲渡制限株式であり，また，本問のなお書により定款に別段の定めはないので，割当ての決定は取締役会の決議によらなければならない。そのため，募集事項の決定については株主総会の決議によるが，その総会で同時に割当てに関する事項を決定することはできない。よって，割当ての決定機関を株主総会とする旨の別段の定めがある定款を併せて添付しない限り（商登規61条1項），募集事項の決定と割当ての決定を同時に行ったとする株主総会の議事録を添付して募集株式の発行による変更の登記を申請することはできない。したがって，本記述は誤っている。

オ誤　り。

本記述は，株主総会の特別決議に係る議事録を添付しなければならないとしている点で，誤っている。公開会社が第三者割当てにより募集株式の発行をする場合，有利発行のときは，①株主総会の特別決議又は，②株主総会の特別決議による委任に基づく取締役会の決議によって募集事項の決定をしなければならない（会社法201条1項，199条3項，2項，200条2項，1項）。しかし，**有利発行のために株主総会の決議を要する場合における株主総会議事録の添付は要しないものと解されている**（昭30.6.26民甲1333参照）。そもそも有利発行か否かを申請書から判断すること自体が困難であるし，会社が第三者に対する有利発行を株主総会の特別決議を得ずに行っても，新株発行の無効原因とはならない（最判昭46.7.16）ことから，申請書に株主総会議事録の添付を要する場合を規定する商業登記法46条2項の「登記すべき事項につき株主総会…の決議を要するとき」に該当しないためである。

以上により，正しい記述はアとウであり，したがって正解は肢1となる。

No	科　目	区分	正答率	肢別解答率				
				1	2	3	4	5
30	商登法	全体	45%	45%	17%	8%	3%	25%
		上位10%	75%	75%	17%	2%	0%	6%

吸収合併による変更の登記

ア 正しい。

吸収合併存続株式会社が，合併対価として，消滅会社の株主に存続会社の株式を交付する場合（会社法 749 条 1 項 2 号），新株だけでなく，存続会社の自己株式をも交付することができる。ところで，吸収合併消滅会社の資産に存続会社の株式が含まれていた場合，存続会社は吸収合併の効力発生日にこれを承継し（会社法 750 条 1 項），当該株式は存続会社の自己株式となる。**存続会社は，合併前から保有していた自己株式だけでなく，このように合併と同時に消滅会社から承継する自己株式をも，消滅会社の株主に交付することができる**と解されている。よって，合併対価として消滅会社から承継する自己株式を含めて消滅会社の株主に交付する存続会社の株式の数（会社法 749 条 1 項 2 号イ）を定めた合併契約書を添付して（商登法 80 条 1 号），吸収合併による変更の登記を申請することができる。したがって，本記は正しい。なお，本記述で問題になっているのは，合併対価を受けることができる消滅会社の株主に関する規定（会社法 749 条 1 項 3 号）において，消滅会社及び存続会社が除かれる点ではない。

イ 誤 り。

本記述は，株主全員の同意があったことを証する書面を添付しなければならないとしている点で，誤っている。**存続会社における吸収合併の承認**は，原則として**株主総会の特別決議**による（会社法 795 条 1 項，309 条 2 項 12 号）。このことは，承継債務額が承継資産額を超える場合（会社法 795 条 2 項 1 号）であっても同様である。よって，本記述においては，株主全員の同意があったことを証する書面の添付を要しない（商登法 46 条 2 項）。なお，承継債務額が承継資産額を超える場合（会社法 795 条 2 項 1 号）には，存続会社における簡易合併の割合的要件（会社法 796 条 2 項柱書本文，1 号，2 号）を満たすときであっても，簡易合併によることができない（会社法 796 条 2 項柱書ただし書）。

ウ 正しい。

会社法 789 条 3 項，2 項，商登法 80 条 8 号により，本記述は正しい。吸収合併消滅会社においては，**官報公告**のほか，定款所定の公告方法（日刊新聞紙に掲載する方法又は**電子公告**）によって債権者保護手続に係る公告を行うこと（いわゆる二重公告）により各別の催告（会社法 789 条 2 項）を省略することが認められる（会社法 789 条 3 項）。この**二重公告**によった場合，**吸収合併存続会社がする吸収合併による変更の登記の申請書には，これらの方法によって公告をしたことを証する書面を添付すれば足り**（商登法 80 条 8 号括弧書），不法行為によって生じた吸収合併消滅会社の債務の債権者がいるときであっても，**各別の催告をしたことを証する書面を添付することを要しない**。なお，吸収分割については，不法行為によって生じた吸収分割株式会社の債務の債権者がいる場合は，二重公告をした場合であっても，各別の催告をしたことを証する書面を添付することを要するものとされている（会社法 789 条 3 項括弧書，商登法 85 条 8 号）

エ誤　り。

　本記述は，一括して記載しなければならないとしている点で，誤っている。**存続会社が 1 通の吸収合併契約書により複数の消滅会社との間で吸収合併をする場合であっても，吸収合併は消滅会社ごとに各別に行われたものである**ことから，吸収合併による変更の登記の申請書には，登記すべき事項として，各消滅会社ごとに各別に合併した旨を記載しなければならない（平 20.6.25 民商 1774）。

オ誤　り。

　本記述は，存続会社の株主に対して通知したことを証する書面を添付しなければならないとしている点で，誤っている。**消滅会社の資産に存続会社の株式が含まれる場合**，取締役は，吸収合併契約の承認に係る**株主総会において，当該株式に関する事項を説明しなければならない**（会社法 795 条 3 項）。しかし，この場合について，吸収合併による変更登記の申請書に，存続会社が当該株式に関する事項を存続会社の株主に対して**通知したことを証する書面の添付を要する旨の規定は存しない**（商登法 80 条参照）。なお，存続会社は，効力発生日の 20 日前までに，その株主に対し，吸収合併をする旨並びに消滅会社の商号及び住所を通知しなければならないが，この通知をしたことを証する書面の添付を要する旨の規定もない（会社法 797 条 3 項，商登法 80 条参照）。

　以上により，正しい記述はアとウであり，したがって正解は肢 1 となる。

No	科　目	区分	正答率	肢別解答率				
				1	2	3	4	5
31	商登法	全体	49%	49%	20%	7%	10%	14%
		上位 10%	77%	77%	8%	2%	4%	8%

ア　正しい。

　登記すべき事項につき**株主全員の同意を要する場合**における登記の申請書に添付すべき株主リストには，総議決権に対する各株主の有する**議決権の割合について記載することを要しない**（商登規61条2項参照）。登記すべき事項につき株主総会の決議を要する場合には，各株主の議決権の割合は，株主リストに記載する株主の数に影響を与える重要な事項であるのに対し（商登規61条3項），株主全員の同意を要する場合には，各株主の議決権の割合を問題とする必要がないからである（登研823P.53）。したがって，本記述は正しい。

イ　誤　り。

　本記述は，株主全員の氏名又は名称を記載しなければならないとする点で，誤っている。会社法319条1項の規定により**株主総会の決議があったものとみなされる場合**に添付すべき**株主リスト**は，①登記すべき事項につき株主全員の同意を要する場合における株主リスト（商登規61条2項）ではなく（登研823P.51），②**登記すべき事項につき株主総会の決議を要する場合における株主リスト**（商登規61条3項）である（商登規61条3項柱書の2つ目の括弧書，平28.6.23民商98）。そして，②の株主リストには，議決権を行使することができる株主全員の氏名又は名称を記載する必要はなく，総株主の議決権（当該決議において行使することができるものに限る。）の数に対するその有する議決権数の割合が高いことにおいて上位となる株主であって，10名又はその有する議決権の割合を当該割合の多い順に順次加算し，その加算した割合が3分の2に達するまでの人数のうちいずれか少ない人数の株主について，その氏名又は名称を記載すれば足りる。

ウ　誤　り。

　本記述は，株主名簿を添付すれば足りるとする点で，誤っている。登記すべき事項につき株主総会の決議を要する場合における株主リスト（商登規61条3項）と株主名簿（会社法121条）とでは，後者につき議決権数の記載を要しないことなど，記載内容が異なるものであるから，**株主名簿の添付により，株主リストの添付を不要とすることはできない**（法務省ホームページの株主リストに関するよくあるご質問Q4）。

エ　誤　り。

　本記述は，欠席した株主の氏名又は名称を記載することを要しないとする点で，誤っている。登記すべき事項につき株主総会の決議を要する場合における株主リスト（商登規61条3項）には，自己株式等の議決権を有しない株式の株主を除き，**当該株主総会において，当該決議事項につき議決権を行使することができた株主**全ての中から対象となる株主が記載されている必要があり，**株主総会に実際に出席した株主に限られない**（平28.6.23民商99，登研823P.43）。よって，本記述のように議決権数において最上位の株主が欠席した場合であっても，株主リスト（商登規61条3項）には，当該株主の氏名又は名称を記載しなければならない。

オ正しい。

登記すべき事項につき株主全員の同意を要する場合における株主リスト（商登規 61 条 2 項）には，**株主全員の氏名等を記載しなければならない**（登研823P. 52）。よって，**議決権を行使することができない株式（自己株式等）を保有している株主の株式の数も記載する必要がある**（法務省ホームページの株主リストに関するよくあるご質問Q8，商登規 61 条 2 項 1 号）。したがって，本記述は正しい。

以上により，正しい記述はアとオであり，したがって正解は肢 2 となる。

No	科 目	区分	正答率	肢別解答率				
				1	2	3	4	5
32	商登法	全体	33%	38%	33%	11%	5%	12%
		上位 10%	38%	46%	38%	6%	2%	8%

ア 正しい。

商登法 96 条 1 項，94 条 2 号ハにより，本記述は正しい。合名会社の社員の加入による変更登記の申請書には，当該社員が**代表社員**であり，かつ**法人**であるときは，当該法人の登記事項証明書のほか，職務を行うべき者の選任に関する書面及びその者の**就任承諾書**を添付しなければならない（商登法 96 条 1 項括弧書，94 条 2 号）。

イ 誤 り。

本記述は，合名会社の解散の登記の申請書に総社員の同意があったことを証する書面を添付しなければならないとしている点で誤っている。合名会社から合資会社への種類変更には，総社員の同意による定款変更が必要である（会社法 637 条，638 条 1 項）。もっとも，この**同意を証する書面**（商登法 111 条，93 条）については，**合資会社の種類変更による設立の登記の申請書に添付**しなければならず（平 18.3.31 民商 782），合名会社の解散の登記の申請書に添付することを要しない（商登法 106 条 2 項）。

ウ 正しい。

商登法 118 条，93 条，商登規 92 条前段，61 条 9 項により，本記述は正しい。**合同会社における資本剰余金の資本組入れによる資本金の額の変更の登記の申請書**には，増加すべき資本金の額の決定につき**業務執行社員の過半数の一致があったことを証する書面**の添付を要し（商登法 118 条，93 条）また，**資本金の額が会社法及び計算規則の規定に従って計上されたことを証する書面**の添付を要する（商登規 92 条前段，61 条 9 項）。なお，新たな出資による社員の加入又は社員の出資の価額の増加に伴い合同会社の資本金の額が増加した場合については，出資に係る財産が金銭のみであるときは，当該資本金の額の変更の登記の申請書に，資本金の額が会社法及び計算規則の規定に従って計上されたことを証する書面の添付を要しない（平 19.1.17 民商 91）。

エ 誤 り。

本記述は，総社員の同意があったことを証する書面を添付しなければならないとする点で，誤っている。**合同会社の設立時の資本金の額**は，定款に別段の定めがない限り，**業務執行社員の過半数の一致で定める。**よって，資本金の額の決定について，合同会社の設立の登記の申請書に添付するのは，業務執行社員の過半数の一致を証する書面（商登法 118 条，93 条）で足り，総社員の同意があったことを証する書面の添付は必要ない。

オ 誤 り。

本記述は，業務執行社員の重任による変更の登記を申請しなければならないとする点で，誤っている。持分会社の社員につき株式会社の役員のような法定の任期はないが，定款によって任期を定めることはできる。しかし，**定款に業務執行社員の任期の定めがある合同会社において，業務執行社員の定款所定の任期の満了後，直ちに同人が再度業務執行社員に指定された場合であっても，重任による変更の登記を申請する必要はない**（平 20.11.21

民商 3037)。このような場合における合同会社の合理的意思は，任期満了に伴い業務執行権を喪失した社員に再度業務執行権を付与する決定をしたというところにはなく，当該業務執行社員以外の業務執行権を有しない社員についての業務執行権の制限期間を延長する旨の決定をしたというところにあると解されるからである（登研 732P. 126）。

以上により，正しい記述はアとウであり，したがって正解は肢 2 となる。

No	科　目	区分	正答率	肢別解答率				
				1	2	3	4	5
33	商登法	全体	54%	18%	54%	10%	12%	6%
		上位 10%	88%	10%	88%	0%	2%	0%

ア　誤　り。

　本記述は，評議員会を置く一般財団法人である旨を記載しなければならないとしている点で，誤っている。一般財団法人は，評議員，**評議員会**，理事，理事会及び監事を置かなければならない（法人法 170 条 1 項）。理事会・監事など一般財団法人に必ず置かれる機関については，一般社団法人と異なり，登記事項とされておらず，また，**評議員会を置く一般財団法人である旨も，登記事項とされていない**（会社法 302 条 2 項参照）。よって，一般財団法人の設立の登記の申請書に，登記すべき事項として，評議員会を置く一般財団法人である旨を記載する必要はない。

イ　誤　り。

　本記述は，定款を添付することを要しないとしている点で，誤っている。清算一般財団法人においては，①清算開始時の理事（②又は③に掲げる者がいない場合），②定款で定める者，③評議員会の決議により選任された者，又は④裁判所に選任された者が清算人となる（法人法 209 条）。①の場合は定款に清算人に関する特別の定めがないことを確認するため，②の場合には定款の定めどおりの登記申請であることを確認するため，一般財団法人が解散した場合の清算人の登記の申請書に定款を添付する必要があるが，清算人会設置一般財団法人である旨が登記事項とされているところから，これら以外であっても，登記官は，一般財団法人が解散した場合の清算人の登記に当たって，定款により清算人会を設置する旨の定めの有無を確認する必要がある。このため，①から④まで**いずれの場合においても，最初の清算人の登記の申請書には，定款を添付しなければならない**とされている（法人法 326 条 1 項，平 20.9.1 民商 2351）。

ウ　誤　り。

　本記述は，遺言書又は遺言書情報証明書を添付しなければならないとしている点で，誤っている。設立者は，遺言で定款の内容を定めて一般財団法人を設立意思する表示をすることができ，この場合においては，遺言執行者は，当該遺言の効力が生じた後，遅滞なく，当該遺言で定めた事項を記載した定款を作成し，これに署名し，又は記名押印（定款が電磁的記録をもって作成されているときは電子書面）しなければならない（法人法 152 条 2 項）。そして，これらの定款は，公証人の認証を受けなければ，その効力を生じない（法人法 155 条）。**一般財団法人の設立の登記の申請書には，公証人の認証を受けた定款を添付しなければならず**（法人法 319 条 2 項 1 号），**遺言書又は遺言書情報証明書の添付は要求されていない**。

エ　正しい。

　法人法 319 条 2 項 2 号により，本記述は正しい。設立者は，定款の認証後遅滞なく，定款に記載した財産を拠出しなければならない（法人法 157 条 1 項本文，153 条 1 項 5 号）。そして，**一般財団法人の設立の登記の申請書には，財産の拠出の履行があったことを証する書面を添付しなければならない**（法人法 319 条 2 項 2 号）。

オ正しい。

法登規3条，商登規61条4項前段括弧書，5項により，本記述は正しい。取締役会設置会社の設立（**合併及び組織再編による設立を除く。**）の登記の申請書には，設立時代表取締役が就任を承諾したことを証する書面の印鑑につき市町村長の作成した証明書を添付しなければならない（商登規61条4項前段，5項）。一般社団法人等登記規則3条はこれらの商業登記規則の規定を準用しているから，理事会設置一般社団法人又は（理事会の設置が強制される）**一般財団法人の通常の設立の登記**の申請書には，**設立時代表理事が就任を承諾したことを証する書面の印鑑につき市町村長の作成した証明書を添付しなければならない**ことになる。他方，商業登記規則61条4項前段の括弧書によって，**一般財団法人の合併による設立の登記**の申請書については，設立時代表理事が就任を承諾したことを証する書面の印鑑につき市町村長の作成した証明書の添付を要しないことになる。

以上により，正しい記述はエとオであり，したがって正解は肢5となる。

No	科　目	区分	正答率	肢別解答率				
				1	2	3	4	5
34	商登法	全体	41%	2%	4%	13%	39%	41%
		上位10%	69%	0%	2%	4%	23%	69%

ア 第1欄と第2欄は同額である。

第1欄について

新設分割による株式会社の設立の登記の登録免許税は,資本金の額の1000分の7（これによって計算した税額が金3万円に満たないときは,申請1件につき金3万円）である（登免法別表1.24.(1)ト）。よって,新設分割により,資本金の額を1000万円とする株式会社の設立の登記の登録免許税は,**金7万円**である。

第2欄について

株式会社の資本金の増加の登記の登録免許税は,増加した資本金の額の1000分の7（これによって計算した税額が金3万円に満たないときは,申請1件につき金3万円）である（登免法別表1.24.(1)ニ）。よって,募集株式の発行により,資本金の額を1000万円から2000万円に増加した株式会社がする変更の登記の登録免許税は,**金7万円**である。

イ 第1欄と第2欄は同額である。

第1欄について

発起設立又は募集設立の方法による株式会社の設立の登記の登録免許税は,資本金の額の1000分の7（これによって計算した税額が金15万円に満たないときは,申請1件につき金15万円）である（登免法別表1.24.(1)イ）。よって,募集設立の方法により,資本金の額を1000万円とする株式会社の設立の登記の登録免許税は,**金15万円**である。

第2欄について

株式移転による株式会社の設立の登記の登録免許税は,資本金の額の1000分の7（これによって計算した税額が金15万円に満たないときは,申請1件につき金15万円）である（登免法別表1.24.(1)イ,ホ,ヘ,ト参照）。よって,株式移転により,資本金の額を1000万円とする株式会社の設立の登記の登録免許税は,**金15万円**である。

ウ 第1欄のほうが第2欄より高額である。

第1欄について

監査役に関する事項の変更登記の登録免許税は,申請件数1件につき金3万円（資本金の額が金1億円以下の会社については,金1万円）である（登免法別表1.24.(1)カ）。よって,資本金の額が1000万円である清算株式会社がする監査役の辞任及び就任による変更の各登記を一の申請書で申請する場合の登録免許税は,**金1万円**である。

第2欄について

清算人の登記の登録免許税は,申請件数1件につき金9000円である（登免法別表1.24.(4)イ）。よって,資本金の額が3億円である株式会社がする最初の清算人及び代表清算人の就任の各登記を一の申請書で申請する場合の登録免許税は,**金9000円**である。

エ第2欄のほうが第1欄より高額である。

第1欄について

吸収分割による株式会社の資本金の増加の登記の登録免許税は，増加した資本金の額の1000分の7（これによって計算した税額が金3万円に満たないときは，申請件数1件につき金3万円）である（登免法別表1.24.(1)チ）。よって，吸収分割により，資本金の額が1000万円から2000万円に増加した吸収分割承継会社がする吸収分割による変更の登記の登録免許税は，**金7万円**である。

第2欄について

登記事項の変更登記の登録免許税は，申請件数1件につき金3万円である（登免法別表1.24.(1)ツ）。支配人の選任の登記又はその代理権の消滅の登記の登録免許税は，申請件数1件につき金3万円である（登免法別表1.24.(1)ヨ）。また，支配人の選任の登記と，その代理権の消滅の登記は，登録免許税法別表中，それぞれ別個の区分とするとされている（昭42.7.22民甲2121）。よって，株式会社がする資本金の額を1億円から1000万円に減少する変更，本店に置いた支配人Aの代理権消滅及び本店に置いた支配人Bの選任の各登記を一の申請書で申請する場合の登録免許税は，**金9万円**である。

オ第1欄のほうが第2欄より高額である。

第1欄について

取締役会，監査役会等の変更登記の登録免許税は，申請件数1件につき金3万円である（登免法別表1.24.(1)ワ）。また，取締役に関する事項の変更登記の登録免許税は，申請件数1件につき金3万円（資本金の額が金1億円以下の会社については，金1万円）である（登免法別表1.24.(1)カ）。よって，資本金の額が1000万円である株式会社がする取締役会設置会社の定めの設定の登記及び取締役の就任による変更の各登記を一の申請書で申請する場合の登録免許税は，**金4万円**である。

第2欄について

監査役に関する事項の変更登記の登録免許税は，申請件数1件につき金3万円（資本金の額が金1億円以下の会社については，金1万円）である（登免法別表1.24.(1)カ）。監査役の監査の範囲を会計に関するものに限定する旨の定めの設定又は廃止の登記の登録免許税も，申請件数1件につき金3万円（資本金の額が金1億円以下の会社については，金1万円）である（登免法別表1.24.(1)カ）。よって，資本金の額が2億円である株式会社がする①監査役の監査の範囲を会計に関するものに限定する旨の定款の定めの廃止，②監査役の退任及び③就任による変更の各登記を一の申請書で申請する場合の登録免許税は，いずれも同一区分によることとなり，**金3万円**である。

以上により，第1欄のほうが第2欄より登録免許税の額が高いものはウとオであり，したがって，正解は肢4となる。

No	科 目	区分	正答率	肢別解答率				
				1	2	3	4	5
35	商登法	全体	42%	9%	9%	30%	42%	10%
		上位10%	79%	0%	2%	13%	79%	6%

解 説
記 述 式

○第 36 問
（午後の部・不動産登記）

●第 37 問
（午後の部・商業登記）

第1欄		(1)	(2)	(3)
登記の目的		1番所有権登記名義人住所，名称変更	所有権移転	登記不要
申請事項等	登記原因及びその日付	平成29年9月1日本店移転 平成24年4月6日商号変更	令和3年6月1日会社分割	
	上記以外の申請事項等	変更後の事項 　本店　秋田市大字南長池 　　100番地1 　商号　株式会社こまち 申請人　株式会社こまち	権利者　株式会社はやぶさ 義務者　株式会社こまち	
添付情報		イ	ア，ウ，コ，イ	
登録免許税額		金1000円	金15万7000円	

第2欄		(1)	(2)	(3)	(4)
登記の目的		1番根抵当権変更	1番根抵当権変更	1番共同根抵当権分割譲渡	登記不要
申請事項等	登記原因及びその日付	平成29年9月1日本店移転 平成24年4月6日商号変更	令和3年6月1日会社分割	令和3年6月10日分割譲渡	
	上記以外の申請事項等	変更後の事項 　債務者の住所・名称 　　秋田市大字南長池100番地1 　　株式会社こまち 権利者 　株式会社羽後銀行 義務者 　株式会社はやぶさ	変更後の事項 　債務者 　　秋田市大字南長池100番地1 　　株式会社こまち 　秋田市大字南長池100番地1 　　株式会社はやぶさ 権利者　株式会社羽後銀行 義務者　株式会社はやぶさ	根抵当権の表示 平成4年7月13日受付第19716号 原因　平成4年7月13日設定 極度額　金1500万円 　（分割後の原根抵当権の極度額　金3000万円） 債権の範囲 　銀行取引　手形債権 　小切手債権 債務者 　秋田市大字南長池100番地1 　　株式会社こまち 　秋田市大字南長池100番地1 　　株式会社はやぶさ 分割前の根抵当権に関する 　共同担保　目録（け）第9470号 権利者　株式会社奥羽銀行 義務者　株式会社羽後銀行	
添付情報		イ，ス，セ，ウ，エ	ウ，ス，セ，エ	キ，シ，ナ（株式会社はやぶさ），エ，オ	
登録免許税額		金2000円	金2000円	金3万円	

第3欄

		(1)	(2)	(3)
登記の目的		1番（あ）共同根抵当権変更	1番（い）共同根抵当権変更	登記不要
申請事項等	登記原因及びその日付	令和3年6月18日変更	令和3年6月18日変更	
	上記以外の申請事項等	変更後の事項 債権の範囲 　　銀行取引　手形債権 　　小切手債権　電子記録債権 　　令和3年6月1日会社分 　　割の効力発生前の根抵当 　　権者の株式会社はやぶさ 　　に対する債権 権利者　株式会社羽後銀行 義務者　株式会社はやぶさ	変更後の事項 債務者 　　秋田市大字南長池100番 　　地1 　　　株式会社はやぶさ 権利者　株式会社はやぶさ 義務者　株式会社奥羽銀行	

第4欄

① 売買契約の締結に当たって会社法上求められる手続
　株式会社はやぶさの株主総会による利益相反取引の承認

② 当該売買契約に基づく登記を申請する場合に当該会社法上求められる手続との関係で提供しなければならない添付情報
　株式会社はやぶさの登記原因についての第三者の承認を証する情報として株主総会議事録

③ 上記①及び②の理由
　株式会社とその取締役との間の売買は利益相反取引に当たるところ，株式会社はやぶさとその取締役である佐藤一郎がB建物の売買をしているから。

第36問の答案構成シート

> 答案構成シート I

[事実関係]

年月日	事実	注意点及び申請すべき登記
①		
H24.4.6	平成24年4月6日、A土地の1番所有権登記名義人であり、A土地及びB建物の1番共同根抵当権の債務者でもある有限会社秋田商店は、商号を株式会社こまちへと変更し、株式会社へと移行した。	・会社分割により承継する権利義務は、吸収分割契約又は新設分割計画の定めによって決まる（ただし、元本確定前の根抵当権については、当然に承継される）。よって、分割会社の権利を承継会社又は設立会社が承継する旨の定めがなかされた場合には、「会社分割」を原因として権利移転の登記を申請することになる。
H29.9.1	平成29年9月1日、株式会社こまちは、本店を秋田市大字鶴我435番地から、秋田市大字南長池100番地1へと移転した。	・登記申請情報の内容である登記義務者の氏名・住所がA土地の登記記録上の表示と合致しないため、当該会社分割による移転登記の前提として、登記名義人の名称及び住所の変更登記を申請すべきことになる。⇒A土地につき、「平成29年9月1日日本店移転 平成24年4月6日商号変更」を原因とする1番所有権登記名義人住所、名称変更の登記を申請する（第1欄(1)）。
R3.4.14	令和3年6月1日、株式会社こまちを承継会社、株式会社こまちを分割会社とする吸収分割がなされた。承継資産にA土地が含まれている。	次いで、A土地につき、「令和3年6月1日会社分割」を原因とする所有権の移転の登記を申請する（第1欄(2)）。
R3.6.1	同年4月14日、B建物の1番所有権登記名義人であり、株式会社こまち及び株式会社こまちの代表取締役である佐藤一郎は、売買代金完済を所有権移転時期とする特約として株式会社こまちとB建物の売買契約を締結した。	・元本確定前の根抵当権について、当該根抵当権の債務者を分割会社とする会社分割が生じた場合には、法律上当然に分割会社及び設立会社を債務者とする共用根抵当権となる。・根抵当権の債務者変更登記を申請するにあたり、登記簿上の債務者の住所氏名に変更が生じている場合、その債務者の住所氏名の変更登記が必要となる。
R3.6.10	同年6月10日、株式会社こまちは、住	・根抵当権の分割譲渡とは、元本確定前に根抵当権者が根抵当権設定者の承諾を得て、その根抵当権を2個に分割し、その一方を第三者に譲渡することをいう。⇒A土地及びB建物につき、「平成29年4月6日商

号変更」を原因とする1番根抵当権変更の登記を申請する（第2欄(1)）。

次いで、A土地及びB建物につき、「令和3年6月1日会社分割」を原因とする1番根抵当権変更の登記を申請する（第2欄(2)）。

次いで、A土地及びB建物につき、「令和3年6月10日分割譲渡」を原因とする1番共同根抵当権分割譲渡の登記を申請する（第2欄(3)）。

・取締役が自己又は第三者のために株式会社と取引を行う場合、株主総会（取締役会設置会社においては、取締役会）の承認を要する。佐藤一郎と株式会社はやぶさ間のB建物の売買が利益相反取引に該当するため、佐藤一郎は利益相反取引の承認を受けたことを証する株式会社はやぶさの株主総会（取締役会設置会社においては取締役会）議事録の提供が必要である旨を第4欄に記載する。

・債権の範囲の変更及び債務者の変更は、元本確定前に限りすることができる。

・債権の範囲の変更及び債務者の変更をする場合には、利害関係人の承諾を得る必要はない。

・根抵当権の債務者の変更の登記の申請は、債務者が減縮することが明らかな場合は、根抵当権者を登記権利者、根抵当権設定者を登記義務者とする。

⇒A土地及びB建物につき、「令和3年6月18日変更」を原因とする1番（あ）共同根抵当権変更の登記を申請する（第3欄(1)）。

次いで、A土地及びB建物につき、「令和3年6月18日変更」を原因とする1番（い）共同根抵当権変更の登記を申請する（第3欄(2)）。

※第3欄(1)と(2)の順序は、いずれが先でも構わない。

藤一郎に対し、B建物の売買代金を支払った。

同日、A土地及びB建物の極度額4500万円の確定前の1番共同根抵当権である株式会社奥羽後銀行は、1番共同根抵当権を極度額3000万円の共同根抵当権と極度額1500万円の共同根抵当権とに分割して、極度額1500万円の共同根抵当権を株式会社奥羽後銀行に譲渡し、同日、以上の事実に関する登記申請が完了した。

② R3.6.18

令和3年6月18日、株式会社奥羽後銀行を根抵当権者とする極度額3000万円の1番（あ）共同根抵当権について、担保すべき債権の範囲に根抵当権者・債務者間の電子記録債権法に基づく電子記録債権及び本件会社分割の効力発生前の根抵当権のはやぶさに対する債権を加える変更契約が締結された。

同日、株式会社奥羽後銀行が譲り受けた極度額1500万円の1番（い）共同根抵当権について、債務者をはやぶさとする変更契約が締結された。

▷答案構成シートⅡ［申請する登記と登記記録］

◆A土地

甲区

申請すべき登記	事実関係	名義人	登記の目的	原因	順位
1番所有権登記名義人住所，名称変更 H29.9.1 本店移転 H24.4.6 商号変更	登記名義人から株式会社への商号変更による移転，本店移転	有限会社秋田商店	所有権移転	H3.12.20 売買	1
所有権移転 R3.6.1 会社分割	(株)はやぶさを承継会社，(株)こまちを分割会社とする吸収分割，A土地は承継財産	(株)こまち	1番所有権登記名義人住所，名称変更 H29.9.1 本店移転 H24.4.6 商号変更		1-1
		(株)はやぶさ	所有権移転 R3.6.1 会社分割		2

乙区

申請すべき登記	事実関係	名義人	登記の目的・原因	順位
1番根抵当権変更 H29.9.1 本店移転 H24.4.6 商号変更	債務者につき有限会社から株式会社への商号変更による本店移転	(株)羽後銀行	根抵当権設定 H4.7.13 設定	1 (あ)
1番根抵当権変更 R3.6.1 会社分割	債務者(株)こまち，(株)はやぶさを分割会社，(株)はやぶさを承継会社とする吸収分割		1番根抵当権変更 H29.9.1 本店移転 H24.4.6 商号変更	1-1
1番共同根抵当権分割譲渡 R3.6.10 分割譲渡 (職権・極度額変更)	(株)奥羽銀行へ一部分割譲渡 1500万（原根抵当は3000万となる）		1番根抵当権変更 R3.6.1 会社分割	1-2
1番(あ)共同根抵当権変更 R3.6.18 変更	債権の範囲に電子記録債権及び電子記録債権の効力発生前の根抵当権者の(株)はやぶさに対する債権を加える変更		1番(あ)共同根抵当権変更(職権) R3.6.18 変更	1-3
			1番(あ)共同根抵当権変更 R3.6.18 変更	1-4
1番(い)共同根抵当権変更 R3.6.18 変更	債務者を(株)はやぶさのみに変更	(株)奥羽銀行	1番共同根抵当権分割譲渡 R3.6.10 分割譲渡	1 (い)
			1番(い)共同根抵当権変更 R3.6.18 変更	1-1

◆B建物

甲　　区					乙　　区				
申請すべき登記	事実関係	名義人	登記の目的　原因	順位	順位	登記の目的	原因	名義人	事実関係	申請すべき登記
所有権移転 R3.6.10売買	佐藤一郎から（株） はやぶさへ売買	佐藤一郎	所有権保存 所有者　佐藤一郎	1	※乙区につきA土地と同内容のため省略					
		（株）はや ぶさ	所有権移転 R3.6.10売買	2						

- 232 -

▷答案構成シートの見方

事実関係を要約
または、別紙から読み取れる事実関係の要約

	年月日	事実	注意点及び申請すべき登記
①	H24.4.6 H29.9.1	平成24年4月6日, A土地の1番所有権登記名義人であり, A土地及びB建物の1番共同根抵当権の債務者でもある有限会社秋田商店は, 商号を株式会社こまちと変更し, 株式会社へと移行した。	・登記申請情報の内容である登記義務者の氏名・住所がA土地の登記記録上の表示と合致しないため, 当該会社分割による移転登記の前提として, 登記名義人の名称及び住所の変更登記を申請すべきこととなる。 →A土地につき,「平成29年9月1日本店移転 平成24年4月6日商号変更」を原因とする1番所有権登記名義人住所, 名称変更の登記を申請する(第1欄(1))。

◆A土地

この欄の登記の申請情報を解答欄に記載していくことになる。

申請すべき登記	事実関係	名義人	登記の目的	原因	順位
1番所有権登記名義人住所, 名称変更 H29.9.1本店移転 H24.4.6商号変更	登記名義人につき有限会社から株式会社への商号変更による本店移転	有限会社秋田商店	所有権移転	H3.12.20売買	1
		(株)こまち	1番所有権登記名義人住所, 名称変更 H29.9.1本店移転 H24.4.6商号変更		1-1

乙区

順位	登記の目的	原因	名義人	事実関係	申請すべき登記

事実から導き出した登記が登記記録に記録され, 何番で登記されるのかがこれで分かるか。

事実から導き出したものがこの欄で登記されるのかが, これで分かるか。

事実関係から導き出した申請すべき登記がメモされている。実際にどのように登記されていくのかを視覚化することで利害関係人の判断や, 登記識別情報の特定のミスを抑えられる。

Ⅰ. 所有権移転の前提としてする登記名義人の住所，名称変更の登記について（問 1）

Ⅱ. 共同根抵当権の分割譲渡（問 2）

Ⅲ. 共同根抵当権の債権の範囲，債務者の変更（問 3）

Ⅳ. 利益相反取引（問 4）

Ⅰ. 所有権移転の前提としてする登記名義人の住所，名称変更の登記について（問 1）

1. 登記名義人の住所，氏名の変更・更正の登記

(1) 意　義

登記名義人とは，登記記録の権利部に，所有権等の権利について，権利者として記録されている者をいう（不登法 2 条 11 号）。そして，登記名義人の氏名若しくは名称又は住所について変更があり，又は当初から誤って登記されている場合にはその変更又は更正登記を申請することになる（不登法 64 条 1 項参照）。

婚姻によって氏を改めた夫又は妻は，離婚によって婚姻前の氏に復する（民法 767 条 1 項，771 条）。また，特例有限会社は，定款を変更してその商号中に株式会社という文字を用いる商号の変更をすることができる（整備法 45 条 1 項）。

(2) 権利の登記の前提としての登記名義人の氏名等の変更・更正の登記

申請情報の内容である申請人（登記義務者又は登記名義人）の氏名若しくは名称又は住所が登記記録と合致しないことは，登記申請の却下事由である（不登法 25 条 7 号）。そのため，登記名義人の表示に変更があり，又は当初から誤って登記されている場合には，権利の登記の前提として，当該変更又は更正登記を申請しなければならない。しかし，例外として，登記名義人の氏名等の変更・更正の登記を省略することができる場合がある。

≪省略できる場合≫

① 所有権登記名義人の氏名等に変更（又は誤り）があったが，変更（又は更正）登記をしない間に相続が開始した場合の相続登記（明33.4.28民刑414）

⇒ 登記名義人である被相続人の氏名等の変更（又は更正）の登記を省略して，相続登記をすることができる。

② 所有権以外の権利（抵当権等）の登記の抹消（昭31.10.17民甲2370）

③ 所有権の仮登記の抹消（昭32.6.28民甲1249）

④ 買戻権の登記の抹消（登研460P.105）

⇒ ②から④までについては，当該抹消される登記の登記名義人の氏名等に変更（又は誤り）があった場合の話である。この場合，当該登記の抹消の申請において，その変更（又は更正）を証する情報を提供すれば，当該抹消される登記につき，登記

名義人の氏名等の変更（又は更正）の登記を省略することができる。

⇒ これら以外の登記の抹消につき，登記権利者の氏名等に変更が生じているとき又は当初から誤って登記されている場合は，当該権利者につき，登記名義人の氏名等の変更（又は更正）の登記を省略することはできない。

(3) 商号変更による株式会社への移行における不動産登記の手続

不動産の登記名義人である特例有限会社が商号変更による株式会社への移行をした場合，当該不動産について，どのような登記をするべきかが問題となる。この点，株式会社への移行における商業登記においては，単なる商号変更の登記ではなく，商号変更し移行したことによる設立の登記及び解散の登記をする。そして，この移行の実質は，法人格の同一性を維持したまま，有限会社という商号を株式会社に改める商号変更と解されるため，当該特例有限会社名義の不動産については，移転の登記をするのではなく，商号変更を原因とする登記名義人の名称変更の登記をすることになる（平 18.3.29 民 2.755 参照）。

2．会社分割

(1) 意 義

会社分割とは，株式会社又は合同会社がその事業に関して有する権利義務の全部又は一部を，既存の他の会社（承継会社）又は分割により設立する会社（設立会社）に承継させることを目的としてする会社の行為をいう。

そして，会社分割の種類としては，①吸収分割（会社分割をする会社の権利義務を既存の他の会社に承継させるもの。会社法 2 条 29 号），②新設分割（会社分割をする会社の権利義務を新たに設立する会社に承継させるもの。会社法 2 条 30 号）がある。

(2) 会社分割と登記手続

会社分割により承継する権利義務は，吸収分割契約又は新設分割計画の定めによって決まる（ただし，元本確定前の根抵当権については，当然に承継される）。

⇒ 分割会社の権利を承継会社又は設立会社が承継する旨の定めがなされた場合には，「会社分割」を原因として権利移転の登記を申請することになる。

⇒ 分割会社の抵当権付債務を承継会社又は設立会社が承継する旨の定めがなされた場合には，当該抵当権につき「会社分割」を原因とする抵当権変更の登記を申請することになる。

3．問 1（第 1 欄）について

A土地甲区 1 番の登記名義人である有限会社秋田商店は，平成 24 年 4 月 6 日に商号を株式会社こまちに変更し，平成 29 年 9 月 1 日に本店を移転した（別紙 3-1）。また，株式会社こまちは，令和 3 年 6 月 1 日を効力発生日として，A土地の所有権を株式会社はやぶさに承継させる旨を含む吸収分割をしたこと（別紙 2，別紙 3-1，別紙 3-2），が確認できる（事実関係 1）。

上記事実関係より，株式会社はやぶさは株式会社こまちに対し，会社分割による所有権の移転登記請求権を有することとなる。A土地の登記記録（別紙 1-1）では，甲区 1 番で

「所有者　秋田市大字鶴賀435番地　有限会社秋田商店」と記録されており，この登記記録のまま，会社分割による移転登記を申請すると，登記申請情報の内容である登記義務者の氏名・住所が登記記録上の表示と合致しないときに該当することとなり，却下を免れないこととなる（不登法25条7号）。よって，当該会社分割による移転登記の前提として，登記名義人の名称及び住所の変更登記を申請すべきこととなる。

≪第1欄(1)：名称変更及び住所移転による登記名義人の住所，名称変更の登記≫

(1)　登記の目的

「1番所有権登記名義人住所，名称変更」

(2)　登記原因及びその日付

「平成29年9月1日本店移転
　平成24年4月6日商号変更」

(3)　登記事項

「変更後の事項　本店　秋田市大字南長池100番地1
　　　　　　　　商号　株式会社こまち　　　　　　　　」

(4)　申請人

「申請人　株式会社こまち」

(5)　添付情報

①　登記原因証明情報（不登法61条）

・株式会社こまちの登記事項証明書

⇒　なお，登記名義人の氏名住所について変更があったことを証する市町村長等が職務上作成した情報が登記原因証明情報となる（不登令別表23添付情報）が，本問では，以下の【参考】記載のとおり，会社法人等番号を提供することができる。また，法令の規定により添付を省略することができる情報等についても，【添付情報一覧】から選択して記載することとされているが，該当する添付情報が【添付情報一覧】には見当たらないため，記載する必要はない（答案作成に当たっての注意事項2(2)(3)）。

【参考】会社法人等番号と他の情報の省略

　登記されている会社又は法人が申請人となる場合には，当該法人の代表者の資格を確認するため，会社法人等番号の提供を要する（不登令7条1項1号イ）。

　これにより申請人である法人は，申請情報に併せて提供するべき，印鑑証明書（不登規48条1号），住所証明情報（不登令別表30添付情報ロ），法人の名称変更等を証する変更証明情報（不登令9条，不登令別表23添付情報，平27.10.23民2.512），法人の合併による承継を証する情報（不登令7条1項5号イ，不登令別表22添付情報，平27.10.23民2.512），会社の分割による権利の登記の申請をする場合において登記原因証明情報の一部として提供すべき新設会社又は吸収分割承継会社の登記事項証明書の省略が可能である。

② 会社法人等番号（不登令 7 条 1 項 1 号イ）

・株式会社こまちの会社法人等番号

③ 代理権限証明情報（不登令 7 条 1 項 2 号）

・株式会社こまちの代表者の委任状

⑹ 登録免許税

不動産 1 個につき，1,000 円である（登免法別表第 1.1.(14)）

≪第 1 欄⑵：会社分割による所有権移転の登記≫

⑴ 登記の目的

「所有権移転」

⑵ 登記原因及びその日付

「令和 3 年 6 月 1 日会社分割」

⑶ 申請人

「権利者 株式会社はやぶさ

　義務者 株式会社こまち」

⑷ 添付情報

① 登記原因証明情報（不登法 61 条）

・吸収分割契約書，株式会社はやぶさの登記事項証明書

⇒ この登記事項証明書は，分割会社の登記事項証明書ではなく，会社分割の記載のある承
継会社の登記事項証明書である（平 18.3.29 民 2.755）。

⇒ 本問では上述の【参考】記載のとおり，会社法人等番号を提供することができる。また，
法令の規定により添付を省略することができる情報等についても，【添付情報一覧】から選
択して記載することとされているが，該当する添付情報が【添付情報一覧】には見当たら
ないため，記載する必要はない（答案作成に当たっての注意事項 2⑵⑶）。

会社分割による登記の登記原因証明情報について

吸収分割の効力が生じるのは，効力発生日として定められた日であるが，吸収分割の効力
を第三者に対抗するためには，その登記をする必要がある（会社法 908 条 1 項）。このように，
吸収分割による商業登記は，効力発生要件ではなく対抗要件とされており，吸収分割を原因
とする権利変動に関する不動産の登記を申請するに当たり，第三者対抗力を有しないうちに
登記をすることは妥当ではない。従って，会社分割による権利の移転の登記の申請において
は，会社分割の記載がある**承継会社の登記事項証明書**を提供しなければならないとされてい
る（平 18.3.29 民 2.755）。また，元本確定前の根抵当権を除き，吸収分割においては，分割
会社のどの財産が承継会社に承継されることとなるのかを証するために，登記原因証明情報
として**分割契約書**も提供しなければならないとされている。

---

② 登記済証（不登法 22 条）

・Ａ土地甲区 1 番の登記済証

③ 会社法人等番号（不登令 7 条 1 項 1 号イ）

・株式会社こまち及び株式会社はやぶさの会社法人等番号

④　代理権限証明情報（不登令7条1項2号）

・株式会社こまち及び株式会社はやぶさの代表者の委任状

⑤　住所証明情報（不登令別表30添付情報ロ）

・株式会社はやぶさの登記事項証明書

　　　⇒　本問では上述の【参考】記載のとおり，会社法人等番号を提供することができる。また，
　　　法令の規定により添付を省略することができる情報等についても，【添付情報一覧】から選
　　　択して記載することとされているが，該当する添付情報が【添付情報一覧】には見当たら
　　　ないため，記載する必要はない（答案作成に当たっての注意事項2(2)(3)）。

⑸　登録免許税

　　課税価格に1000分の20を乗じた額である（登免法別表1.1(2)ハ）。

≪第1欄⑶：登記不要≫

Ⅱ．共同根抵当権の分割譲渡（問 2）

1．債務者の会社分割

　　　元本確定前にその債務者を分割会社とする会社分割があったときは，根抵当権は分割の時に存する債務のほか，分割会社及び設立会社又は承継会社が分割後に負担する債務を担保する（民法 398 条の 10 第 2 項）。すなわち，元本確定前の根抵当権について，当該根抵当権の債務者を分割会社とする会社分割が生じた場合には，法律上当然に分割会社及び設立会社又は承継会社を債務者とする共用根抵当権となる。なお，元本確定前の根抵当権者又は債務者を分割会社とする会社分割があった場合，分割契約書等において当該根抵当権の帰属又は被担保債権の範囲について別段の定めを設けたときであっても，当該根抵当権につき，分割会社と設立会社又は承継会社の準共有とする根抵当権一部移転登記，又は分割会社と設立会社又は承継会社を債務者とする根抵当権変更登記をいったん申請した上で，当該別段の定めに基づいた登記を申請する必要がある（平 13.3.30 民 2.867）。

2．根抵当権の債務者変更登記の前提としてする債務者の住所，名称変更の登記

　　　抵当権，根抵当権の債務者変更登記を申請するにあたり，登記簿上の債務者の住所氏名に変更が生じている場合，その債務者の住所氏名に変更登記を省略することはできない（登研 452.P114）。

3．根抵当権の分割譲渡

⑴　分割譲渡の意義

　　根抵当権の分割譲渡とは，元本確定前に根抵当権者が根抵当権設定者の承諾を得て，その根抵当権を 2 個に分割し，その一方を第三者に譲渡することをいう（民法 398 条の 12 第 2 項，1 項）。

　　⇒《効果》

　　　分割譲渡した場合には，分割前の根抵当権とその内容（債権の範囲，債務者等）が同じ根抵当権が生じ，その内容が極度額を除き変更されることなく分割した根抵当権が第三者に移転する。ただし，極度額については，分割による 2 つの根抵当権の極度額の合計は，分割前の根抵当権の極度額と同額でなければならない。この点についてのみ内容が異なっていることになる。そして，譲り受けた根抵当権により，譲受人の当該債務者に対する債権の範囲（分割前根抵当権と同一）に属する債権で譲渡後の債権のほか，譲渡前から譲受人が有していた債権も担保されることとなる。

　　　また，他方の根抵当権は譲受人が根抵当権者となるのであり，譲渡人と譲受人との共有関係となるのではない。分割された根抵当権と原根抵当権とは，同順位の根抵当権となる。

　　分割譲渡ができない場合

　　□　X及びYの準共有の根抵当権を分割譲渡により，ただちにX及びYそれぞれの単有の根抵当権とすることはできない（昭 46.12.27 民 3.960）。

　　□　Xの根抵当権を分割譲渡により，Xの根抵当権を 2 個とすることはできない。

□　1個の根抵当権を分割譲渡により，3個の根抵当権とすることはできない。

　　⇒　根抵当権の分割譲渡は，1個の根抵当権を2個に分割するためのものであるから，3個にすることができない（民法398条の12第2項前段参照）。

(2)　分割譲渡の要件

①　元本確定前であること

②　根抵当権設定者（所有権の登記名義人）の承諾

③　根抵当権を目的とする権利を有する者がいる場合にはその者の承諾

　　⇒　②③については，効力要件であり，登記原因の日付に影響する。つまり，分割譲渡の契約日，承諾日のいずれか遅い日が登記原因の日付となる。

根抵当権を目的とする権利を有する者

①　根抵当権を目的とする転抵当権者

②　根抵当権の被担保債権に対する差押権者，仮差押権者

③　根抵当権の移転又は移転請求権の仮登記権利者

⇒　第三者の権利の目的となっている根抵当権が分割譲渡された場合，当該根抵当権を目的とした第三者の権利は，分割され譲渡された根抵当権を目的とした部分につき消滅することになるからである（民法398条の12第2項後段）。

4．第2欄について

A土地乙区1番及びB建物乙区1番の共同根抵当権の債務者である有限会社秋田商店は，平成24年4月6日に商号を株式会社こまちに変更し，平成29年9月1日に本店を移転した（別紙3-1）。また，株式会社こまちは，令和3年6月1日を効力発生日として，A土地の所有権を株式会社はやぶさに承継させる旨を含む吸収分割をしたこと（別紙2，別紙3-1，別紙3-2），が確認できる（事実関係1）。

上記事実関係より，A土地乙区1番及びB建物乙区1番の共同根抵当権は分割会社である株式会社こまちと承継会社である株式会社はやぶさを債務者とする共用根抵当権となるので，会社分割による債務者変更の根抵当権変更登記を申請すると判断することができる。A土地の登記記録（別紙1-1）及びB建物の登記記録（別紙1-2）では，乙区1番で「所有者　秋田市大字鶴賀435番地　有限会社秋田商店」と記録されており，当該会社分割による変更登記の前提として，登記名義人の名称及び住所の変更登記を申請すべきこととなる。

その後，株式会社羽後銀行は，A土地及びB建物で設定されている乙区1番共同根抵当権を令和3年6月10日付で極度額3000万円の共同根抵当権と極度額1500万円の共同根抵当権とに分割して，極度額1500万円の共同根抵当権を株式会社奥羽銀行に譲渡した（事実関係2(2)）。ここで，分割譲渡の要件である①元本確定前であること，②設定者の承諾があること，③根抵当権を目的とする権利を有する者がいる場合にはその者の承諾があるかを確認する。①については，登記記録の元本確定期日その他の元本確定事由となる事実を確認することになるが，本問では，このような事実はないので元本は確定していない。②については，根抵当権設定者である株式会社はやぶさの承諾が必要となる

ところ，この者の承諾も得られている（〔事実関係に関する補足〕1)。③については，根
抵当権を目的とする権利を有する者はいない。よって，令和 3 年 6 月 10 日付でA土地及
びB建物で設定されている乙区 1 番共同根抵当権の分割譲渡の登記を申請する。

≪第 2 欄(1)：根抵当権の債務者の住所，名称変更の登記≫

(1)　**登記の目的**

「1 番根抵当権変更」

(2)　**登記原因及びその日付**

「平成２９年９月１日本店移転

平成２４年４月６日商号変更」

(3)　**登記事項**

「変更後の事項

債務者の住所・名称

秋田市大字南長池１００番地１

株式会社こまち　　　　　　　」

(4)　**申請人**

「権利者　株式会社羽後銀行

義務者　株式会社はやぶさ」

(5)　**添付情報**

①　登記原因証明情報（不登法 61 条）

・株式会社こまちの登記事項証明書

法人の住所変更を証する変更証明情報（不登令別表 23 添付情報）として提供する。

⇒　本問では，上述の【参考】記載のとおり，会社法人等番号を提供することができる。ま
た，法令の規定により添付を省略することができる情報等についても，【添付情報一覧】か
ら選択して記載することとされているが，該当する添付情報が【添付情報一覧】には見当
たらないため，記載する必要はない（答案作成に当たっての注意事項 2(2)(3)）。

②　登記識別情報（不登法 22 条）

・A土地について 6 月 10 日付申請により通知される所有権に関する登記識別情報

・B建物について 6 月 10 日付申請により通知される所有権に関する登記識別情報

③　会社法人等番号（不登令 7 条 1 項 1 号イ）

・株式会社羽後銀行及び株式会社はやぶさの会社法人等番号

④　代理権限証明情報（不登令 7 条 1 項 2 号）

・株式会社羽後銀行及び株式会社はやぶさの代表者の委任状

(6)　**登録免許税**

不動産 1 個につき，1,000 円である（登免法別表第 1.1.(14)）

⇒　本問では，不動産が 2 個のため，2,000 円となる。

≪第2欄(2)：会社分割による根抵当権の債務者変更の登記≫

(1) 登記の目的

「１番根抵当権変更」

(2) 登記原因及びその日付

「令和３年６月１日会社分割」

(3) 登記事項

「変更後の事項

　債務者

　　秋田市大字南長池１００番地１

　　　株式会社こまち

　　秋田市大字南長池１００番地１

　　　株式会社はやぶさ　　　　　　」

※答案作成に当たっての注意事項１(3)により，申請人について，住所又は本店所在地，代表機関の資格及び氏名並びに会社法人等番号は記載することを要しないとされているが，根抵当権の登記事項である債務者の住所の記載は必要と考えられる。

(4) 申請人

「権利者　株式会社羽後銀行

　義務者　株式会社はやぶさ」

(5) 添付情報

① 登記原因証明情報（不登法61条）

・株式会社はやぶさの登記事項証明書

⇒ 会社分割を原因とする根抵当権の債務者変更登記の登記原因証明情報には，会社分割の記載のある承継会社の登記事項証明書を提供するが（平18.3.29民2.755），本問では，上述の【参考】記載のとおり，会社法人等番号を提供することができる。また，法令の規定により添付を省略することができる情報等についても，【添付情報一覧】から選択して記載することとされているが，該当する添付情報が【添付情報一覧】には見当たらないため，記載する必要はない（答案作成に当たっての注意事項2(2)(3)）。

② 登記識別情報（不登法22条）

・A土地について６月10日付申請により通知される所有権に関する登記識別情報

・B建物について６月10日付申請により通知される所有権に関する登記識別情報

③ 会社法人等番号（不登令7条1項1号イ）

・株式会社羽後銀行及び株式会社はやぶさの会社法人等番号

④ 代理権限証明情報（不登令7条1項2号）

・株式会社羽後銀行及び株式会社はやぶさの代表者の委任状

(6) 登録免許税

不動産１個につき，1,000円である（登免法別表第1.1.(14)）

⇒ 本問では，不動産が２個のため，2,000円となる。

≪第 2 欄(3)：共同根抵当権の分割譲渡の登記≫

(1)　登記の目的

「１番共同根抵当権分割譲渡」

(2)　登記原因及びその日付

「令和３年６月１０日分割譲渡」

(3)　登記事項

「根抵当権の表示

平成４年７月１３日受付第１９７１６号

原因　平成４年７月１３日設定

極度額　金１５００万円（分割後の原根抵当権の極度額金３０００万円）

債権の範囲

　銀行取引　手形債権　小切手債権

債務者

　秋田市大字南長池１００番地１

　　株式会社こまち

　秋田市大字南長池１００番地１

　　株式会社はやぶさ

分割前の根抵当権に関する共同担保　目録（け）第９４７０号」

⇒　根抵当権の分割譲渡の登記を申請する場合には，不登令別表 60 申請情報欄に掲げる事項を申請情報とする必要がある。

(4)　申請人

「権利者　株式会社奥羽銀行

　義務者　株式会社羽後銀行」

(5)　添付情報

①　登記原因証明情報（不登法 61 条）

・事実関係 2(2)に基づき関係当事者が作成記名押印した登記原因証明情報

②　登記識別情報（不登法 22 条）

・A 土地及び B 建物乙区１番根抵当権に関する登記済証

③　承諾証明情報（不登令 7 条 1 項 5 号ハ）

　株式会社はやぶさの承諾書

④　会社法人等番号（不登令 7 条 1 項 1 号イ）

・株式会社羽後銀行及び株式会社奥羽銀行の会社法人等番号

⑤　代理権限証明情報（不登令 7 条 1 項 2 号）

・株式会社羽後銀行及び株式会社奥羽銀行の代表者の委任状

(6)　登録免許税

譲渡する根抵当権の極度額に 1000 分の 2 を乗じた額である（登免法別表 1.1(6)ロ）。

≪第 2 欄(4)：登記不要≫

Ⅲ．共同根抵当権の債権の範囲，債務者の変更（問3）

1．根抵当権の被担保債権の範囲の変更

⑴　被担保債権の範囲

　　根抵当権の担保すべき不特定の債権の範囲については，債権者と債務者との間に生ずるすべての債権を担保する包括根抵当は認められておらず，債務者との特定の継続的取引契約によって生ずるものその他債務者との一定の種類の取引によって生ずるものに限定して，定めなければならないとされている（民法398条の2第2項）。

　　民法398条の2は，以下の4つの態様の全部又は一部を組み合わせることをもって，この「一定の範囲」を定める道を開いている。

　　なお，設定時に既に生じている特定債権を不特定債権と併せて被担保債権とすることはできるが（昭46.10.4民甲3230），特定債権のみを被担保債権として根抵当権を設定することはできない。不特定の債権を担保することが，根抵当権の特徴であり，最も本質的な部分であるからである。ただし，設定後，被担保債権の範囲を特定債権とする変更登記は，申請することができる。

　①「特定の継続的取引契約によって生ずる」債権（民法398条の2第2項）

　　　　例えば，自動車の継続的売買契約，物品の供給契約，当座貸越契約等の具体的・個別的な継続的取引関係から生ずる債権。

　②「債務者との一定の種類の取引によって生ずる」債権（民法398条の2第2項）

認められるもの	認められないもの
売買取引（昭47.4.4民3.301）	商社取引（限定性を満たさない）
売買委託取引（昭47.4.4民3.301）	商品委託取引（客観性を満たさない。昭51.9.8民3.4982）
金銭消費貸借取引	
手形貸付取引（昭46.10.4民甲3230）	債務引受取引（昭47.8.4民3.608）
銀行取引（昭46.10.4民甲3230）	
保証委託取引（昭46.10.4民甲3230）	
立替払委託取引（昭47.4.4民3.301）	
商品供給取引（昭46.10.4民甲3230）	
請負取引（昭47.4.4民3.301）	

　　※登記の申請情報において，抽象的・非客観的な被担保債権の種類の表現は登記申請の際に受理されない。もっとも，現在の登記実務では，「売買取引」といった民法上の典型契約の名前に関するものは，おおむね認められている。

　③「特定の原因に基づいて債務者との間に継続して生ずる債権」（民法398条の2第3項）

認められるもの	認められないもの
ある工場が廃液を排水する際に生じ得る損害賠償請求権	債務者の不法行為による損害賠償請求権 （理由） 範囲が広すぎる

※必ずしも取引により生ずる債権ではないが，反復して生ずる可能性のある債権が，「特定の原因に基づいて債務者との間に継続して生ずる債権」として認められる。

④「手形上若しくは小切手上の請求権」（民法398条の2第3項）

特定の原因に基づいて債務者との間に継続して生ずる債権又は手形上若しくは小切手上の請求権は，根抵当権の担保すべき債権とすることができる（民法398条の2第3項）。金融機関の便宜のために認められたものである。

当事者間に直接振り出された手形・小切手とは別に，債務者が第三者のために振出し・裏書・保証した手形・小切手（回り手形・回り小切手）が転々流通して債権者が取得したところの請求権。ただし，債務者の資力が悪化したときに根抵当権者が回り手形や回り小切手を安価で買い集めて根抵当権による回収を企てることは，設定者や他の債権者を著しく害するから，債務者の支払停止等一定の事由が生じた時点より後に取得したものについては，根抵当権者が善意で取得したものに限り根抵当権を行使することができるものとされる（民法398条の3第2項）。

⑤「電子記録債権」（民法398条の2第3項）

電子記録債権法2条1項に規定する電子記録債権（その発生又は譲渡について電子記録債権法の規定による電子記録を要件とする金銭債権のこと）も，根抵当権の担保すべき債権とすることができる（民法398条の2第3項）。

2．共同根抵当権の債務者の変更

債権の範囲，債務者の変更（民法398条の4）

①債権の範囲の変更及び債務者の変更は，元本確定前に限りすることができる。

　⇒　ただし，元本確定前に変更された場合であっても，元本確定前に登記をしなかったときは，その変更をしなかったものとみなされる。

②債権の範囲の変更及び債務者の変更をする場合には，利害関係人の承諾を得る必要はない。

3．第3欄について

令和3年6月18日付でA土地及びB建物の1番（あ）共同根抵当権の担保すべき債権の範囲に「根抵当権者・債務者間の取引によらない電子記録債権法に基づく電子記録債権」及び「本件会社分割の効力発生前の根抵当権者のはやぶさ社に対する債権」を加える旨の合意をした（事実関係6(1)）。また，A土地及びB建物の1番（い）共同根抵当権の債務者を株式会社はやぶさのみとする旨の合意をした（事実関係6(2)）。

上記事実関係より，A土地乙区1番及びB建物乙区1番の1番（あ）共同根抵当権の債権の範囲の変更登記及びA土地乙区1番及びB建物乙区1番の1番（い）共同根抵当権の債務者の変更登記を申請すべきこととなる。

≪第3欄(1)：共同根抵当権の被担保債権の範囲の変更≫

(1) 登記の目的

「1番（あ）共同根抵当権変更」

(2) 登記原因及びその日付

「令和3年6月18日変更」

(3) 登記事項

「変更後の事項

債権の範囲

銀行取引　手形債権　小切手債権

電子記録債権

令和3年6月1日会社分割の効力発生前の根抵当権者の株式会社はやぶさに対する債権」

(4) 申請人

「権利者　株式会社羽後銀行

義務者　株式会社はやぶさ」

⇒　根抵当権者を権利者，根抵当権設定者を義務者とする。なお，債権の範囲が減縮することが明らかな場合は，根抵当権者を義務者，根抵当権設定者を権利者とする（昭46.10.4民甲3230）。

※答案作成に当たっての注意事項1(3)により，申請人について，住所又は本店所在地，代表機関の資格及び氏名並びに会社法人等番号は記載することを要しない。

≪第3欄(2)：共同根抵当権の債務者の変更≫

(1) 登記の目的

「1番（い）共同根抵当権変更」

(2) 登記原因及びその日付

「令和3年6月18日変更」

(3) 登記事項

「変更後の事項

債務者

秋田市大字南長池100番地1

株式会社はやぶさ　　　　　」

※答案作成に当たっての注意事項1(3)により，申請人について，住所又は本店所在地，代表機関の資格及び氏名並びに会社法人等番号は記載することを要しないとされているが，根抵当権の登記事項である債務者の住所の記載は必要と考えられる。

(4) 申請人

「権利者　株式会社はやぶさ

義務者　株式会社奥羽銀行」

⇒　債務者が減縮することが明らかな場合は，根抵当権者を義務者，根抵当権設定者を権利者とする（登研405P.91）

※答案作成に当たっての注意事項1(3)により，申請人について，住所又は本店所在地，代表機関の資格及び氏名並びに会社法人等番号は記載することを要しない。

≪第3欄(3)：登記不要≫

IV. 利益相反取引（問 4）

1. 会社と取締役の利益相反取引

　　取締役が自己又は第三者のために株式会社と取引を行う場合，株主総会（取締役会設置会社においては，取締役会）の承認を要する（会社法 356 条 1 項 2 号，365 条 1 項）。なぜなら，この場合，取締役は，自己の地位を利用して，会社を犠牲にして，自己又は第三者の利益を図るおそれがあるからである。

　　ex. 取締役が株式会社から会社所有の不動産を購入する場合，株主総会（取締役会）の承認がないと，不当な廉価で当該不動産が売却されるおそれがある。

　　また，株式会社が取締役の債務を保証しようとする場合も，株主総会（取締役会設置会社においては，取締役会）の承認を要する（会社法 356 条 1 項 3 号，365 条 1 項）。保証契約の当事者は株式会社と債権者であり，取締役は契約当事者となるわけではないが，この場合にも，取締役がその地位を利用して，会社の利益を犠牲にして，自己の利益を図るおそれが多分に認められるからである。

　　なお，この場合の会社と取締役の利益相反取引の会社の承諾を証する株主総会議事録（取締役会設置会社においては，取締役会議事録）は，登記を申請する場合において，登記原因について第三者が許可し，同意し，又は承諾したことを証する情報として，申請情報と併せて登記所に提供しなければならない（不登令 7 条 1 項 5 号ハ）。

2. 問 4（第 4 欄）について

　令和 3 年 4 月 14 日，佐藤一郎は株式会社はやぶさに対し，B 建物を売却した（事実関係 2(1)）。佐藤一郎は株式会社はやぶさの取締役である（別紙 3-2）。よって，佐藤一郎と株式会社はやぶさ間の売買が利益相反取引に該当するため，利益相反取引の承認を受けたことを証する株主総会議事録の提供が必要である旨を記載する。

◆令和3年6月10日申請（A土地）
1件目　≪書式01≫

登 記 の 目 的	1番所有権登記名義人住所，名称変更
原 　 　 因	平成29年9月1日本店移転
	平成24年4月6日商号変更
変更後の事項	本店　秋田市大字南長池100番地1
	商号　株式会社こまち
申 　 請 　 人	株式会社こまち
添 付 情 報	登記原因証明情報（株式会社こまちの会社法人等番号）
	代理権限証明情報（株式会社こまちの代表者の委任状）
課 税 価 格	なし
登 録 免 許 税	金1，000円

2件目　≪書式02≫

登 記 の 目 的	所有権移転
原 　 　 因	令和3年6月1日会社分割
権 　 利 　 者	株式会社はやぶさ
義 　 務 　 者	株式会社こまち
添 付 情 報	登記原因証明情報（別紙2の本件吸収分割契約書，株式会社はやぶさの会社法人等番号）
	登記識別情報（平成3年12月20日秋田地方法務局受付第35749号の登記済証）
	会社法人等番号（株式会社はやぶさ及び株式会社こまちの会社法人等番号）
	代理権限証明情報（株式会社はやぶさ及び株式会社こまちの代表者の委任状）
課 税 価 格	金785万円
登 録 免 許 税	金15万7，000円

◆令和3年6月10日申請（A土地及びB建物）
1件目　≪書式03≫

登 記 の 目 的	1番根抵当権変更
原 　 　 因	平成29年9月1日本店移転
	平成24年4月6日商号変更
変更後の事項	債務者の住所・名称　秋田市大字南長池100番地1　株式会社こまち
権 　 利 　 者	株式会社羽後銀行
義 　 務 　 者	株式会社はやぶさ
添 付 情 報	登記原因証明情報（株式会社こまちの会社法人等番号）
	登記識別情報（A土地，B建物について6月10日付け申請により通知される所有権に関する登記識別情報）
	会社法人等番号（株式会社羽後銀行及び株式会社はやぶさの会社法人等番号）

	代理権限証明情報（株式会社羽後銀行及び株式会社はやぶさの代表者の委任状）
課 税 価 格	なし
登 録 免 許 税	金２，０００円

2 件目 ≪書式０４≫

登 記 の 目 的	１番根抵当権変更
原 因	令和３年６月１日会社分割
変 更 後 の 事 項	債務者 秋田市大字南長池１００番地１ 株式会社こまち
	秋田市大字南長池１００番地１ 株式会社はやぶさ
権 利 者	株式会社羽後銀行
義 務 者	株式会社はやぶさ
添 付 情 報	登記原因証明情報（株式会社はやぶさの会社法人等番号）
	登記識別情報（Ａ土地，Ｂ建物について６月１０日付け申請により通知される所有権に関する登記識別情報）
	会社法人等番号（株式会社羽後銀行及び株式会社はやぶさの会社法人等番号）
	代理権限証明情報（株式会社羽後銀行及び株式会社はやぶさの代表者の委任状）
課 税 価 格	なし
登 録 免 許 税	金２，０００円

3 件目 ≪書式０５≫

登 記 の 目 的	１番共同根抵当権分割譲渡
原 因	令和３年６月１０日分割譲渡
	根抵当権の表示
	平成４年７月１３日受付第１９７１６号
	原因 平成４年７月１３日設定
	極度額 金１５００万円（分割後の原根抵当権の極度額金３０００万円）
	債権の範囲 銀行取引 手形債権 小切手債権
	債務者 秋田市大字南長池１００番地１ 株式会社こまち
	秋田市大字南長池１００番地１ 株式会社はやぶさ
	分割前の根抵当権に関する共同担保 目録（け）第９４７０号
権 利 者	株式会社奥羽銀行
義 務 者	株式会社羽後銀行
添 付 情 報	登記原因証明情報（【事実関係】２⑵に基づき関係当事者が作成記名押印したもの）
	登記識別情報（平成４年７月１３日秋田地方法務局受付第１９７１６号の登記済証）
	登記原因につき第三者の許可，同意又は承諾を証する情報（株式会社はやぶさ）

	会社法人等番号（株式会社羽後銀行及び株式会社奥羽銀行の会社法人等番号）
	代理権限証明情報（株式会社羽後銀行及び株式会社奥羽銀行の代表者の委任状）
課 税 価 格	金１，５００万円
登 録 免 許 税	金３万円

◆令和3年6月18日申請（Ａ土地及びＢ建物）

1件目　≪書式06≫

登 記 の 目 的	１番（あ）共同根抵当権変更
原　　　　因	令和３年６月１８日変更
変更後の事項	債権の範囲
	銀行取引　手形債権　小切手債　電子記録債権
	令和３年６月１日会社分割の効力発生前の根抵当権者の株式会社はやぶさに対する債権
権　利　者	株式会社羽後銀行
義　務　者	株式会社はやぶさ
※以下，記載を要せず。	

2件目　≪書式07≫

登 記 の 目 的	１番（い）共同根抵当権変更
原　　　　因	令和３年６月１８日変更
変更後の事項	債務者　秋田市大字南長池１００番地１　株式会社はやぶさ
権　利　者	株式会社はやぶさ
義　務　者	株式会社奥羽銀行
※以下，記載を要せず。	

登記記録の記録≪令和3年6月18日申請後の記録≫

◆A土地

権利部（甲区）　　（所有権に関する事項）				書式
順位番号	登記の目的	受付年月日・受付番号	権利者その他の事項	
1	所有権移転	平成3年12月20日 第35749号	原因　平成3年12月20日売買 所有者　秋田市大字鶴賀435番地 　　　　有限会社秋田商店 順位9番の登記を移記	―
付記1号	1番所有権登記名義人住所，名称変更	令和3年6月10日 第82523号	原因　平成24年4月6日商号変更 　　　　平成29年9月1日本店移転 商号本店　秋田市大字南長池100番地1 　　　　　株式会社こまち	書式01
2	所有権移転	令和3年6月10日 第82524号	原因　令和3年6月1日会社分割 所有者　秋田市大字南長池100番地1 　　　　株式会社はやぶさ	書式02

権利部（乙区）　　（所有権以外の権利に関する事項）				書式
順位番号	登記の目的	受付年月日・受付番号	権利者その他の事項	
1（あ）	根抵当権設定	平成4年7月13日 第19716号	原因　平成4年7月13日設定 極度額　金4,500万円 債権の範囲　銀行取引　手形債権　小切手債 債務者　秋田市大字鶴賀435番地 　　　　有限会社秋田商店 根抵当権者　株式会社羽後銀行 共同担保　目録(け)第9470号 順位1番の登記を移記	―
付記1号	1番根抵当権変更	令和3年6月10日 第82525号	原因　平成24年4月6日商号変更 　　　　平成29年9月1日本店移転 債務者　秋田市大字南長池100番地1 　　　　株式会社こまち	書式03
付記2号	1番根抵当権変更	令和3年6月10日 第82526号	原因　令和3年6月1日会社分割 債務者　秋田市大字南長池100番地1 　　　　株式会社こまち 　　　　秋田市大字南長池100番地1 　　　　株式会社はやぶさ	書式04
付記3号	1番（あ）根抵当権変更	余白	極度額　金3,000万円 分割譲渡により令和3年6月10日付記	
付記4号	1番（あ）根抵当権変更	令和3年6月18日 第98565号	原因　令和3年6月18日変更 債権の範囲 　　銀行取引　手形債権　小切手債 　　電子記録債権 　　令和3年6月1日会社分割の効力発生前の根抵当権者の株式会社はやぶさに対する債権	書式06

| 1（い） | 1番根抵当権分割譲渡 | 令和3年6月10日
第82527号 | 原因　令和3年6月1日分割譲渡
（根抵当権の表示）
平成4年7月13日受付第19716号
原因　平成4年7月13日設定
債権の範囲　銀行取引　手形債権　小切
　　　　　　手債
債務者　秋田市大字南長池100番地1
　　　　株式会社こまち
　　　　秋田市大字南長池100番地1
　　　　株式会社はやぶさ
共同担保　目録（け）第5580号 | 書式05 |
| 付記1号 | 1番（い）根抵当権変更 | 令和3年6月18日
第98566号 | 原因　令和3年6月18日変更
債務者　秋田市大字南長池100番地1
　　　　株式会社はやぶさ | 書式07 |

共同担保目録

記号及び番号	（け）第9470号		調製	平成4年7月13日
番号	担保の目的である権利の表示	順位番号	予備	
1	秋田市大字南長池　100番地1の土地	1	余白	
2	秋田市大字南長池　100番地1 家屋番号　100番1の建物	1	余白	

共同担保目録

記号及び番号	（け）第5580号		調製	令和3年6月10日
番号	担保の目的である権利の表示	順位番号	予備	
1	秋田市大字南長池　100番地1の土地	1	余白	
2	秋田市大字南長池　100番地1 家屋番号　100番1の建物	1	余白	

◆B建物

権利部（甲区）　　（所有権に関する事項）				書式
順位番号	登記の目的	受付年月日・受付番号	権利者その他の事項	
1	所有権保存	令和4年6月9日 第16480号	所有者　秋田市大字高田203番地8 　　　　佐藤一郎	―
2	所有権移転	令和3年6月10日 第82528号	原因　令和3年6月10日売買 所有者　秋田市大字南長池100番地1 　　　　株式会社はやぶさ	解答不要

※乙区につきA土地及びB建物共通とする。

第37問・解答例

【解答例】

第1欄

【登記の事由】
　株主名簿管理人の設置
　会計監査人の変更
　新株予約権の発行

【登記すべき事項】
　令和3年4月1日設置
　　株主名簿管理人の氏名又は名称及び住所並びに営業所
　　　東京都港区乙町一丁目1番地
　　　東証券代行株式会社　港支店
　　　本店　東京都渋谷区丙町二丁目2番地
　令和3年3月23日会計監査人山田つばさ重任
　令和3年4月1日発行
　　新株予約権の数
　　　1300個
　　新株予約権の目的たる株式の種類及び数又はその算定方法
　　　優先株式　13000株
　　募集新株予約権の払込金額若しくはその算定方法又は払込を要しないとする旨
　　　無償
　　新株予約権の行使に際して出資される財産の価額又はその算定方法
　　　1万円
　　新株予約権を行使することができる期間
　　　令和5年5月1日から令和10年4月30日まで
　　新株予約権の行使の条件
　　　新株予約権者が死亡した場合には，相続人はその権利を行使することができない。

【登録免許税額】
　金15万円

【添付書面の名称及び通数】
　定款　1通
　株主総会議事録　1通
　株主の氏名又は名称，住所及び議決権数等を証する書面（株主リスト）　1通
　取締役会議事録　1通
　会計監査人の資格を証する書面　1通
　株主名簿管理人との契約を証する書面　1通
　募集新株予約権の引受けの申込みを証する書面　3通
　委任状　1通

第2欄

【登記の事由】
　株式の譲渡制限に関する規定の変更
　取締役，代表取締役，監査役の変更
　新株予約権の一部消滅

【登記すべき事項】
　令和3年6月30日変更
　　株式の譲渡制限に関する規定
　　　当会社の普通株式を譲渡により取得する場合は，取締役会の承認を受けなければ
　ならない。
　同日退任
　　取締役A，同B，同C
　　代表取締役A
　　監査役D
　同日就任
　　取締役E，同F，同G，同H
　　監査役I，同J
　　千葉県松戸市丁町三丁目4番1号
　　代表取締役G
　令和3年6月18日変更
　　新株予約権の数
　　　1100個
　　新株予約権の目的たる株式の種類及び数又はその算定方法
　　　優先株式　11000株

【登録免許税額】
　金 6 万円

【添付書面の名称及び通数】
　株主総会議事録　1 通
　株主の氏名又は名称，住所及び議決権数等を証する書面（株主リスト）　　1 通
　取締役の就任承諾書　4 通
　監査役の就任承諾書　2 通
　取締役会議事録　1 通
　代表取締役の就任承諾書は，取締役会議事録の記載を援用する
　印鑑証明書　6 通
　委任状　1 通

第 3 欄

【登記することができない事項】
　支配人の選任
【理由】
　取締役会の決議によって代表取締役に支配人の選任を委任することはできないから。

第37問における事実関係のまとめ

本問における事実関係のまとめ

当事者，決議機関及び日付等		事実又は決議事項
R3年3月23日	定時株主総会 （別紙3） （別紙8-3） （注意事項4）	事業報告及び計算書類報告 1　株主名簿管理人を置く旨の定款変更 2　新株予約権の発行に係る募集事項決定の委任 　①　募集新株予約権の数の上限　2000個 　②　募集新株予約権の払込み　無償 その他新株予約権の内容が定められている。 　※　募集新株予約権の目的である優先株式は譲渡制限株式だが，未発行のため，当該種類株主総会の決議は不要。 ※　本定時総会は，R3年3月23日に適法に終結。定時総会の終結の時に会計監査人山田つばさの任期は満了しているが，別段の決議がされなかったため，再任されたものとみなされた。
	取締役会 （別紙4） （別紙8-4）	1　株主名簿管理人の選定 　株主名簿管理人　東証券代行株式会社 2　第1回新株予約権の募集事項の決定等 　①　募集新株予約権の数　1500個 　②　募集新株予約権の払込み　無償 　③　割当日　R3年4月1日 　その他，株主総会の決議による委任の範囲内で募集事項が決定されている。 　④　割当て（第三者割当て） 　　従業員甲，乙，丙及び丁の申込みがあることを条件としてこれら4名に割り当てる。
R3年3月31日まで	甲，乙，丙 （別紙5）	条件付きで割当てを受けた従業員のうち3名が第1回新株予約権の引受けの申込みをし，1300個について割当ての効力を生じた。 ※　200個を割り当てるはずの丁については，申込みという条件が成就していない。
R3年4月1日	割当日 （別紙4）	募集新株予約権の割当日が到来し，第1回新株予約権1300個が発行された。甲，乙及び丙は，それぞれ700個，400個及び200個を保有する新株予約権者となる。

	申請会社と東証券代行株式会社 (別紙 8-5)	R3 年 4 月 1 日付けで東証券代行株式会社の港支店において事務を取り扱う旨の株式事務代行委託契約が締結された。
	申請会社代表者 法務希	登記申請代理等の依頼
R3 年 4 月 2 日	法務希	登記申請　問 1・第 1 欄
R3 年 6 月 18 日	新株予約権者丙 (別紙 9-1)	死亡した。 ⇒　第 1 回新株予約権 200 個が行使不能で消滅
R3 年 6 月 30 日	臨時株主総会 (別紙 6) (別紙 9-2) (注意事項 6)	1　株式の譲渡制限に関する規定の変更 　　優先株式について譲渡制限株式の定めを廃止 　　⇒　申請会社は公開会社となる。 　　⇒　在任中の取締役・監査役全員の任期が満了し退任※，代表取締役Aは資格喪失退任 2　取締役及び監査役の選任(同日就任承諾) 　　取締役E，F，G，H 　　監査役I，J 　　⇒員数を満たす※の後任者が選任された。
	取締役会 (別紙 7) (別紙 9-3)	1　代表取締役Gを選定(席上就任承諾) 2　支配人選任に関する事項の決定をGに委任 　　※　各取締役に委任することはできない。
	代表取締役G (別紙 9-4)	本店支配人としてKを選任　問 3・第 3 欄
R3 年 7 月 1 日	申請会社代表者 法務希	登記申請代理等の依頼
R3 年 7 月 2 日	法務希	登記申請　問 2・第 2 欄

下線部は，登記することができない事項を示す。

（「———」は在任中であることを示す。）

	H30.3.22	H31／R1	R2.3.20	R3.3.23 定時総会	R3.4.2 申請①	R3.6.30 ※	R3.7.2 申請②
取締役							
A			重任	———	———	退任②	
B			重任	———	———	退任②	
C			重任	———	———	退任②	
E						就任②	———
F						就任②	———
G						就任②	———
H						就任②	———
代表取締役							
A			重任	———	———	退任②	
G						就任②	———
監査役							
D	重任	———	———	———		退任②	
I						就任②	———
J						就任②	———
会計監査人							
山田つばさ			重任	重任①	———	———	———

※　公開会社となる旨の定款の変更をしたため，取締役・監査役全員の任期が満了した。

第 37 問における添付書面のまとめ

1　令和 3 年 4 月 2 日申請分

	通数			
	論点 1 会計監査人の変更	論点 2 株主名簿管理人の設置	論点 3 募集新株予約権の発行	まとめ
定款		1		1
株主総会議事録	1		1	1
株主リスト			1	1
取締役会議事録		1	1	1
資格を証する書面	1			1
株主名簿管理人との契約を証する書面		1		1
引受けの申込みを証する書面			3	3
委任状	1	1	1	1

2 令和3年7月2日申請分

	通数			
	論点4 新株予約権の一部消滅	論点5 株式の譲渡制限に関する規定の変更	論点6 取締役・代表取締役・監査役の変更	まとめ
株主総会議事録		1	1	1
株主リスト※1		1	1	1
取締役会議事録			1	1
取締役の就任承諾書※2			4	4
代表取締役の就任承諾を証する書面※2			援用	**援用**
監査役の就任承諾書※2			2	2
印鑑証明書			6	6
委任状	1	1	1	1

※1 株主リストについては「各議案を通じて株主リストに記載する各株主についての内容が変わらないときは，その通数は開催された総会ごとに1通を添付する」ものとされている（答案作成に当たっての注意事項14）。

※2 「就任承諾を証する書面を記載する場合には，資格を特定して記載すること（氏名の記載は要しない。）」とされている（答案作成に当たっての注意事項10）。

第 37 問における登録免許税のまとめ

1 令和 3 年 4 月 2 日申請分

論 点	事 項	課税標準	税 率	各論点の税額	本問における税額
論点 1 会計監査人の変更	役員等変更分 ※1	申請件数	1 件につき 3 万円（資本金の額が 1 億円以下の会社については，1 万円）	金 3 万円	金 15 万円
論点 2 株主名簿管理人の設置	登記事項変更分 ※2	申請件数	1 件につき 3 万円	金 3 万円	
論点 3 募集新株予約権の発行	新株予約権の発行による変更分 ※3	申請件数	1 件につき 9 万円	金 9 万円	

※1 登免法別表 1.24.(1)カ
※2 登免法別表 1.24.(1)ツ
※3 登免法別表 1.24.(1)ヌ

2 令和3年7月2日申請分

論　点	事　項	課税標準	税　率	各論点の税額	本問における税額
論点4 新株予約権の一部消滅 論点5 株式の譲渡制限に関する規定の変更	登記事項変更分 ※1	申請件数	1件につき3万円	金3万円	金6万円
論点6 取締役，代表取締役，監査役の変更	役員等変更分 ※2	申請件数	1件につき3万円 （資本金の額が1億円以下の会社については，1万円）	金3万円	

※1　登免法別表1.24.(1)ツ
※2　登免法別表1.24.(1)カ

第 37 問・解説

論点一覧

第 1 欄　令和 3 年 4 月 2 日申請分

論点 1　会計監査人の変更

1　会計監査人の任期

会計監査人の任期は，選任後 1 年以内に終了する事業年度のうち最終のものに関する定時株主総会の終結の時までである（会社法 338 条 1 項）。この任期については，定款の定めをもってしても，短縮・伸張することができないと解されている。そのほか，会計監査人の任期は，会計監査人を置く旨の定めを廃止する定款の変更の効力が生じた時にも満了するが（会社法 338 条 3 項），取締役・会計参与・監査役とは異なり，監査等委員会設置会社・指名委員会等設置会社の定めの設定・廃止や公開会社でない株式会社が公開会社となる旨の定款の変更によって任期満了することはない。

2　会計監査人の自動再任

上述のように，会計監査人の任期は，選任後 1 年以内に終了する事業年度のうち最終のものに関する定時株主総会の終結の時までであるが（会社法 338 条 1 項），この定時株主総会において，会計監査人に関する別段の決議がされない場合，当該会計監査人は再任されたものとみなされる（会社法 338 条 2 項）。

3　本問の検討

アポロ株式会社（以下「申請会社」という。）の令和 2 年 3 月 20 日に重任した会計監査人山田つばさの選任後 1 年以内に終了する事業年度のうち最終のものは，令和 2 年 1 月 1 日から同年 12 月 31 日までと考えられる（別紙 2 定款第 31 条）。この事業年度に関する定時株主

総会は令和3年3月23日に開催されており，その終結時（答案作成に当たっての注意事項4により同日）に，会計監査人は任期満了により退任することとなる。そして，当該定時株主総会において，会計監査人に関する別段の決議がされた旨の事実はなく，会計監査人山田つばさは，再任したものとみなされている。したがって，その重任の登記を申請する。

論点1　会計監査人の変更に関する解答

第1欄　（令和3年4月2日申請分）

(1)　登記の事由

　　　「会計監査人の変更」と記載する。

(2)　登記すべき事項

　　　「令和3年3月23日会計監査人山田つばさ重任」などと記載する。

(3)　添付書面及び通数

①　株主総会議事録（商登法54条4項）

　　　任期満了に係る定時株主総会において会計監査人について別段の決議がされなかったため，会計監査人が再任されたものとみなされた場合，退任（重任）の年月日を明らかにするため，退任を証する書面として，当該定時株主総会の議事録を添付する。この議事録については，株主リストの添付を要しない（登研832P.11）。

②　会計監査人の資格を証する書面（商登法54条2項3号）

③　委任状（商登法18条）

※　就任承諾を証する書面の添付の要否

　　　別段の決議がされなかったときは再任されたものとみなす，という規定（会社法338条2項）は，厳密には選任を擬制するのみであり，これに対する就任承諾を擬制するものではない。もっとも，会計監査人の地位の安定という当該規定の趣旨を踏まえ，登記実務上は，自動再任があった場合の会計監査人の重任の登記の申請書には，就任承諾を証する書面の添付を要しないとされている（平18.3.31民商782）。

(4)　登録免許税額

　　　会計監査人の変更の登記について，登録免許税の額は，役員等の変更分として，資本金の額が1億円を超える株式会社においては申請1件につき3万円，資本金の額が1億円以下の株式会社においては申請1件につき1万円である（登免法別表1.24.(1)カ）。

　　　本問においては，資本金の額が1億円を超える株式会社における役員変更分として，申請1件につき3万円となる。

論点 2　株主名簿管理人の設置

1　株主名簿管理人の設置

　株式会社に代わり株主名簿（新株予約権を発行している場合は，株主名簿及び新株予約権原簿）の作成及び備置きその他の株主名簿に関する事務を行う者を株主名簿管理人といい，株式会社は，定款に株主名簿管理人を置く旨を定め，その事務を行うことを委託することができる（会社法 123 条，251 条）。つまり，株主名簿管理人を置くには，定款に，株主名簿管理人を置く旨の定めが設けられていることが必要であり，新たに株主名簿管理人を置くためには，株主総会の特別決議により定款を変更しなければならない（会社法 466 条，309 条 2 項 11 号）。ただし，この株主名簿管理人を置く旨の定款の定めは，単に株主名簿管理人を置く旨であっても，株主名簿管理人の具体的な氏名又は名称及び住所並びに営業所まで定めるものであってもよい。

　そこで，定款で，株主名簿管理人の具体的な氏名又は名称及び住所並びに営業所まで定めていない場合は，取締役の過半数の一致（取締役会設置会社では，取締役会の決議）により，株主名簿管理人を選定することになる（会社法 348 条 2 項，362 条 2 項 1 号）。そして，代表取締役又は代表執行役その他株式会社を代表すべき者は，選定された株主名簿管理人との間で，株主名簿の作成及び備置きその他の株主名簿に関する事務を委託する契約を締結しなければならず，株主名簿管理人の設置の効力は，具体的な株主名簿管理人と株式会社との間で，上述の事務の委託契約が締結された時に生じる。

2　本問の検討

　令和 3 年 3 月 23 日開催の株主総会で，株主名簿管理人を置く旨の定めを新設する定款変更の決議をし，次いで，同日開催の取締役会で，株主名簿管理人として，東証券代行株式会社を選定する決議をした後，申請会社と株主名簿管理人として選定した東証券代行株式会社との間において，同年 4 月 1 日付けで株主名簿の作成及び備置きその他の株主名簿に関する事務を委託する契約が締結されており，株主名簿管理人の設置の効力はこの日に生じる。したがって，同日付で，株主名簿管理人の設置の登記を申請することになる。

　また，当該事務は，東証券代行株式会社の港支店において取り扱うこととされているため，株主名簿管理人の名称（「東証券代行株式会社」），住所（「本店　東京都渋谷区丙町二丁目 2 番地」）と別にその営業所（「東京都港区乙町一丁目 1 番地」「港支店」）をも登記事項とすることになる。ちなみに，過去に本試験で株主名簿管理人の設置の登記が出題されたのは，平成 20 年度であったが，その際のように本店において事務を取り扱う場合であったとしたら，原因年月日以外の登記すべき事項は，次のように記載すれば足りた（平 18. 4. 26 民商 1110）。

　　「株主名簿管理人の氏名又は名称及び住所並びに営業所
　　　東京都渋谷区丙町二丁目 2 番地
　　　東証券代行株式会社本店」

論点2　株主名簿管理人の設置に関する解答

第1欄 （令和3年4月2日申請分）

(1)　登記の事由

　　　「株主名簿管理人の設置」と記載する。

(2)　登記すべき事項

　　　「令和3年4月1日株主名簿管理人を設置

　　　　　株主名簿管理人の氏名又は名称及び住所並びに営業所

　　　　　　　東京都港区乙町一丁目1番地

　　　　　　　東証券代行株式会社　港支店

　　　　　　　本店　東京都渋谷区丙町二丁目2番地」などと記載する。

　　　登記すべき事項のうち「株主名簿管理人の氏名又は名称及び住所並びに営業所」という部分は問題文中に現れていないので，解答者において記憶しておいた文言を記載する必要があった。それ以外の部分については，取締役会における議事概要の文言が登記すべき事項の記載方法として適切なので，これを書き写すことができた。

　　　なお，登記記録例（平18.4.26民商1110）によれば，「東証券代行株式会社」と「港支店」の間のスペースは無くても差し支えないだろう。

(3)　添付書面及び通数

　　①　定款（商登法64条）

　　②　取締役会議事録（商登法46条2項）

　　③　株主名簿管理人との契約を証する書面（商登法64条）

　　④　委任状（商登法18条）

　　※　法人である株主名簿管理人について，その住所（本店若しくは主たる事務所）又は営業所の所在地にかかわらず，登記事項証明書の添付や会社法人等番号の記載を要しない。答案作成に当たっての注意事項3において，東京都港区・渋谷区の管轄登記所が申請会社の本店の所在地である東京都千代田区の管轄登記所と異なることが現れているが，これは出題者による一種の「引っかけ」と思われる。法人である会計参与・会計監査人との違いに注意してほしい。

(4)　登録免許税額

　　　株主名簿管理人の設置による変更の登記については，その他登記事項の変更分として，申請1件につき金3万円となる（登免法別表1.24.(1)ツ）。

　　　なお，株主名簿管理人の氏名又は名称及び住所並びに営業所は，登記記録上「役員区」ではなく「株式・資本区」に記録される（商登規別表5）。

論点 3 　募集新株予約権の発行

1 　募集新株予約権の発行における募集事項の決定

　非公開会社において，第三者割当てによる新株予約権発行に係る募集事項の決定は，原則として株主総会の特別決議による（会社法 238 条 2 項，309 条 2 項 6 号）。

　このほか，種類株式発行会社では，当該募集事項の決定について，新株予約権の目的となる種類株式の種類株主総会の決議がなければ，その効力を生じない（会社法 238 条 4 項本文）。もっとも，当該種類の株式の種類株主を構成員とする種類株主総会の決議を要しない旨の定款の定めがある場合や当該種類株主総会において議決権を行使することができる種類株主が存しない場合には，その決議は不要である（会社法 238 条 4 項）。なお，非公開会社では，種類株式発行の有無を問わず，募集新株予約権の目的である株式（種類株式）の全部が譲渡制限株式となる。

2 　募集事項の決定の委任

⑴ 　委任決議

　非公開会社にあっては，株主総会の特別決議により，募集事項の決定を取締役（取締役会設置会社にあっては，取締役会）に委任することもできる。この場合においては，次に掲げる事項を定めなければならない（会社法 239 条 1 項）。

① 　委任に基づき募集事項を決定することができる募集新株予約権の内容及び数の上限

② 　募集新株予約権発行に際し金銭の払込みを要しない場合には，その旨

③ 　募集新株予約権発行に際し金銭の払込みを要する場合には，募集新株予約権の払込金額の下限

　②の旨が，新株予約権を引き受ける者にとって特に有利な条件であるとき，又は，③の場合において，払込金額の下限が特に有利な金額となるときは，取締役は，当該株主総会において，①の条件又は③の金額で募集をすることを必要とする理由を説明しなければならない（会社法 239 条 2 項）。なお，委任に当り，新株予約権の内容に当たる事項については，株主総会において確定的に定める必要がある。新株予約権の内容である行使期間や行使に際して出資される財産の価額などの決定を取締役会等に委任することは許されない。

　また，非公開会社である種類株式発行会社においては，募集事項決定の決議と同様の規定として，当該委任決議について，新株予約権の目的となる種類株式の種類株主総会の決議がなければ，その効力を生じないとされている（会社法 239 条 4 項）。当該種類株主総会で議決権を行使することができる種類株主が存しない場合及び会社法 238 条 4 項の種類株主総会決議を要しない定めがある場合，当該種類株主総会の決議を要しないことも同様である。

⑵　委任の効力

　　募集事項決定の委任決議の効力は，決議の日から1年以内の日を割当日とする新株予約権の募集についてのみその効力を有する（会社法239条3項）。

3　新株予約権の登記事項と募集事項

⑴　登記すべき事項

　　新株予約権の（初回の）発行による変更の登記における登記すべき事項は，次の①から⑧までである（平18.4.26民商1110「商業登記記録例」，令3.1.29民商14，法務省ホームページ「登記事項の作成例一覧」）。ただし，⑤，⑦及び⑧については，これらを定めないときは，登記すべき事項とすることを要しない。

①　「新株予約権の名称」

②　「新株予約権の目的たる株式の種類及び数又はその算定方法」

③　「募集新株予約権の払込金額若しくはその算定方法又は払込を要しないとする旨」

④　「新株予約権の行使に際して出資される財産の価額又はその算定方法」

⑤　「金銭以外の財産を各新株予約権の行使に際して出資する旨並びに内容及び価額」

⑥　「新株予約権を行使することができる期間」

⑦　「新株予約権の行使の条件」

⑧　「会社が新株予約権を取得することができる事由及び取得の条件」

　　募集事項のうち登記事項でない事項に関して次に説明するが，記述式答案作成の現場においては，上記①から⑧までに該当しない事項は登記すべき事項として記載しない，という割り切りもあり得よう。

⑵　募集事項と登記事項の関係

　　会社が新株予約権を引き受ける者の募集をしようとするときは，その都度，会社法238条1項に列挙されている募集事項を定めなければならないが（会社法238条1項），次のとおり，募集事項（新株予約権の内容が含まれている。）の全てが登記事項（会社法911条3項12号）となるものではないことに注意を要する。

【新株予約権発行の募集事項と登記事項】　　下線のあるものは登記事項とならない。

1．募集新株予約権の内容及び数（会社法238条1項1号）

⑴　募集新株予約権の数【登記事項】※1

⑵　新株予約権の内容として，次の①から⑪まで（会社法236条1項）

①　当該新株予約権の目的である株式の数（種類株式発行会社にあっては，株式の種類及び種類ごとの数）又はその数の算定方法【登記事項】※1

②　当該新株予約権の行使に際して出資される財産の価額又はその算定方法【登記事項】

③　金銭以外の財産を当該新株予約権の行使に際してする出資の目的とするときは，その旨並びに当該財産の内容及び価額【登記事項】

④　当該新株予約権を行使することができる期間【登記事項】

　　その他行使の条件を定めたときは，その条件（会社法911条3項12号ニ）【登記事項】

⑤　当該新株予約権の行使により株式を発行する場合における増加する資本金及び資本準備金に関する事項

⑥　譲渡による新株予約権の取得について会社の承認を要することとするときは，その旨

⑦　取得条項付新株予約権については，次に掲げる事項【登記事項】

　ア　一定の事由が生じた日に会社が新株予約権を取得する旨及びその事由

　イ　会社が別に定める日が到来することをもってアの事由とするときは，その旨

　ウ　アの事由が生じた日に新株予約権の一部を取得することとするときは，その旨及び取得する新株予約権の一部の決定の方法

　エ　新株予約権を取得するのと引換えに新株予約権者に対して株式，他の新株予約権その他の財産を交付するときは，その内容・数・額・算定方法等

⑧　会社が合併その他の組織再編行為をする場合において，新株予約権者に吸収合併存続会社等の新株予約権を交付することとするときは，その旨及びその条件

⑨　新株予約権を行使した新株予約権者に交付する株式の数に1株に満たない端数がある場合において，これを切り捨てるものとするときは，その旨

⑩　当該新株予約権（新株予約権付社債に付されたものを除く。）に係る新株予約権証券を発行することとするときは，その旨

⑪　⑩の場合において，記名式と無記名式との間の転換請求の全部又は一部をすることができないこととするときは，その旨

　　上記1以外の募集事項として，次の2から7まで（会社法238条1項2号から7号まで）

2．募集新株予約権と引換えに金銭の払込みを要しないこととする場合には，その旨【登記事項】

3．上記2以外の場合には，募集新株予約権の払込金額又はその算定方法【登記事項】※2

4．募集新株予約権の割当日（→登記原因である「発行」の日付となる。）

5．募集新株予約権と引換えにする金銭の払込みの期日を定めるときは，その期日

6．募集新株予約権が新株予約権付社債に付されたものである場合には，募集社債に関する事項（会社法676条各号）。

7．上記6の場合において新株予約権買取請求の方法につき別段の定めをするときは，その定め

※1　募集事項において定めた新株予約権の数のうち，引受けの申込みや総数引受契約がされて割当日に現実に発行された数が登記事項となる。また，新株予約権の目的である株式の数について，通常は，当該新株予約権の数に対応する株式の総数が登記される。

※2　令和元年会社法改正により，募集新株予約権の払込金額が，原則的な登記事項とされている。払込金額の算定方法を定めた場合において，登記の申請をする時までに募集新株予約権の払込金額が確定していないときは，例外的に，当該算定方法を登記する（会社法911条3項12号へ）。

令和元年会社法改正により，いわゆる上場会社には，取締役等の報酬として，行使に際しての出資を要しない新株予約権を発行することが認められる（会社法236条3項）。その場合における新株予約権の内容（会社法236条3項各号）及び登記すべき事項（会社法911条3項12号ハ）について，上記では説明を省略している。

4　新株予約権の発行の効力発生等

(1)　割当て等

ア　株式会社は，申込者の中から割当を受ける者及びその者に割り当てる数を定め，割当日の前日までに割り当てる募集新株予約権の数を通知しなければならない（会社法243条1項，3項）。

イ　募集新株予約権の目的である株式に譲渡制限株式が含まれる場合及び募集新株予約権自体に譲渡制限が付されている場合には，割当ての決定は，定款に別段の定めがある場合を除き，株主総会の特別決議（取締役会設置会社にあっては，取締役会の決議）によらなければならない（会社法243条2項，309条2項6号）。

ウ　条件付割当ての可否

割当ての決定の際，特定の引受人が引受けの申込みをしたことを条件として，当該特定人に割り当てる旨を決議することも可能と解される。

エ　総数引受契約

上記の申込み及び割当ての手続によらず，募集新株予約権を引き受けようとする者と総数引受契約を締結することも可能である（会社法244条）。募集新株予約権の目的である株式が譲渡制限株式である場合又は募集新株予約権が譲渡制限新株予約権である場合には，定款に別段の定めがある場合を除き，総数引受契約の承認につき株主総会の特別決議（取締役会設置会社にあっては，取締役会の決議）を要し（会社法244条3項，309条2項6号），この点は割当ての手続によった場合と同様である。

(2)　効力発生日

申込者又は総数引受契約を締結した者は，割当日に募集新株予約権の新株予約権者となる（会社法245条1項1号）。

5　発行可能株式総数の留保等

(1)　発行可能株式総数との関係

新株予約権（その行使期間の初日が到来していないものを除く。）の新株予約権者が行使により取得することとなる株式の数は，発行可能株式総数から発行済株式（自己株式を除く。）の総数を控除して得た数を超えてはならない（会社法113条4項）。

(2)　発行可能種類株式総数との関係

ある種類の株式についての次の①から③までの数の合計数は，当該種類の株式の発行可能種類株式総数から当該種類の発行済株式（自己株式を除く。）の総数を控除して得た数を超えてはならない（会社法114条2項）。

①　取得請求権付株式（取得を請求することができる期間の初日が到来していないものを除く。）の株主（当該株式会社を除く。）が取得請求により取得することとなる他の株式の数

②　取得条項付株式の株主（当該株式会社を除く。）が取得事由の発生により取得することとなる他の株式の数

③　新株予約権（その行使期間の初日が到来していないものを除く。）の新株予約権者が新株予約権の行使により取得することとなる株式の数。

6　本問の検討

(1)　募集事項の決定の委任

非公開会社である申請会社では，新株予約権を発行するために株主総会の特別決議による必要があるところ，令和 3 年 3 月 23 日開催の株主総会において，募集事項の決定を取締役会に委任する決議がなされている。

当該株主総会には，議決権を有する株主全員が出席し（別紙 8 聴取記録 3），満場一致をもって可決承認されていることから，特別決議の要件を満たしている。

よって，申請会社は，本株主総会決議でなされた委任の範囲内において，当該決議から 1 年内の日を割当日として，取締役会の決議により募集新株予約権を発行することが可能となる。

なお，新株予約権の目的である優先株式は，譲渡制限株式であるから，当該種類株主総会において議決権を行使することができる種類株主が存在する場合は，定款に別段の定めがなければ，募集事項の決定の委任につき種類株主総会の決議を要する。しかし，申請会社の優先株式はいまだ発行されておらず，議決権を行使することができる種類株主は存在しないので，種類株主総会の決議を要しない。

(2)　募集事項の決定／割当ての決定

令和 3 年 3 月 23 日開催の取締役会において，株主総会による委任決議に基づき，新株予約権の募集事項の決定がなされている。

当該取締役会には取締役及び監査役の全員が出席し（別紙 8 聴取記録 4），出席取締役全員の一致をもって募集事項を決定しており，決議要件は満たされている。決議内容も委任の範囲（新株予約権 2000 個を上限とし，募集時の払込みを要しない旨等）内にあり，割当日である令和 3 年 4 月 1 日も委任決議の日である同年 3 月 23 日から 1 年以内の日になっている。

また，同じ取締役会で，申請会社の従業員 4 名からの引受けの申込みを条件として割当ての決議がされている。第 1 回新株予約権は，譲渡制限新株予約権であり，その目的である優先株式は譲渡制限株式であったから，割当ての決定権限は取締役会にあり，引受けの申込みを条件としてする割当ても適法である。

(3)　引受けの申込み

割当日の前日である令和 3 年 3 月 31 日までに，条件付割当てに係る申請会社の従業員 4 名（甲，乙，丙及び丁）のうち，甲，乙及び丙が割り当てられた第 1 回新株予約権の数（別

紙4）と同数につき引受けの申込みをし（別紙5），これらの者に対する割当ての効力が生じた。他方，引受けの申込みをしていないと考えられる丁については，割当てがないと判断することができる。

⑷　割当日／募集新株予約権の効力発生／発行可能種類株式総数との関係

割当日である令和3年4月1日が到来した。

同日，割当てを受けた引受人（甲，乙及び丙）は，それぞれ700個，400個及び200個の第1回新株予約権の新株予約権者になった。

よって，同日付けで第1回新株予約権 1300 個の発行による変更の登記を申請することになる。

なお，発行される新株予約権の目的である優先株式の数は1万3000株であり，優先株式の発行可能種類株式総数1万株を超えることになるが，当該新株予約権の行使期間の初日（令和5年5月1日）は到来前であるから，会社法114条2項に規定する発行可能種類株式総数の留保による規制に抵触しない。

論点3　募集新株予約権の発行に関する解答

第1欄 （令和3年4月2日申請分）

⑴　登記の事由

「新株予約権の発行」又は「募集新株予約権の発行」と記載する。

⑵　登記すべき事項

次のように記載する。ただし，答案用紙には「第1回新株予約権」の部分を記載しない。この部分が，答案作成に当たっての注意事項 11 において記載不要とされている「新株予約権の名称」に該当するからである。

「令和3年4月1日発行

第1回新株予約権

新株予約権の数

　1300個

新株予約権の目的たる株式の種類及び数又はその算定方法

優先株式　13000株

募集新株予約権の払込金額若しくはその算定方法又は払込を要しないとする旨

無償

新株予約権の行使に際して出資される財産の価額又はその算定方法

1万円　※

新株予約権を行使することができる期間

令和5年5月1日から令和10年4月30日まで

新株予約権の行使の条件

新株予約権者が死亡した場合には，相続人はその権利を行使することができない。」

※　「新株予約権1個につき1万円」と記載しても差し支えない。

　　なお，別紙 4 第 2 号議案(1)に掲げられている新株予約権の内容のうち「カ　新株予約権の行使により株式を発行する場合における増加する資本金及び資本準備金に関する事項」から「ケ　記名式と無記名式の転換」までについては登記事項ではないことに注意を要する。

(3)　添付書面及び通数

①　株主総会議事録（商登法 46 条 2 項）

②　株主リスト（商登規 61 条 3 項）

　　新株予約権の募集事項の決定の委任決議についても株主リストの添付を要すると解される（募集株式の発行につき登研 832P. 8 参照）。

③　取締役会議事録（商登法 46 条 2 項）

④　募集新株予約権の引受けの申込みを証する書面（商登法 65 条 1 号）

　　「新株予約権の申込みを証する書面」と記載してもよいだろう。

⑤　委任状（商登法 18 条）

(4)　登録免許税額

　　新株予約権の発行による変更の登記分として，申請 1 件につき，申請 1 件につき金 9 万円となる（登免法別表 1. 24. (1)ヌ）。

論点4　新株予約権の一部消滅

1　新株予約権の一部消滅

　　新株予約権者がその有する新株予約権を行使することができなくなった場合，当該新株予約権は消滅する（会社法287条）。この規定は，新株予約権として行使される可能性がなくなった場合に，新株予約権の消却をしない限り，新株予約権として存続し続けるという不自然な状態が生じないようにするために設けられたものであり，どの者との関係においてもおよそ新株予約権として行使されることがなくなった場合にのみ適用されるものと解されている。例えば，ストック・オプション（会社の役員，従業員等が一定の権利行使期間内にあらかじめ定められた権利行使価格で所定の数の株式を会社から取得することができる権利をいい，新株予約権の形態で付与されるのが一般的である。）目的の新株予約権につき，行使の条件として，「付与された役員がいったん退任した場合は，再度就任するか否かを問わず，一切新株予約権の行使を認めない」旨の条項が設けられているような場合には，新株予約権を付与された役員が退任すれば，その有する新株予約権は消滅する。

2　本問の検討

　　本問の第1回新株予約権については，行使の条件として「新株予約権者が死亡した場合には，相続人はその権利を行使することができない」旨の条項が設けられている。第1回新株予約権200個の割当てを受けた申請会社の主任丙は，令和3年6月18日に死亡した。同人が有する第1回新株予約権は，行使される可能性がなくなるため消滅する。その結果，第1回新株予約権の数が1100個（1300個－200個），新株予約権の目的たる株式の種類及び数が優先株式1万1000株（1万3000株－（1個当たり10株×200個））となるので，丙が死亡した令和3年6月18日付けで，行使不能による新株予約権の一部消滅の登記を申請することになる。

論点4　新株予約権の一部消滅に関する解答

　第2欄　（令和3年7月2日申請分）

(1)　登記の事由

　　「新株予約権の消滅」，「新株予約権の一部消滅」又は「第1回新株予約権の一部消滅」などと記載する。

(2)　登記すべき事項

　　新株予約権の登記においては，「新株予約権の数」，「新株予約権の目的たる株式の種類及び数又はその算定方法」，「新株予約権を行使することができる期間」などの各事項が登記事項の単位とされている。一部消滅の場合，変更を生じるのは前二者だけなので，他の事項を登記すべき事項とする必要はない。本問では，次のように記載する。

「令和３年６月１８日変更

　　　第１回新株予約権の数　　１１００個

　　　前記新株予約権の目的たる株式の種類及び数

　　　　　優先株式　１万１０００株」

　この記載例は，『商業登記ハンドブック』によったが，本問の解答に当り，「第１回」という記載は不要になる（答案作成に当たっての注意事項11）。

　なお，当該新株予約権の全部が消滅する場合においては，登記すべき事項は「令和○年○月○日第○回新株予約権全部消滅」のように記載すれば足り，「０個」「０株」といった記載を要しない。

⑶　添付書面及び通数

　新株予約権が行使不能により消滅した場合における新株予約権の消滅の登記の申請書については，この場合に該当したことを証する書面の添付を求める規定はないので，委任状（商登法18条）を添付すれば足りる。

⑷　登録免許税額

　新株予約権の消滅の登記については，その他登記事項の変更分として，申請1件につき金3万円となる（登免法別表1.24.⑴ツ）。

論点５　株式の譲渡制限に関する規定の変更

1　株式の譲渡制限に関する規定の変更

⑴　単一株式発行会社

　種類株式発行会社以外の株式会社（単一株式発行会社）における株式の譲渡制限に関する規定の変更には，株式の譲渡による取得について，その株式会社の承認を要する範囲を拡大する場合と縮小する場合，あるいは，譲渡の承認機関を変更する場合等があるが，株式の譲渡制限に関する規定を変更する場合は，株式の譲渡制限の範囲を拡大するときであるかどうかにかかわらず，定款変更のための株主総会の特別決議によればよく（会社法309条２項11号，466条），特殊決議（会社法309条３項１号）が要求されることはない。これは，会社法309条３項１号は，株式の譲渡制限に関する規定を設ける定款変更をする場合に特殊決議を要求しているのであって，当該規定を変更する場合をその対象とはしていないからである。また，株券発行会社において，株式の譲渡制限に関する規定を設定する際に原則として要求される株券提出の公告（会社法219条１項１号）をする必要もない。

⑵　種類株式発行会社

　種類株式発行会社において「株式の譲渡制限に関する規定の変更」が登記の事由となる場合については，次のアからウまでの３通りの場合が考えられるので分けて説明する。

　ア　譲渡制限株式の内容の変更

　　譲渡制限株式である種類株式について，上記⑴のような定款変更を行う場合の手続に

ついては，まず，株主総会の特別決議を要し，株券提出公告等を要しない点も(1)と同様である。

　さらに，種類株式発行会社が種類株式の内容を変更する場合において，ある種類の株式の種類株主に損害を及ぼすおそれがあるときは，原則として，その種類の株式の種類株主を構成員とする種類株主総会（当該種類株主に係る株式の種類が2以上ある場合は，当該2以上の株式の種類別に区分された種類株主を構成員とする種類株主総会）の特別決議がなければ，変更の効力は生じない（会社法322条1項1号ロ，324条2項4号）。種類株式発行会社がする株式の譲渡制限に関する規定の変更についても，この規定による種類株主総会の決議を要する場合があり得る。なお，上記(1)で挙げた定款変更のうち，承認を要する範囲の拡大又は縮小については種類株式の内容の変更に当たると考えられるが（会社法108条2項4号，107条2項1号ロ），譲渡の承認機関の変更（会社法139条1項ただし書）については，種類株式の内容の変更に当たらないと考えられる（月刊登記情報576P.42〜43参照）。

イ　譲渡制限株式の定めの廃止

　種類株式発行会社において，一部の種類株式についての譲渡制限株式の定めを廃止する場合については，上記(1)の場合と同様，株主総会の特別決議による定款変更を要し（会社法309条2項11号，466条），株券提出公告等の手続を要しない。また，種類株式の内容の変更として，会社法322条1項の種類株主総会の特別決議を要する場合があることも上記(2)アの場合と同様である。

ウ　譲渡制限株式の定めの設定

　既に一部の種類株式について譲渡制限株式の定めがある種類株式発行会社（公開会社）が，他の種類株式について譲渡制限株式の定めを設ける場合についても，「株式の譲渡制限に関する規定の変更」が登記の事由となる。

　この場合の定款変更には，株主総会の特別決議（会社法466条，309条2項11号）及び，株券発行会社にあって，当該種類株式に係る株券が現に発行されているときは，株券提供公告等の手続が必要になる（会社法219条1項1号括弧書）。また，当該譲渡制限株式とされる種類株式並びにこれを取得対価とする取得条項付株式及び取得請求権付株式について，それぞれ，種類株主総会の特殊決議（会社法111条2項，324条3項1号）及び反対株主の株式買取請求に関する手続（会社法116条1項2号）も必要になる。

　さらに，種類株式の内容の変更として，会社法322条1項の種類株主総会の特別決議を要する場合があることは，上記(2)アの場合と同様である。

2　公開会社となる旨の定款の変更と4倍規制

(1)　公開会社の定義等

　公開会社とは，その発行する全部又は一部の株式の内容として譲渡による当該株式の取得について株式会社の承認を要する旨の定款の定めを設けていない株式会社をいう（会社法2条5号）。

　単一株式発行会社については，発行する全部の株式の内容としての譲渡制限株式の定め

が定められていない場合に公開会社である。他方，種類株式発行会社については，発行する各種類の株式の内容としての譲渡制限株式の定めが，複数の種類の株式のうちの 1 種類以上について定められていない場合，たとえある種類の株式につき譲渡制限株式の定めがあっても，公開会社に該当する。また，譲渡制限株式の定めのない種類株式が発行前であり，譲渡制限株式のみが現実に発行されている場合であっても，公開会社に当たる。

⑵　公開会社でない株式会社が公開会社となる定款の変更

　　単一株式発行会社が公開会社となる旨の定款の変更に当たるものは，譲渡制限株式の定めの廃止である。

　　他方，種類株式発行会社が公開会社でない株式会社である場合とは，全ての種類株式の内容として譲渡制限株式の定めがある場合をいう。そのため，次の①から③までの場合における定款の変更が，いずれも公開会社でない株式会社が公開会社となる定款の変更に当たる。

①　全ての種類株式の内容としての譲渡制限株式の定めを廃止する場合（株式の譲渡制限に関する定めの廃止の登記を申請すべき場合）

②　一部の種類株式の内容としての譲渡制限株式の定めを廃止する場合（株式の譲渡制限に関する定めの変更の登記を申請すべき場合）

③　新たに譲渡制限株式の定めのない種類株式を追加する場合（発行可能種類株式総数及び発行する各種類の株式の内容の変更の登記を申請すべき場合）

　　なお，繰り返しになるが，②と③の場合において，譲渡制限株式の定めのない種類株式が 1 株も発行されていなくても，公開会社になることに注意したい。

⑶　4 倍規制

　　公開会社でない株式会社が定款を変更して公開会社となる場合，当該定款の変更後の発行可能株式総数は，当該定款の変更が効力を生じた時における発行済株式の総数の 4 倍を超えることができない（会社法 113 条 3 項 2 号）。

　　そのため，株式会社が株式の譲渡制限に関する定めを廃止し，又は変更したことによって公開会社となり，当該会社から当該定めの廃止又は変更による変更の登記の申請がされた場合において，登記簿上，発行可能株式総数が発行済株式の総数の 4 倍を超えているときは，当該申請と併せて，発行可能株式総数が発行済株式の総数の 4 倍を超えない範囲とする発行可能株式総数又は発行済株式の総数を変更する登記の申請がされない限り，株式の譲渡制限に関する定めの廃止又は変更による変更の登記の申請を受理することはできない（平 27. 2. 6 民商 13）。

3　公開会社の機関設計

　　公開会社は，取締役会を設置しなければならず（会社法 327 条 1 項 1 号），さらに，監査等委員会設置会社又は指名委員会等設置会社でない限り，公開会社である取締役会設置会社は，監査役を置かなければならない（会社法 327 条 2 項）。

　　他方，非公開会社には取締役会を設置することを要せず，また，非公開会社である取締役会設置会社は，監査役を置かず，会計参与を置くことによって監査役の設置に代えることが

できる（会社法327条2項ただし書）。

　非公開会社が定款を変更して公開会社となった場合において，当該非公開会社が公開会社には許容されない機関設計を採用していたときは，株式の譲渡制限の定めの廃止又は変更の登記と併せて，機関設計の変更に係る登記（例えば取締役会設置会社の定めの設定の登記など）の申請をしない限り，当該定めの廃止又は変更の登記の申請をすることができない。公開会社となる旨の登記の申請書と公開会社が設置を強制される機関に係る登記が存在しない登記簿とが合致せず，商業登記法24条8号（令和元年改正により同条7号が削られる前の同条9号）に規定する「申請書又はその添付書面…の記載又は記録が申請書の添付書面又は登記簿の記載又は記録と合致しないとき」に該当するからである（『商業登記ハンドブック第3版』P.246）。

4　本問の検討

　令和3年6月30日開催の株主総会で，普通株式と優先株式の両方（「当会社の株式」）に付された株式の譲渡制限に関する規定を「普通株式」のみについてのものとする定款変更の決議がされている。当該株主総会には株主全員が出席し，その満場一致をもって可決しているので，特別決議の要件を充足することに問題はない。申請会社は種類株式発行会社であり，かかる定款変更が種類株主に損害を及ぼすおそれとその場合における種類株主総会の決議の要否も問題になり得るが，そのおそれはないものとされているから（答案作成に当たっての注意事項5），本問の別紙において，種類株主総会の開催に関する情報が存在しないことにも問題はない。

　上記定款変更によって申請会社は非公開会社から公開会社に移行するが，令和3年6月30日における発行可能株式総数8万株，発行済株式の総数3万株は，いずれも別紙1登記記録の抜粋におけるものから変動がなく，4倍規制を満たしている。

　また，申請会社の登記記録には，取締役会設置会社である旨の登記及び監査役設置会社である旨の登記があり，公開会社において設置が強制される機関設計に係る登記がされている。

　以上から，同日付で株式の譲渡制限に関する規定の変更登記を申請する。

論点5　株式の譲渡制限に関する規定の変更に関する解答

[第2欄]（令和3年7月2日申請分）

(1)　登記の事由

　　「株式の譲渡制限に関する規定の変更」などと記載する。

(2)　登記すべき事項

　　「令和3年6月30日変更

　　　株式の譲渡制限に関する規定

　　　　当会社の普通株式を譲渡により取得する場合は，取締役会の承認を受けなければならない。」などと記載する。

(3) 添付書面及び通数
　① 株主総会議事録（商登法46条2項）
　② 株主の氏名又は名称住所及び議決権数等を証する書面（株主リスト）（商登規61条3項）
　③ 委任状（商登法18条）
(4) 登録免許税額
　　株式の譲渡制限に関する規定の変更の登記については，その他登記事項の変更分として，申請1件につき金3万円となる（登免法別表1.24.(1)ツ）。

論点6　取締役，代表取締役及び監査役の変更

1　取締役（監査等委員会設置会社及び指名委員会等設置会社を除く。）及び監査役の任期
(1) 原則
　　取締役の任期は，その選任後2年以内に終了する事業年度のうち最終のものに関する定時株主総会の終結の時までである（会社法332条1項本文）。また，監査役の任期は，その選任後4年以内に終了する事業年度のうち最終のものに関する定時株主総会の終結の時までである（会社法336条1項）。
(2) 短縮
　　取締役の任期は，定款又は株主総会の決議によって短縮することができる（会社法332条1項ただし書）。これに対し，監査役の法定任期（上記(1)後段）は，定款によっても短縮することができない（会社法336条1項参照）。もっとも，定款によって，任期満了前に退任した監査役の補欠として選任された監査役の任期を退任した監査役の任期の満了する時までとすることはできる（会社法336条3項）。
(3) 伸長
　　公開会社でない株式会社にあっては，選任後10年以内に終了する事業年度のうち最終のものに関する定時株主総会の終結の時までを上限として，取締役・監査役の任期を伸長する定款の定めを設けることができる（会社法332条2項，336条2項）。

2　株式の譲渡制限に関する規定の廃止又は変更に伴う役員の任期の満了
　　監査等委員会設置会社及び指名委員会等設定会社を除き，公開会社でない株式会社が公開会社となる定款の変更の効力が生じたときは，その効力発生時に，役員（取締役，会計参与及び監査役をいい，会計監査人を含まない。）の任期が満了することとされている（会社法332条7項3号，334条1項，336条4項4号）。

3　役員の任期満了又は辞任後の権利義務
　　役員が欠けた場合又は会社法若しくは定款で定めた役員の員数が欠けた場合には，任期の満了又は辞任により退任した役員は，新たに選任された役員（一時役員の職務を行うべき者を含む。）が就任するまで，なお役員としての権利義務を有する（会社法346条1項）。
　　ここでいう「役員」とは，取締役，監査役又は会計参与（監査等委員会設置会社にあって

は，監査等委員である取締役若しくはそれ以外の取締役又は会計参与）をいい（会社法 329 条 1 項括弧書，346 条 1 項括弧書），会計監査人を含まない。なお，代表取締役や指名委員会等設置会社の委員・執行役・代表執行役が任期満了又は辞任によって退任した場合にもそれぞれの権利義務を有する場合があることについては，別に規定がある（会社法 351 条 1 項，401 条 2 項，403 条 3 項，420 条 3 項）。

任期満了又は辞任以外の退任事由（死亡，解任等）によっては，権利義務を有する役員にはならない。また，任期満了には，上記 1 の定時株主総会の終結の時における任期満了だけでなく，上記 2 の場合を含む定款変更によるものも含まれる（『論点解説新・会社法』P. 400 参照）。

4 取締役及び監査役の選任

取締役及び監査役の選任は，いずれも株主総会の決議による（会社法 329 条 1 項）。その決議要件は，定足数についての特則がある普通決議である。具体的には，選任決議は，議決権を行使することができる株主の議決権の過半数（3 分の 1 以上の割合を定款で定めた場合にあっては，その割合以上）を有する株主が出席し，出席した当該株主の議決権の過半数（これを上回る割合を定款で定めた場合にあっては，その割合以上）をもって行わなければならない（会社法 341 条）。

このような株主総会の決議によって取締役又は監査役に選任された者が就任承諾をすることにより，取締役又は監査役に就任することになる。なお，選任決議の前に，選任されることを条件として就任承諾をすることも可能である。

5 取締役会設置会社における代表取締役の変更

代表取締役の地位は取締役の地位を前提とするので，取締役の地位を喪失した代表取締役は退任する。

取締役会は，取締役の中から代表取締役を選定しなければならない（会社法 362 条 3 項）。取締役会設置会社にあって，代表取締役とそれ以外の取締役の地位は分化しているから，選定された取締役が就任承諾をすることによって，代表取締役に就任することになる。

6 本問の検討

令和 3 年 6 月 30 日開催の臨時株主総会において，株式の譲渡制限に関する規定を変更する定款変更が決議されている。これは非公開会社が公開会社となる旨の定款変更に該当することは本解説の論点 5 において検討済みである。この定款変更は，取締役・監査役の任期満了事由である。

ところで，申請会社の取締役Ａ，Ｂ及びＣ並びに監査役Ｄが全員同日において在任中であることは，別紙 1 の重任の年月日及び定款第 24 条の任期に関する規定（法定任期と同じもの）から明らかである。具体的には，令和 2 年 3 月 20 日に選任された取締役は，令和 3 年 1 月 1 日から同年 12 月 31 日までの事業年度に関する定時株主総会の終結時まで任期があり，平成 30 年 3 月 22 日に選任された監査役も，令和 3 年 1 月 1 日から同年 12 月 31 日までの事業年度に関する定時株主総会の終結時まで任期がある。また，任期満了以外の退任事由（死亡，解任，辞任等）は，いずれの取締役・監査役についても令和 3 年 6 月 30 日までに生じ

ていない。

よって，申請会社の取締役・監査役の任期は，公開会社となる定款変更の効力を生じた令和 3 年 6 月 30 日に満了し，その全員が退任する。代表取締役Aは，前提資格である取締役の地位の喪失により同日退任する。

また，当該株主総会において，取締役E，F，G及びH並びに監査役 I 及び J が選任され，同日就任を承諾している（答案作成に当たっての注意事項6）。同日，これらの新任の役員が全員出席して開催された取締役会において，代表取締役Gが選定され，席上就任を承諾している。そして，取締役・監査役の法定及び定款所定の最低員数はいずれも満たされている（別紙2定款第 22 条）。よって，退任した取締役等が権利義務を有することもない。

以上から，いずれも令和 3 年 6 月 30 日付けで次の役員変更登記を申請すべきである。

① 取締役A，B及びC並びに監査役Dの任期満了による退任
② 代表取締役Aの資格喪失による退任
③ 取締役E，F，G及びH並びに監査役 I 及び J の就任
④ 代表取締役Gの就任

論点6 取締役，代表取締役及び監査役の変更に関する解答

第2欄 （令和 3 年 7 月 2 日申請分）

(1) 登記の事由

「取締役，代表取締役，監査役の変更」などと記載する。

(2) 登記すべき事項

次のように記載する。ただし，解答例のように，「任期満了により」「資格喪失により」の部分は省略して解答しても差し支えないと考える。

「令和３年６月３０日次の者任期満了により退任

　取締役A，同B，同C

　監査役D

同日代表取締役A資格喪失により退任

同日次の者就任

　取締役E，同F，同G，同H

　千葉県松戸市丁町三丁目４番１号

　代表取締役G

　監査役 I ，同 J 」

(3) 添付書面及び通数

① 株主総会議事録（商登法 54 条 4 項，46 条 2 項）

取締役・監査役の定款変更による任期満了退任を証する書面として，また，新任の取締役・監査役の選任決議について，令和 3 年 6 月 30 日開催の臨時株主総会の議事録を添付しなければならない。

② 株主の氏名又は名称住所及び議決権数等を証する書面（株主リスト）（商登規61条3項）

　　取締役・監査役の選任決議につき株主リストを添付する。

③ 取締役・監査役の就任承諾書（商登法54条1項）　　4通・2通

　　答案作成に当たっての注意事項10に従い，「取締役」「監査役」という資格を特定して，それぞれ4通，2通を添付する。

④ 取締役会議事録（商登法46条2項）

　　代表取締役の選定決議について，令和3年6月30日開催の取締役会の議事録を添付する。

⑤ 代表取締役の就任承諾を証する書面（商登法54条1項）

　　④の取締役会議事録の記載を援用する（答案作成に当たっての注意事項9）。また，「代表取締役」という資格を特定して記載する（答案作成に当たっての注意事項10）。

⑥ 印鑑証明書（商登規61条4項から6項まで）　　6通

　　代表取締役G選定に係る④の取締役会には，取締役E，F，G及びH並びに監査役I及びJの全員が出席し，その議事録に押印しているので，これらの者の市区町村長作成の印鑑証明書6通を添付する（商登規61条6項3号）。また，新任の代表取締役Gの就任承諾を証する書面⑤についても，市区町村長作成の印鑑証明書1通の添付を要するが（商登規61条4項後段，5項），通数については上記6通に含まれる，

⑦ 委任状（商登法18条）

※ 新任の取締役・監査役の本人確認証明書については，これらの者の印鑑証明書が添付されるため，添付を要しない（商登規61条7項ただし書）。

⑷ 登録免許税額

　　取締役，代表取締役及び監査役の変更の登記について，登録免許税の額は，役員等の変更分として，資本金の額が1億円を超える株式会社においては申請1件につき3万円，資本金の額が1億円以下の株式会社においては申請1件につき1万円である（登免法別表1.24.(1)カ）。

　　本問では，3万円となる。

第3欄　登記することができない事項及びその理由

論点7　支配人の選任

1　支配人の選任

株式会社の支配人の選任については，次の機関の決定による。

①取締役会を設置しない会社	取締役の決定（取締役1名の場合） 取締役の過半数の一致（2名以上ある場合）　※1 株主総会の決議　※2
②取締役会設置会社 　　（③又は④を除く）	取締役会の決議　※3 定款に別段の定めがあるときは，株主総会の決議　※2
③監査等委員会設置会社	取締役会の決議　※4 取締役会の委任が可能であり，その委任があるときは，取締役の決定　※5
④指名委員会等設置会社	取締役会の決議 取締役会の委任があるときは，執行役の決定　※6

※1　支配人に関する事項の決定を，個々の取締役に委任することはできない（会社法348条3項1号参照）。

※2　取締役会設置会社でない株式会社にあっては，株主総会の決議事項に制限はない（会社法295条1項）。よって，特に定款の定めなくして，株主総会において支配人の選任を決定することができる。

　これに対し，取締役会設置会社にあっては，定款の定めがなければ，支配人の選任の決定を株主総会で行うことはできない（会社法295条2項参照）。

※3　取締役会設置会社にあっては，取締役会は，支配人の選任の決定を，個々の取締役に委任することはできない（会社法362条4項3号）。

※4　監査等委員会設置会社にあっても，次の※5の場合を除き，取締役会は，支配人の選任の決定を，個々の取締役に委任することはできない（会社法399条の13第4項3号）。

※5　監査等委員会設置会社にあっては，取締役の過半数が社外取締役である場合又は重要な業務執行の決定の取締役への委任についての定款の定めがある場合，取締役会は，支配人の選任の決定を，取締役に委任することができる（会社法399条の13第5項，6項）。

※6　指名等委員会設置会社にあっては，取締役会は，支配人の選任の決定を，執行役に委任することができる（会社法416条4項本文）。

2　本問の検討

令和3年6月30日開催の取締役会において,支配人の選任に関する事項の決定を代表取締役Gに委任することについて出席取締役全員の一致をもって可決承認し,代表取締役Gは,この取締役会の決議に基づき,本店に置く支配人としてKを選任したとされている。

しかし,申請会社は,監査等委員会設置会社ではない取締役会設置会社であって,支配人の選任は取締役会の決議によって行わなければならず,取締役会は,取締役に支配人の選任に関する事項の決定を委任することができない。

したがって,取締役会の委任及びそれに基づく代表取締役の決定による支配人の選任は登記することができない。

論点7　登記することができない事項及びその理由に関する解答

第3欄

支配人Kの選任が登記することができない事項である。支配人の選任は,監査等委員会設置会社及び指名委員会等設置会社を除く取締役会設置会社にあっては,取締役会の決議によらなければならず,取締役会は,これを(代表)取締役に委任することができないことが理由となる。

〈参考〉

1 令和3年4月2日申請後の登記記録のイメージ
【株式・資本区】

発行可能株式総数	8万株
発行済株式の総数 並びに種類及び数	発行済株式の総数 　　3万株 各種の株式の数 　　普通株式　3万株
資本金の額	金3億円
発行可能種類株式 総数及び発行する 各種類の株式の内 容	普通株式　7万株 優先株式　1万株 1　剰余金の配当 　　優先株式の株主は、毎事業年度において、普通株式の株主に先立ち、1株に 　つき年30円の剰余金の配当を受ける。 2　議決権 　　優先株式の株主は、株主総会において議決権を有しない。
株式の譲渡制限に 関する規定	当会社の株式を譲渡により取得する場合は、取締役会の承認を受けなければなら ない。
株主名簿管理人の 氏名又は名称及び 住所並びに営業所	東京都港区乙町一丁目1番地 東証券代行株式会社港支店 本店　東京都渋谷区丙町二丁目2番地 　　　　　　令和　3年　4月　1日設置　　　令和　3年　4月　2日登記

【役員区】

役員に関する事項	取締役　　　　　A		令和　2年　3月20日重任
			令和　2年　○月　○日登記
	取締役　　　　　B		令和　2年　3月20日重任
			令和　2年　○月　○日登記
	取締役　　　　　C		令和　2年　3月20日重任
			令和　2年　○月　○日登記
	東京都江東区北町一丁目2番3号 代表取締役　　　A		令和　2年　3月20日重任
			令和　2年　○月　○日登記
	監査役　　　　　D		平成30年　3月22日重任
			平成30年　○月　○日登記
	<u>会計監査人　　山田つばさ</u>		令和　2年　3月20日重任
			令和　2年　○月　○日登記
	会計監査人　　山田つばさ		令和　3年　3月23日重任
			令和　3年　4月　2日登記

【新株予約権区】

新株予約権	第1回新株予約権
	新株予約権の数
	１３００個
	新株予約権の目的たる株式の種類及び数又はその算定方法
	優先株式　　１３０００株
	募集新株予約権の払込金額若しくはその算定方法又は払込を要しないとする旨
	無償
	新株予約権の行使に際して出資される財産の価額又はその算定方法
	１万円
	新株予約権を行使することができる期間
	令和５年５月１日から令和１０年４月３０日まで
	新株予約権の行使の条件
	新株予約権者が死亡した場合には、相続人はその権利を行使することができない。

令和　３年　４月　１日発行	
令和　３年　４月　２日登記	

2　令和3年7月2日申請後の登記記録のイメージ

【株式・資本区】

発行可能株式総数	8万株
発行済株式の総数並びに種類及び数	発行済株式の総数 　　3万株 各種の株式の数 　　普通株式　3万株
資本金の額	金3億円
発行可能種類株式総数及び発行する各種類の株式の内容	普通株式　7万株 優先株式　1万株 1　剰余金の配当 　　優先株式の株主は、毎事業年度において、普通株式の株主に先立ち、1株につき年30円の剰余金の配当を受ける。 2　議決権 　　優先株式の株主は、株主総会において議決権を有しない。
株式の譲渡制限に関する規定	<u>当会社の株式を譲渡により取得する場合は、取締役会の承認を受けなければならない。</u>
	当会社の普通株式を譲渡により取得する場合は、取締役会の承認を受けなければならない。 　　　　　　　令和　3年　6月30日変更　　　　令和　3年　7月　2日登記
株主名簿管理人の氏名又は名称及び住所並びに営業所	東京都港区乙町一丁目1番地 東証券代行株式会社港支店 本店　東京都渋谷区丙町二丁目2番地 　　　　　　　令和　3年　4月　1日設置　　　　令和　3年　4月　2日登記

【役員区】

役員に関する事項	取締役　　　　A	令和　２年　３月２０日重任
		令和　２年　○月　○日登記
		令和　３年　６月３０日退任
		令和　３年　７月　２日登記
	取締役　　　　B	令和　２年　３月２０日重任
		令和　２年　○月　○日登記
		令和　３年　６月３０日退任
		令和　３年　７月　２日登記
	取締役　　　　C	令和　２年　３月２０日重任
		令和　２年　○月　○日登記
		令和　３年　６月３０日退任
		令和　３年　７月　２日登記
	取締役　　　　E	令和　３年　６月３０日就任
		令和　３年　７月　２日登記
	取締役　　　　F	令和　３年　６月３０日就任
		令和　３年　７月　２日登記
	取締役　　　　G	令和　３年　６月３０日就任
		令和　３年　７月　２日登記
	取締役　　　　H	令和　３年　６月３０日就任
		令和　３年　７月　２日登記
	東京都江東区北町一丁目２番３号 代表取締役　　　　A	令和　２年　３月２０日重任
		令和　２年　○月　○日登記
		令和　３年　６月３０日退任
		令和　３年　７月　２日登記
	千葉県松戸市丁町三丁目４番１号 代表取締役　　　　G	令和　３年　６月３０日就任
		令和　３年　７月　２日登記
	監査役　　　　D	平成３０年　３月２２日重任
		平成３０年　○月　○日登記
		令和　３年　６月３０日退任
		令和　３年　７月　２日登記
	監査役　　　　I	令和　３年　６月３０日就任
		令和　３年　７月　２日登記
	監査役　　　　J	令和　３年　６月３０日就任
		令和　３年　７月　２日登記
	会計監査人　　　山田つばさ	令和　３年　３月２３日重任
		令和　３年　４月　２日登記

【新株予約権区】

新株予約権	第1回新株予約権
	新株予約権の数
	<u>１３００個</u>
	１１００個
	令和　３年　６月１８日変更　　　令和　３年　７月　２日登記
	新株予約権の目的たる株式の種類及び数又はその算定方法
	<u>優先株式　１３０００株</u>
	優先株式　１１０００株
	令和　３年　６月１８日変更　　　令和　３年　７月　２日登記
	募集新株予約権の払込金額若しくはその算定方法又は払込を要しないとする旨
	無償
	新株予約権の行使に際して出資される財産の価額又はその算定方法
	１万円
	新株予約権を行使することができる期間
	令和５年５月１日から令和１０年４月３０日まで
	新株予約権の行使の条件
	新株予約権者が死亡した場合には、相続人はその権利を行使することができない。
	令和　３年　４月　１日発行
	令和　３年　４月　２日登記

辰已法律研究所（たつみほうりつけんきゅうじょ）
http://www.tatsumi.co.jp/

　司法書士試験対策をはじめとする各種法律資格を目指す方
のための本格的な総合予備校。実務家というだけではなく
講師経験豊かな司法書士，弁護士を講師として招聘する一方，
入門講座ではWebを利用した復習システムを取り入れる等，
常に「FOR THE 受験生」を念頭に講座を展開している。

司法書士試験　本試験問題＆解説
Newスタンダード本　令和3年　単年度版

令和3年9月15日　　　　　　　　　　　初 版　第1刷発行

発行者　後藤　守男
発行所　辰已法律研究所
〒169-0075
東京都新宿区高田馬場4-3-6
Tel. 03-3360-3371（代表）

印刷・製本　壮光舎印刷㈱

©Tatsumi 2021 Printed in JAPAN
ISBN978-4-86466-516-2

【 講 座 案 内 】

新たな知識を加えるより、手持ちの知識を磨き上げる—それが早道

中上級講座 択一リマスター

全102時間
他校中上級講義の
50～60％の時間

知識は既にマスターしている筈なのに、合格ラインがあと一歩超えられないのはなぜか？そんな中上級者のための「合格ラインのマスター講座」です。

開講	WEBスクール

8/22(土)
配信開始

DVD：8/21(金)
発送開始

科目	全科目（択一式）

回数	全34回／102時間

講師	

辰已講師
司法書士試験
司法試験合格者
千葉真人講師

司法書士試験合格後、大手予備校で基礎講座を担当。その後、法科大学院へ進学。見事司法試験に一発合格。司法試験合格経験を持つ司法書士講師として活躍する。辰已法律研究所で4年に渡り、入門講座を担当。膨大なテキストの中から合格に必要な情報を抽出し、過不足なく伝達するそのスキルと、原理原則から考え、無駄な暗記を減らそうとするスタイルが共感され、多くの支持を集めた。海外法務に従事するため、惜しまれながら一旦講師を退くも、情熱は消えることなく、今回8年ぶりに復帰を果たす。

受講生の声

・講義が非常に上手。教え方に長けている。
・丁寧な語り口、聞き取りやすい声。
・意味もわからず詰め込んでも納得できない、個別論点だけ深めても全体が見えない、自分では強弱・メリハリを付けにくいなどなどが全て解決。

教材	講師作成パワポテキスト

オンライン申込ページURL
読み取り用二次元バーコード

対象者	●中〜上級の方 ●勉強時間がなかなか取れない方 ●点数が伸び悩んでいる方

2021.8月	2022.4月
中上級講座　択一リマスター（102時間）【講義】	

日程等の詳細は専用パンフレットをご覧ください。

🔵 司法試験にも合格したプロ講師がプロデュース。

本講座を担当するのは司法書士試験だけでなく、司法試験にも合格した千葉真人講師。勉強のプロであると同時に、豊富な講師経験も持つ学習指導のプロでもあります。本講座は、千葉講師が企画段階より関わり、中上級者のために専用設計したカリキュラムで行います。

🔵 中上級者向けだからできる思い切ったカリキュラム

中上級者は基礎学習を終えており、できないところよりもできるところのほうが多いです。そこで、本講座は網羅性よりも合格点が取れるかにこだわります。科目ごとの回数も、中上級者が苦手とする科目・ポイントを逆算して思い切った設定をしています。
また、千葉講師は豊富な講師経験に加え、受験生の個別指導も担当します。そのため、受験生の不得意、差がつくポイント等を熟知しており、それを活かした、点を取るための講義を展開できます。

🔵 結局、知識の量ではなく質を上げるのが合格のカギ

中上級者はとかく知識の量に目を奪われがちですが、勝負がついているのは実は基礎知識の正確さです。闇雲に手持ちの知識を増やすのではなく、もう一度手持ちの知識を見直す。これが合格の近道。見直すべきところの選別はこの講座に任せ、淡々と手持ちの知識を洗練させましょう。その先に合格があります。

※リマスター（Remaster）は音楽用語で、「新しい音を加えることなく、原音をより良い音質にすること」をいいます。本講座のコンセプトにピッタリと考え、今回この言葉をタイトルに用いました。

🔵 カリキュラム

全34回中、主要4科目に28回を使います。
結局、合否を分けるのは主要4科目の出来です。ここにできる限りの時間を割いて、しっかりと学習し直します。
マイナー科目は、出題傾向に合わせ、予想も兼ねた、コンパクトな講義を提供します。

スケジュール・受講料等の詳細は
右記より資料をご請求ください。 https://r-tatsumi.com/pamphlet/

⏱ 文字ばかりのテキストはもううんざり。一読了解パワポテキスト。

【問】
抵当権者による担保権の実行としての競売の開始決定がされた不動産については，一般債権者は，強制競売の申立てをすることはできるか？

① 担保権の実行としての競売

一般債権者

強制競売の申立ては可能？

【答】
できる(188, 47Ⅰ)。
前々スライドと同様に，先行して他の差押えがなされているような場合であっても，重ねて差押えすることは可能である。

どれだけ
重ねても
OK！

「事例などの文字だけでは理解しにくい場合の際に、非常に便利だった。」と受験生からも好評。
千葉講師作成のパワポテキストは、図表を多数駆使し、視覚的なイメージがもちやすく、また、適宜設問を織り交ぜることで記憶に残りやすいよう工夫されています。

● 択一リマスター　チョイ読み・チョイ聴き

論より証拠。択一リマスターのサンプル講義・レジュメをご覧いただけます。
本講座が、ご自身の学習に合うかどうか、ぜひ一度お試しください。
※右 QR コードか URL よりご覧頂けます。

https://bit.ly/3iBAy3S

● 受講料（税込）

※お申込みには講座コードが必要となります。
専用パンフレットにてご確認の上お申込みください。

中上級講座　択一リマスター

通信部			
WEB	DVD		WEB＋DVD
辰已価格	辰已価格	代理店価格	辰已価格
¥164,700	¥179,800	¥170,810	¥187,600

択一リマスターパック（択一リマスター＋オープン総合編＋全国総合模試）

オープン・模試解説講義	通信部			
	WEB	DVD		WEB＋DVD
辰已価格	辰已価格	辰已価格	代理店価格	辰已価格
あり	¥240,900	¥263,200	¥250,040	¥275,000
なし	¥227,800	¥242,200	¥230,090	¥249,600

◆千葉真人講師の個別合格指導『マンツーマン司法書士』のご案内

千葉講師があなたの家庭教師となって合格へ導きます。

千葉講師の択一リマスターと合格者からも好評の辰已の答練・模試を軸に据えたプレミアムクラス。それが「マンツーマン司法書士」です。講座・答練・模試すべて、千葉講師が毎週寄り添い、あなただけの弱点・課題を発見＆修正。合格ラインへ一気に引き上げます。

ご興味のある方はまずは無料相談。
講師本人が対応します。

個別指導は講師との相性が大事。まずは一度ご相談下さい。
右 QR コードもしくは下記 URL の専用サイトでご予約下さい。

https://forms.gle/u5Rz9eMeTNnyqwPv8

①インプット＋個別指導　2021年8月～2022年4月【全34回】

中上級講座
択一リマスター
＋
マンツーマン
個別指導

②アウトプット＋個別指導　2022年4月～6月【全10回】

司法書士オープン
総合編
＋
司法書士
全国公開模試
＋
マンツーマン
個別指導
＋
記述式
講師添削

マンツーマン司法書士	講座コード	①＋② 全44回		
		個別指導以外の講座・答練の受講形態		
		WEB	DVD	WEB＋DVD
一般価格9月以降	C1115＊	¥910,700	¥932,000	¥943,800
7月割	C1116＊	¥765,000	¥782,900	¥792,800
8月割	C1117＊	¥810,500	¥829,500	¥840,000

マンツーマン司法書士の詳細は専用パンフレットをご覧ください。

■お申込みの際は、受講形態をお選びいただきます。講座コードの「＊」の部分に下記の会場コード（アルファベット）をあてはめてください。

通信 DVDはR	通信 WEBはE	通信 WEB＋DVDはW

※定員制のため、代理店申込はございません。

ゆっくり、しかし着実に、登記法のレベルを向上させたい人のための答練

記述パワーアップ答練

2022年向けに
問題総入れ替え！
全8回

開講	WEBスクール **9/5**(日) 配信開始 DVD：**9/3**(金) 発送開始 ■東京本校 通学部：設定あり
形態	アウトプット 記述式＆択一式対策
科目	不動産登記・商業登記
回数	全8回 （各回記述式2問＋択一式10問）
講義	あり　1回当たり2時間
講師	司法書士　日吉　雅之 専任講師 司法書士　風間　正樹 講師
教材	問題冊子・解説冊子
採点	記述式は採点あり。 択一式は採点なし（自己採点） ※記述式についても、択一式についても成績表はありません。 記述式問題は本試験レベルで出題します。本試験での目標点を演習の際の目標点として下さい。

記述パワーアップ答練 TimeTable

演習　135分
（記述式2問＋択一式10問）

↓

解説講義　120分
（記述式2問＋択一式）

オンライン申込ページURL
読み取り用二次元バーコード

 受講料（税込）

対象者	●年内に記述式を一定レベルまで仕上げたい方 ●答練で学習のペースメークをしたい方

	9月	10月	11月	12月	1月	2月	3月	4月	5月	6月
記述パワーアップ答練					本試験リメイク記述演習		総合編（全8回）			全国総合模試

日程等の詳細は専用パンフレットをご覧ください。

🔵 隔週実施なので無理がない。実力維持・向上に最適な答練

「一定レベル・一定量の記述式問題演習を行いたい」「ただ、インプットも大事なので、演習ばかりに時間を使えない」というのが多くの受験生の意見です。

そこで、本答練では、本試験レベルの記述式問題を揃えながらも、演習日程を隔週実施とするスケジュールにより、適度な負荷で、着実に実力の維持・向上ができるような問題演習を行います。

記述式答練でありながら択一式問題も解けるので、まさに一石二鳥の答練となっています。

回	記述式	択一式	東京本校 (教室演習)	通信部 WEBスクール配信開始	DVD発送開始
1	2問	10問	9/5(日)	9/5(日)	9/3(金)
2	2問	10問	9/19(日)	9/19(日)	9/17(金)
3	2問	10問	10/10(日)	10/10(日)	10/8(金)
4	2問	10問	10/24(日)	10/24(日)	10/22(金)
5	2問	10問	11/7(日)	11/7(日)	11/5(金)
6	2問	10問	11/21(日)	11/21(日)	11/19(金)
7	2問	10問	12/5(日)	12/5(日)	12/3(金)
8	2問	10問	12/19(日)	12/19(日)	12/17(金)

🔵 記述式答練なのに択一式問題も付属。登記法の論点網羅に役立つ。

登記法（不動産登記法および商業登記法）は筆記試験の択一式で24問、記述式で2問出題され、それらを合計すると配点は142点に及びます。

これは筆記試験全配点の50.7％にも達し、まさに試験結果を大きく左右する科目といえます。

本答練は記述式答練ですが、記述式問題だけでなく、択一式の問題も毎回付属しています。

記述式と択一式の両形式で演習を行うことにより重要論点を網羅していきますので、登記法についての試験対策には最適な答練です。

※お申込みには講座コードが必要となります。
専用パンフレットにてご確認の上お申し込みください。

記述パワーアップ答練

通学部		通信部WEB		通信部DVD		通信部WEB＋DVD	
辰已価格	代理店価格	辰已価格	代理店価格	辰已価格	代理店価格	辰已価格	代理店価格
¥41,400	−	¥41,400	−	¥45,200	¥42,940	¥47,100	−

2022演習パック（記述パワーアップ答練＋本試験リメイク記述演習＋オープン総合編＋全国総合模試）

オープン・模試	通学部		通信部WEB		通信部DVD		通信部WEB＋DVD	
	辰已価格	代理店価格	辰已価格	代理店価格	辰已価格	代理店価格	辰已価格	代理店価格
解説講義あり	¥153,200	−	¥153,200	−	¥167,600	¥159,220	¥175,200	−
解説講義なし	¥140,100	−	¥140,100	−	¥146,500	¥139,175	¥149,700	−

スケジュール・受講料等の詳細は
右記より資料をご請求ください。https://r-tatsumi.com/pamphlet/

🔹 2つの解き方で、2年目の人から上級者まで対応！

本答練は記述式答練ですが、択一式問題が付属しています。しかもその択一式問題は同じ回で出題される記述式問題と同一論点を含んでいます（すべての肢が記述式問題と同一ということではありません。記述式の論点と関連しない肢も含みます）。

問題冊子は記述式問題2問のうしろに択一式問題10問という構成。

記述式問題は本試験レベルの問題ですので、問題を前から（記述式から）解けば中上級レベルの記述式答練として、問題をうしろから（択一式から）解けば、択一式問題がヒントになるので、受験2年目レベルの方でも解ける答練としてご利用いただけます。

前から順に解く … 通常の記述式問題として解ける

| 本答練の各回の出題構成 | 不動産登記法記述式問題（1問）本試験レベル | ➕ | 商業登記法記述式問題（1問）本試験レベル | ➕ | 左の不動産登記法記述式問題に関連する択一式問題（5問）本試験レベル | ➕ | 左の商業登記法記述式問題に関連する択一式問題（5問）本試験レベル |

うしろから順に解く … 記述式問題の論点に気付き易くなる

🔹 教材の仕様は司法書士オープンと同じ。工夫された形式と詳細な解説文。解説講義も記述式＆択一式。

本答練の記述式・択一式解説書は、司法書士オープンの解説書と同形式を採用しています。

復習に役立つよう、各問題については十分な量の解説がくわえられています。

また、本答練には解説講義が付いています。講義は記述式のみではなく、択一式についても行いますので、演習＋解説講義で登記法の必須論点がしっかり身につきます。

🔹 解説講義担当講師

司法書士
風間 正樹 講師

実体法に関する正確な知識と、実務での数々の手続経験を裏打ちされた手続法に関する知識は、講義内容にもいかんなく発揮されている。司法書士オープンの解説講義なども担当しており、講義経験は豊富。

司法書士
日吉 雅之 専任講師

これまで多くの基幹講座、なかでも答練の解説講義を多く担当。スピーディで熱気溢れる講義が印象的ですが、実はその講義内容は緻密で、合格者や実力のある受験生からの評価が高い講師です。

🔹 合格者も推薦する「記述パワーアップ答練」

2020年度司法書士試験合格者
T.O さん

記述パワーアップ答練の日吉講師の話術には圧倒されました。時間内ですべての問題を的確にわかりやすく、かつ迅速に説明していただけるあの講義の完成度は、まさに講師の知性とバイタリティの塊だと感じました。また風間講師についても実務家としての立場で問題を分析してくださるその視点がとても面白かったです。

2020年度司法書士試験合格者
Y.M さん

初めての辰已で最初に受講したのは「記述パワーアップ答練」です。

記述の答案は、毎回手書きの添削を手元に返却してくれるため、復習する際も課題が分かり、すぐに辰已で受講を始めてよかったと思いました。添削のメッセージはお守りに受験会場へ持参したほどです。その年は答練と全国総合模試も受けました。

2020年度司法書士試験合格者
T.M さん

辰已の記述パワーアップ答練では、試験でよく聞かれる論点を網羅しており難易度としては、試験よりも少し難しいレベルなのでこのレベルに慣れていたため本番は少し余裕をもって臨むことができました。

2020年度司法書士試験合格者
T.J さん

「記述パワーアップ」と「司法書士オープン」の記述は、登記の書き方を全く習ったことのない私には辛い勉強でしたが、添削をしてくださる先生の添削がとても丁寧で、励ましの言葉も添えられており、時に涙しながら読んでいました。答案は今でも捨てずにとってあります。

2020年度司法書士試験合格者
R.Y さん

「記述パワーアップ答練」と「司法書士オープン」を受講しました。「記述パワーアップ答練」は不動産登記と商業登記の記述式問題と関連する知識を択一式の問題として解くものです。私は記述式の問題に慣れるために用いました。

松本講師独自の方法論は、初学者だけではなく受験経験者からも大きな支持！

リアリスティック一発合格
松本基礎講座

（筆記試験後スタート）　　全124回

開講　東京本校 LIVE

　通信部（WEB）

💿　通信部（DVD）

好評受付中

形態　インプット
　　　　択一式＆記述式対策

科目　全科目

回数　全124回
┌ 民法28回／
│ 不動産登記法21回／
│ 会社法・商業登記法31回／
│ 民事訴訟法・民事執行法・
│ 民事保全法12回／
│ 供託法・司法書士法5回／
│ 刑法7回／憲法6回／
│ 不動産登記法（記述式）7回／
└ 商業登記法（記述式）7回

講義　1回につき3時間

教材　① 司法書士試験リアリス
　　　　ティック（全11冊）
　　　　② 司法書士リアリスティック
　　　　不動産登記法記述式
　　　　商業登記法記述式
　　　　③ レジュメ（適宜）
※①、②について科目別受講の方はご自
身でご用意ください。

講師　松本雅典 専任講師

講座の詳細確認・オンライン
申込みはホームページから。　➡

対象者
- ●基礎からやり直したい方
- ●松本講師独自の方法論を学びたい方
- ●今までの勉強法で結果が出ていない方

7月	8月	9月	10月	11月	12月	1月	2月	3月	4月
リアリスティック一発合格松本基礎講座（全124回）									

日程等の詳細は専用パンフレットをご覧ください。

🎳 受験経験者にも支持される基礎講座

本講座担当の松本雅典講師は、法律学習未経験の状態からたった5ヶ月間の勉強期間で司法書士試験に合格しました。本講座はその短期合格方法論を余すことなくご提供します。「共通する視点」「検索先の一元化」「テキストでアウトプット」など、どれも司法書士試験で点を獲ることに特化した方法論です。

初学者を対象とした基礎講座ですが、受験経験者にも支持されています。その理由は、上記方法論に基づく講義が初学者、受験経験者の区別なく効果的なものだからにほかなりません。毎年、受験経験者で本講座を受講し合格した方から「目から鱗の講義だった」「最初から受講しておけばよかった」との声を多数頂いています。

🎳 複数の知識を「共通する視点」で切り、効率的に記憶

司法書士試験は、資格試験の中でも、記憶しなければならない知識が多い試験です。一つ一つ理解していくというのが基本ですが、それだけでは短期合格は厳しいのが実際のところです。そこで、ある項目を学習する時に「共通する視点」を使います。たとえば、民法で「地役権」というものを学習します。この地役権については、20〜30個程度の知識を記憶しなければなりません。しかし、以下の2つの「共通する視点」を使えば、15〜20個は一気に記憶することができます。

① 地役権とは、土地（要役地）のための権利であり、土地（要役地）にくっついている権利である。

② 地役権の規定は、要役地の所有者に有利なように規定されている

このように "複数の知識を共通する視点で切る" ということができるように、松本講師の講義では多数の「共通する視点」を提供します。

🎳 テキストに「検索先の一元化」を実現する講義

「情報の一元化」と対比される概念で、「検索先の一元化」という考え方があります。「検索先の一元化」とは、ある知識が問題で問われた時に決まった箇所を思い出すということです。本番の試験に持ち込めるのは、文房具と "自分の脳" だけです。ですから、本試験である知識が問われた時に、頭の中でどこを検索するかを決めておくのです。

テキスト、ノート、レジュメ、まとめ本…など教材が多数あると、検索先が複数になり思い出すことができません。本講座では、松本講師自らが執筆または全面監修したテキストに書き込みをしていき、検索先を一元化します。分厚いレジュメばかりが増えるといったことはありません。

スケジュール・受講料等の詳細は
右記より資料をご請求ください。https://r-tatsumi.com/pamphlet/

従来型		松本式 5 ヶ月合格勉強法
合格まで 4 年は覚悟する	⟺	絶対に合格できるという自信をもつ。合理的な勉強法で真剣に学習すれば 1 年で必ず合格できる試験である
自分にあった勉強法を探す	⟺	最短で合格できる勉強法に、ただひたすら自分をあわせる
忘れないためには、覚えられるまで何度でも繰り返し復習するしかない	⟺	一度頭に入ったことは頭からなくなることはない。思い出すプロセスを決めて、そのプロセスを本試験で再現できるよう訓練するのが勉強である
テキスト・過去問にない問題に対処するためにもっと知識を増やすように努力する	⟺	テキスト・過去問に載っていない知識の肢を、テキスト・過去問に載っている知識から推理で判断する訓練をする。知識を増やすことに労力をかけない
インプット＝テキスト、アウトプット＝問題演習	⟺	インプットもアウトプットもテキストで行う
本試験「直前」に使えるように情報を一元化する	⟺	本試験「当日」に問題を解くときに、頭の中で思い出す検索先を一つに特定する＝情報の一元化ではなく検索先の一元化
過去問は何回も何回も繰り返し解く	⟺	過去問の元になっている条文・判例自体を思い出せるようにすれば過去問は何回も解く必要がない
過去問を「知識が身についているかの確認」に使う	⟺	過去問を「問題の答えを出すために必要な知識」を判別するために使う。知識の確認ツールとしては、過去問は不十分である
テキストに、関連する他の科目の内容や定義などをどんどん書き込んでいく	⟺	基本テキストに関連する他の科目の内容や定義などは、「言葉」としては書かない。本試験で思い出すための記号しか書かない
記述は書いて書いて書きまくる	⟺	記述式を書いて勉強するのは時間がかかり過ぎる。申請書はシャドウイング＋音読

TEXT

本講座では、松本雅典著『司法書士試験リアリスティック』を講座テキストとして使用します（民法、不動産登記法、会社法・商法・商業登記法、民事訴訟法・民事執行法・民事保全法、供託法・司法書士法は刊行済み。刑法は 2021 年 9 月刊行予定、憲法は 2021 年内に刊行予定）。

テキストの記載内容は、本試験過去問を徹底的に分析した結果をもとに吟味されており、無駄な記載を省きつつも、本試験での出題領域を十分にカバーするものとなっています。

松本雅典著　司法書士試験リアリスティック

外販テキストとして広く普及している書籍を講座テキストとして使用します。

刑法は 2021 年 9 月刊行予定、憲法は 2021 年内に刊行予定。

「司法書士試験リアリスティック」は各自でご用意下さい。

本講座を全科目一括（またはそれを含むパック）でご購入いただいた方には「司法書士試験リアリスティック」民法Ⅰ、民法Ⅱ、民法Ⅲ、不動産登記法Ⅰ、不動産登記法Ⅱ、会社法・商法・商業登記法Ⅰ、会社法・商法・商業登記法Ⅱ、民事訴訟法・民事執行法・民事保全法、供託法・司法書士法、憲法、刑法の全 11 冊をプレゼントいたします。

● 受講料（税込）

※お申込みには講座コードが必要となります。
　専用パンフレットにてご確認の上お申し込みください。

		通学部		通信部WEB		通信部DVD		通信部WEB+DVD	
		辰已価格	代理店価格	辰已価格	代理店価格	辰已価格	代理店価格	辰已価格	代理店価格
リアリスティック・フルパック（①＋②）		¥502,100		¥502,100		¥531,500	¥504,925	¥554,500	
①	リアリスティック一発合格松本基礎講座全科目一括	¥444,000		¥444,000		¥474,200	¥450,490	¥494,300	
②	オプション講座　一括　解説講義あり（司法書士オープン＋全国総合模試）	¥84,500		¥84,500		¥92,400	¥87,780	¥96,800	

田端講師による「合格るやさしい基礎講座」。膨大な試験範囲もユニット制で攻略。

パーフェクトユニット方式 一発合格
田端基礎講座 全251ユニット

7・8月スタート

司法書士
田端恵子 専任講師

開講	WEBスクール
	  配信中
	  DVD：受付次第随時発送

形態	インプット 択一式＆記述式対策

科目	全科目

回数	全251ユニット ■インプット編221ユニット ┌ 民法61ユニット／ 不動産登記法48ユニット／ 会社法・商業登記法64ユニット／ 民事訴訟法・民事執行法・民事保 全法20ユニット／ 供託法10ユニット／ 刑法9ユニット／憲法7ユニット／ └ 司法書士法2ユニット ■記述編30ユニット ┌ 不動産登記法15ユニット／ └ 商業登記法15ユニット

講義	1ユニットあたり1時間 ※インプット編は復習フォロー付き

教材	■インプット編 オリジナルテキスト 肢別問題集 ■記述編 パーフェクトユニット記述式 必修問題集60※ 記述ルールブック 記述連想パターンブック ※科目別受講の方はご自身でご用意ください。

対象者
- ●基礎から学び直したい方
- ●勉強を続けることに不安がある方
- ●まとまった勉強時間が取れない方

	7月	8月	9月	10月	11月
パーフェクトユニット方式 一発合格 田端基礎講座（全251ユニット）					

日程等の詳細は専用パンフレットをご覧ください。

🎳 無理なく合格を目指せる工夫が満載

自身の一発合格の秘訣は「合格に必要な知識の取捨選択をうまくできたことと、モチベーションの維持ができたこと」と語る田端講師。
司法書士試験には時間をかけるべきところと、そうでないところがあります。ここを見誤ると合格まで時間がかかってしまいます。本講座ではそのような見誤りのおきないよう、合否に関係がない細かい論点は省き、合格に必要な知識だけを扱います。知識の取捨選択は講師自ら行いますので、どこまで押さえておけばいいのか、悩む必要はありません。
受験経験者の方で、一生懸命勉強していてもなかなか結果が出ない場合は、自身の勉強の方向性が誤った方向に行っている可能性があります。本講座で起動修正しましょう。
また、モチベーションの維持についても、講座設計・教材・サポート制度、すべてに勉強を続けやすくする工夫が満載。無理なく合格を目指せる「やさしい」講座となっています。

🎳 ユニット制だから、苦手分野の補強もしやすい！

「パーフェクトユニット方式」とは、各科目がさらに細かい単元（＝ユニット）に分かれており、ユニット名がその回の講義で扱っている内容を示しています。

1ユニットは60分なので、無理なく、1日1ユニットづつ受講していくことが可能。1日1ユニットずつの受講でも、来年の本試験まで間に合います。WEBコースでは、視聴画面で該当ページのテキストもPDFで閲覧可能。テキストが手元にない隙間時間などでも勉強可能です。また、講義は年内に配信・送付が完了しますので、年明けの早い時期までに全ユニットを消化し、その後は演習や苦手分野の再視聴に当てるといった受講の仕方もできます。
一度完璧に仕上げても、知識は時間の経過と共に劣化します。この劣化を補修することなく合格はありえません。本講座なら1ユニット毎の講義内容が明確なので、もう一度講義やテキストを見返したいときに「どこの回で扱ったかな…」と悩むことがありません。知識の維持、劣化の修復もしやすいのが、パーフェクトユニット方式です。

● 受講料（税込）　　※お申込みには講座コードが必要となります。
　　　　　　　　　　　専用パンフレットにてご確認の上お申し込みください。

	通信部		
	WEB	DVD	WEB+DVD
	通常価格	辰已価格	辰已価格
2023年向け　パーフェクトユニット2年合格安心フォローパック	¥673,900	¥731,600	¥763,700
2022年向け　パーフェクトユニット1年合格スタンダードパック	¥477,500	¥517,000	¥539,800
2022年向け　パーフェクトユニット方式一発合格　田端基礎講座　全科目一括	¥413,600	¥451,800	¥471,400

スケジュール・受講料等の詳細は
右記より資料をご請求ください。https://r-tatsumi.com/pamphlet/

2022 本試験記述式の出題のヒントは記述式過去問の中にある

本試験リメイク記述演習 全6回

松本 雅典 専任講師

開講	**WEBスクール**
	1/15(土) 配信開始
	DVD：1/13(木) 発送開始
	■東京本校 通学部：設定あり

対象者	●記述式の問題を多く解いておきたい方
	●演習で学習のペースメークをしたい方
	●本試験予想問題を解いてみたい方

9月	10月	11月	12月	1月	2月	3月	4月	5月	6月
記述パワーアップ答練			本試験リメイク記述演習			総合編（全8回）			全国総合模試

日程等の詳細は専用パンフレットをご覧ください。

形態	アウトプット 記述式
科目	不動産登記・商業登記
回数	全6回 （各回、不動産登記1問＋商業登記1問の計2問を出題）
講義	あり　1回当たり2時間
教材	問題冊子・解説冊子
採点	記述式は採点あり。 ※成績表はありません。 記述式問題は本試験レベルで出題します。本試験での目標点を演習の際の目標点として下さい。

受講するメリット

・記述の問題がどうできているかがわかる
・予想問題を解ける
・記述の解法（解き方）を習得できる

2022 年度に出題される確率が高い論点を含む記述式問題で演習

「記述の過去問」、実はこれも重要です。

択一の過去問を解かない受験生の方はいませんが、記述の過去問を解く受験生の方はほとんどいません。しかし、記述も、過去問類似の論点が出題されることが多いのです。記述の場合は、過去問がそのままの形で出題されることはほとんどなく、リメイクされた形で出題されます。ですが、テキスト、択一の過去問など、学習することが多い司法書士試験において、自分で記述の過去問を解いたうえでリメイクの形まで考えるのは手が回りません。そこで、本講座は、記述の過去問を徹底的に分析したうえで、2022年度に出題される確率が高い記述の過去問の論点をリメイクした問題を演習していただきます（松本雅典講師監修、辰已合格者チーム作成）。また、松本講師の解法（解き方）も習得していただきます。

本試験リメイク記述演習 TimeTable

演習　120分
（記述式 2問）

▼

解説講義　120分
（記述式 2問）

※通学部（教室演習）の解説講義は受講者特典マイページでの視聴となりますので、ご注意ください。

2022 年向け松本基礎講座全科目一括受講者には割引制度

2022年向けリアリスティック一発合格松本基礎講座の全科目一括受講者（科目別受講は対象外）は本講座を50％割引でご受講いただけます（2022年向け以外は対象外ですのでご注意ください）。

回	出題	東京本校 (教室演習)	通信部 WEBスクール 配信開始	DVD発送開始
1	不動産登記1問＋商業登記1問	1/15(土)	1/15(土)	1/13(木)
2	不動産登記1問＋商業登記2問	1/29(土)	1/29(土)	1/27(木)
3	不動産登記1問＋商業登記3問	2/12(土)	2/12(土)	2/10(木)
4	不動産登記1問＋商業登記4問	2/26(土)	2/26(土)	2/24(木)
5	不動産登記1問＋商業登記5問	3/12(土)	3/12(土)	3/10(木)
6	不動産登記1問＋商業登記6問	3/26(土)	3/26(土)	3/24(木)

オンライン申込ページ URL
読み取り用二次元バーコード

受講料（税込）

※お申込みには講座コードが必要となります。
　専用パンフレットにてご確認の上お申し込みください。

本試験リメイク記述演習

	通学部		通信部WEB		通信部DVD		通信部WEB＋DVD	
	辰已価格	代理店価格	辰已価格	代理店価格	辰已価格	代理店価格	辰已価格	代理店価格
	¥31,000	―	¥31,000	―	¥33,900	¥32,205	¥35,400	―

※松本基礎講座全科目一括受講者割引がございます。詳しい受講料は専用パンフレットをご覧ください。

2022演習パック（記述パワーアップ答練＋本試験リメイク記述演習＋オープン総合編＋全国総合模試）

オープン ・模試	通学部		通信部WEB		通信部DVD		通信部WEB＋DVD	
	辰已価格	代理店価格	辰已価格	代理店価格	辰已価格	代理店価格	辰已価格	代理店価格
解説講義あり	¥153,200	―	¥153,200	―	¥167,600	¥159,220	¥175,200	―
解説講義なし	¥140,100	―	¥140,100	―	¥146,500	¥139,175	¥149,700	―

スケジュール・受講料等の詳細は
右記より資料をご請求ください。 https://r-tatsumi.com/pamphlet/

総合編で上位 10％に入る。合格レベルの確かな基準。

司法書士 オープン総合編 全8回

開講
WEBスクール
4/3 (日)
配信開始

DVD：4/1 (金)
発送開始

■東京本校 通学部：設定あり

形態	アウトプット 択一式＆記述式対策
科目	全科目
回数	全8回 択一280問・記述16問 ※全問新作問題
講義	1回当たり2.5時間
講師	辰已精鋭講師陣 ※複数講師による責任担当制 を採用します。
教材	問題冊子・解説冊子 個人成績表・全体成績表
採点	あり（記述式は添削付き）

総合編 TimeTable

演習
●択一午前科目 35 問＆記述 2 問の回 →3.5 時間 ●択一午後科目 35 問＆記述 2 問の回 →3 時間

解説講義
●2.5時間 （記述解説1.5時間・択一解説1時間）

※通学部（教室演習）の解説講義は受講者
特典マイページでの視聴となりますので、
ご注意ください。

オンライン申込ページURL
読み取り用二次元バーコード

対象者　● 2022 年に受験するすべての方

9月	10月	11月	12月	1月	2月	3月	4月	5月	6月
記述 パワーアップ 答練				本試験リメイク記述演習			総合編 (全8回)		全国総合 模試

日程等の詳細は専用パンフレットをご覧ください。

全8回だから出題頻度に配慮した丁寧な論点つぶしができる！

オープン総合編は全8回なので、択一式については、午前科目と午後科目がそれぞれ4回出題されます。

辰已では、過去の本試験で出題された論点の分析を基に「頻出論点」「一定周期で出題される論点」「未出の論点」という論点の分類を行い、それらを絶妙に配合した上で、午前・午後それぞれ4つ、合計8つのグループ分けを行うことにより8回分の出題論点を決めます。

8回実施だからこそ、出題頻度に配慮した丁寧な論点つぶしが可能となるのです。

記述式問題を毎回 2 問出題。問題作成は複数講師による責任分担制だから、マンネリ化なし！

オープン総合編の記述式問題は、各回の解説講義を担当する実力派講師がそれぞれ作成または監修したオリジナル問題です。

担当する全講師間での論点調整を行うので、重要論点を網羅しつつ、各講師の創意を生かした出題内容となっています。

様々なバリエーションの問題が解けるので、本試験のシミュレーションとして最適です。

回	科目	東京本校 (教室演習)	通信部 WEBスクール 配信開始	DVD 発送開始
1	択一午前科目35問（範囲指定なし）＋記述2問	4/2(土)	4/3(日)	4/1(金)
2	択一午後科目35問（範囲指定なし）＋記述2問	4/9(土)	4/10(日)	4/8(金)
3	択一午前科目35問（範囲指定なし）＋記述2問	4/16(土)	4/17(日)	4/15(金)
4	択一午後科目35問（範囲指定なし）＋記述2問	4/23(土)	4/24(日)	4/22(金)
5	択一午前科目35問（範囲指定なし）＋記述2問	4/30(土)	5/1(日)	4/29(金)
6	択一午後科目35問（範囲指定なし）＋記述2問	5/7(土)	5/8(日)	5/6(金)
7	択一午前科目35問（範囲指定なし）＋記述2問	5/14(土)	5/15(日)	5/13(金)
8	択一午後科目35問（範囲指定なし）＋記述2問	5/21(土)	5/22(日)	5/20(金)

受講料 （税込）
※お申込みには講座コードが必要となります。
専用パンフレットにてご確認の上お申し込みください。

解説講義あり	通学部		通信部WEB		通信部DVD		通信部WEB+DVD	
	辰已価格	代理店価格	辰已価格	代理店価格	辰已価格	代理店価格	辰已価格	代理店価格
8回	¥73,700	–	¥73,700	–	¥80,600	¥76,570	¥84,400	–
単回	¥9,700	–	¥9,700	–	¥10,600	¥10,070	¥11,100	

解説講義なし	通学部		通信部 教材発送のみ・メディアなし			
	辰已価格	代理店価格	辰已価格	代理店価格		
8回	¥61,600	–	¥61,600	¥58,520		
単回	¥8,100		¥8,100	¥7,695		

スケジュール・受講料等の詳細は
右記より資料をご請求ください。https://r-tatsumi.com/pamphlet/

本試験を徹底分析しているから本試験と同水準。まさに本試験シミュレーション

全 国 総 合 模 試 　全2回

開講
WEBスクール
5/27(金) 配信開始
DVD：5/25(水) 発送開始
■東京本校 通学部：設定あり

形態
アウトプット
択一式＆記述式対策

科目
全科目

回数
全2回
択一140問・記述4問
※全問新作問題

講義
1回当たり2.5時間

講師
辰巳精鋭講師陣
※複数講師による責任担当
制を採用します。

教材
問題冊子・解説冊子
個人成績表・全体成績表

採点
あり（記述式は添削付き）

全国総合模試 TimeTable
- 午前の部演習 2h
- ▼
- 午後の部演習 3h
- ▼
- 記述式解説講義 1.5h
- ▼
- 択一式解説講義 1h

※通学部（教室演習）の解説講義は受講者
特典マイページでの視聴となりますので、
ご注意ください。

オンライン申込ページ URL
読み取り用二次元バーコード

対象者
● 2022年に受験するすべての方

9月	10月	11月	12月	1月	2月	3月	4月	5月	6月
記 述 パ ワ ー ア ッ プ 答 練				本試験リメイク記述演習		総合編（全8回）			全国総合模試

日程等の詳細は専用パンフレットをご覧ください。

本試験を完全にシミュレーションするために、本試験と同一水準の問題、本試験と同一の条件で、演習を実施します（全問新作問題）

午前の部
午前の部は、午後の部の択一式と比較をすると、基準点が毎年高くなっています。そこで、辰巳では、午前の部の基準点が低くなり過ぎないように、難問（難しすぎるもの）や奇問を徹底的に排除しています。

午後の部
午後の部の択一式は午前の部より基準点が低いのが例年の結果です。これは、記述式との時間配分が難しいことや、午前の部の科目と比較して午後科目については勉強があまり進んでいない受験生が多いことによるものと思われます。辰巳では、このような点をうけて、記述式との難度の調整や、択一問題の論点の難易度にも注意しながら、模試での出題内容を決めています。

記述式は本試験予想問題

辰巳の演習講座・模擬試験では、記述式において、過去に多くの本試験的中を出してきました。

本試験の記述式の基準点は例年、受験者の平均点とほぼ同じ点数に設定されており、その平均点付近では多くの受験者が競っているものと思われます。そのような状況においては、本試験直前に本試験類似の問題を解いていた人が非常に有利になるのは明らかです。

辰巳では、過去に多くの的中を出したノウハウを生かして、2022年も本試験予想問題を出題します。

● 受講料（税込）

※お申込みには講座コードが必要となります。
専用パンフレットにてご確認の上お申し込みください。

6月スタート 解説講義あり	通学部		通信部WEB		通信部DVD		通信部WEB+DVD	
	辰巳価格	代理店価格	辰巳価格	代理店価格	辰巳価格	代理店価格	辰巳価格	代理店価格
一括（全2回）	¥15,200	−	¥15,200	−	¥16,700	¥15,865	¥17,500	−
単回	¥8,000	−	¥8,000	−	¥8,800	¥8,360	¥9,200	−

6月スタート 解説講義なし	通学部		通信部（教材発送のみ・メディアなし）	
	辰巳価格	代理店価格	辰巳価格	代理店価格
一括（全2回）	¥13,500	−	¥13,500	¥12,825
単回	¥7,100	−	¥7,100	¥6,745

スケジュール・受講料等の詳細は
右記より資料をご請求ください。https://r-tatsumi.com/pamphlet/

辰巳の電子書籍ストア

辰巳のでじたる本

人気書籍、続々発売！

デスクトップＰＣでもタブレットＰＣでもスマホでも、
いろんなところで手軽に辰巳刊行物をご覧いただける電子書籍を、
ぜひご利用ください。

https://contendo.jp/store/tatsumi

西口先生の「革命本」シリーズ、「趣旨・規範ハンドブック」シリーズ、ハイロー
ヤーの特集抜粋版など、人気のコンテンツを取り揃えております。
今後も随時電子書籍を追加していく予定ですので、ご期待ください。

辰巳法律研究所

『辰巳のでじたる本』取扱いサイトはこちら！

電子書籍のことなら‥‥‥‥‥‥‥‥‥‥‥‥‥‥‥‥‥‥‥‥‥‥‥‥‥‥‥‥

ConTenDo
電子書籍サイト［コンテン堂］

電子書籍サイト『ＣｏｎＴｅｎＤｏ｜コンテン堂』は、
総合書店の『コンテン堂』と専門書店で構成されています。

【総合書店】

◎電子書籍サイト『ＣｏｎＴｅｎＤｏ｜コンテン堂』
〜スマホ・タブレットPC対応、オフライン閲覧可、
読みやすいConTenDoビューア〜

https://contendo.jp/

【専門書店】

◎ OPEN！法律系電子書籍専門店『辰巳のでじたる本』
〜司法試験対策、法律系専門の電子書店〜

辰巳法律研究所の司法書士試験対策書籍

●択一式対策●

・本試験問題＆解説
　New スタンダード本
　シリーズ

・択一過去問本
　（全科目・全 18 冊）

辰巳オンラインショップ＆本校 限定販売

●記述式対策●

・田端のパーフェクトユニット
　記述式必修問題集 60

●総合試験対策●

司法書士試験　リアリスティックシリーズ
（民法／不動産登記法／会社法・商法・商業登記法／
民事訴訟法・民事執行法・民事保全法／供託法・司法書士法）

リアリスティック専用サイトからもご購入できます
https://www.tatsumi-realistic.com/text/buy/

その他，続々刊行中！！

NEW

辰巳の Online-Store

通学　DVD　WEBスクール　BOOK
書籍も講座もまとめて購入！

長年にわたりご愛顧いただいた辰巳 E ショップは、2020/9/25 をもちまして STORES
サイトに統合されることとなりました。
以降は https://tatsumionline.stores.jp/ のご利用をお願いいたします。
本件についてのご質問等は、eshop-new@tatsumi.co.jp までお問い合わせください。

多彩な決済方法　クレジットカード　コンビニ決済　PayPal
　　　　　　　　銀行振込　キャリア決済　楽天ペイ

https://tatsumionline.stores.jp

辰巳のオンライン書籍販売 BOOK

出版社版元にしか出来ない特別セールを次々と実施中！

上記 QR コードから辰巳 On-Line
書籍専用ページへ

https://tatsumi.co.jp/web-store/book/

●辰巳刊行書籍は、辰巳オンライン販売の他、辰巳事務局窓口・提携書店・大学生協でもお取扱いしております。

辰巳法律研究所・BLOG GUIDE

辰巳法律研究所

書籍出版グループ

ブログ稼働中!!

辰巳法律研究所
書籍出版グループ
オリジナルブログ

辰巳刊行書籍のことなら **ここ!**

受験生のみなさんこんにちは。
辰巳法律研究所出版グループです。

出版ブログでは，辰巳法律研究所が刊行する書籍・雑誌について，新刊情報や誤植のお知らせなど，受験生のみなさんに役立ついろいろな情報を随時発信しています。

辰巳法律研究所は受験生のみなさんを全力で応援します。

**辰巳
新刊情報**
辰巳の刊行書籍を一早くお知らせ！
ちょい読みコーナーもあります。

**お役立ち
情報**
書籍の使い方が分からない…そんな方はこちらをチェック！先輩方のアンケートから役立つ情報を掲載しています。

**フェア・
セール情報**
フェア・セールの情報はこちらをチェック！刊行書籍をお得にご購入できます。

**ベストセラー
紹介
(辰巳・他社)**
いまどんな本が売れているのか？
売れ筋動向が確認できます。

**誤植の
お知らせ**
辰巳法律研究所刊行書籍について誤植が発見された場合には，こちらで→
随時公開をしていきます。

↓出版ブログのアドレスはこちら　　　　　右のコードから URL が読み取れます→
http://blog.livedoor.jp/accstatsumi/
(辰巳法律研究所TOPページ https://www.tatsumi.co.jp/ からも入れます)